Magento 2 Handbuch

Magento Community Edition 2.0

Carsten Stech

Bibliografische Information der Deutschen Nationalbibliothek:
Die Deutsche Nationalbibliothek verzeichnet diese Publikation in der Deutschen Nationalbibliografie; detaillierte bibliografische Daten sind im Internet über http://dnb.dnb.de abrufbar.

© 2016 Carsten Stech
1. Auflage 2016

Herstellung und Verlag:
BoD – Books on Demand, Norderstedt

ISBN: 978-3-7412-2815-5

Inhaltsverzeichnis

Über dieses Buch

Magento 2 ist ein leistungsfähiges und komplexes Shopsystem. Nicht umsonst setzen hunderttausende Shopbetreiber auf Magento. Aber wo wird ihnen erklärt, wie bestimmte Arbeitsschritte am besten durchgeführt werden sollten? Und wo finden sie aktuelle Anleitungen zur Lösung von konkreten Problemen? Wer auf der Suche nach Antworten schon einmal versucht hat, sich durch Foren und Blogs zu arbeiten, weiß: oftmals beziehen sich die angebotenen Lösungen auf ältere Magento Versionen und sind daher nicht mehr ohne Weiteres nachvollziehbar.

Dieses Buch ist ein Magento 2 Handbuch für den Praxiseinsatz. Das heißt, es ist kein weiteres Kompendium, das bei den Serveranforderungen und der Codestruktur von Magento beginnt, um sich dann in einer schier endlosen Folge von Kapiteln und Abschnitten zu den unterschiedlichsten Aspekten des Systems zu verlieren. – Die folgenden Seiten liefern die Unterstützung, die Shopbetreiber brauchen: konkrete Problemstellungen und nachvollziehbare Lösungen.

Den zu diesem Handbuch passenden Magento 2 Demoshop gibt es unter https://www.splendid-internet.de/magento-2-demo

Und wer seinen eigenen Magento Shop in deutscher Sprache installieren möchte, kann dafür auf das deutsche Sprachpaket zurückgreifen: https://github.com/splendidinternet/Magento2_German_LocalePack_de_DE

1. Wie unterscheiden sich Websites, Stores und Store Views?

Die Unterscheidung der drei unterschiedlichen Bereiche und Ansichten Store View, Store und Website sorgt in Magento 2 Onlineshops – genau wie in den 1.xer Versionen zunächst nicht selten für Verwirrung. Wie wird der Begriff 'Website' in Magento 2 verwendet? Was sind Stores – und wie unterscheiden sich Store Views davon? Der folgende Überblick beantwortet diese Fragen und zeigt, wo und wie die grundlegendende Shop-Architektur in Magento 2 konfiguriert wird.

1.1 Was ist was in Magento 2?

Eines vorweg: Wenn man das scheinbar komplizierte Prinzip von Websites, Stores und Store Views erst einmal verstanden hat, erweist sich die Unterteilung als sehr sinnvoll und bietet Shopbetreibern eine Fülle von Möglichkeiten, die andere Shopsysteme so oft nicht "out of the box" mitbringen. Ein zusätzlicher Vorteil liegt darin, dass Zahl und Zuschnitt der unterschiedlichen Shops, Sortimente und Shopoberflächen zu Beginn keineswegs ein für allemal festgelegt werden müssen. Es ist auch später jederzeit möglich, zusätzliche Store Views anzulegen, einen weiteren Store zu erstellen oder gar eine neue Website hinzuzufügen. Natürlich alles in einer Magento 2 Installation.

In Magento 2 hat man so beispielsweise die Möglichkeit, aus einem bestehenden Shop schnell und einfach einen zweiten zu erstellen und mit einem anderen, auf eine bestimmte Zielgruppe zugeschnittenen Design zu versehen. Dieser Shopkopie lassen sich bei Bedarf außerdem noch zusätzliche Artikel hinzufügen oder auch lediglich Teile des Sortiments aus dem ursprünglichen Shop zuordnen. Die drei dafür zentralen Begriffe sind – wie bereits erwähnt – 'Website', 'Store' und 'Store View' und bedürfen einer kurzen Erklärung.

1.1.1 Websites

Um in einer einzigen Magento 2 Installation mehrere Shops mit unterschiedlichen Artikeln nebeneinander betreiben zu können, müssen mehrere "Websites" angelegt werden. Das heißt: die Shops haben außer der gemeinsamen Datenbank im Hintergrund nichts miteinander zu tun und sind jeweils unter einer eigenen Domain erreichbar. Der Vorteil für den Betreiber ist dabei, dass er alle Shops trotzdem über dasselbe Magento Backend verwalten kann.

Websites in Magento 2 haben:

- unterschiedliche Artikeldaten,

- unterschiedliche Kundendaten,

- unterschiedliche Checkouts,

- keinen gemeinsamen Warenkorb.

1.1.2 Stores

Mehrere Shopsortimente mit unterschiedlichen Kategorien und Artikeln innerhalb einer Website heißen "Stores". Das heißt, der Kunde kann in den unterschiedlichen Shops Artikel in den Warenkorb legen und dann über einen gemeinsamen Checkout-Prozess bestellen. Dafür muss er sich nur einmal registrieren. Jeder Store benötigt jedoch zwingend einen eigenen Kategoriebaum.

Stores in Magento 2 haben:

- unterschiedliche Artikeldaten,

- gemeinsame Kundendaten,

- einen gemeinsamen Checkout,

- einen gemeinsamen Warenkorb.

1.1.3 Store Views

Ein Shop (Website) mit den gleichen Kategorien und Artikeln (Store) kann in unterschiedlichen Sprachen und/oder mit abweichenden Layouts und Designs angelegt werden. Jede Variante der Shopoberfläche wird dann durch einen eigenen "Store View" umgesetzt. Auch ein einzelner Store View kann über eine eigene Domain im Internet verfügbar gemacht werden. Aus Sicht des Kunden ist es dann ein getrennter Online-Shop.

Store Views in Magento 2 haben:

- gemeinsame Artikeldaten,

- gemeinsame Kundendaten,

- einen gemeinsamen Checkout,

- einen gemeinsamen Warenkorb,

- unterschiedliche Shopoberflächen.

1.2 Magento 2 Anwendungsbeispiele

1.2.1 Eine Website mit einem Store und zwei Store Views

Die einfachste Variante für eine Magento 2 Installation ist eine Website, der nur ein einziger Store zugeordnet ist, das heißt es gibt nur einen Shop mit einem einzigen Kategoriebaum. Zur Ansicht wurden nun jedoch zwei Store Views angelegt, die den Shop beispielsweise in unterschiedlicher Sprache darstellen.

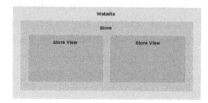

1.2.2 Eine Website und zwei Stores

In diesem Beispiel werden zwei unterschiedliche Sortimente in einer Website abgebildet. Jeder Store hat seinen eigenen Kategoriebaum. Kunden, die ein Kundenkonto angelegt haben, können in beiden Stores einkaufen und die ausgewählten Artikel erscheinen in einem Warenkorb. Store 1 ist dabei zusätzlich in zwei Store Views verfügbar, die zum Beispiel zwei Sprachvarianten für diesen Store ermöglichen.

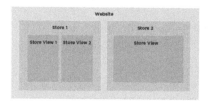

1.2.3 Zwei Websites und zwei Stores

Hier wurden zwei Websites angelegt, um die Shops komplett voneinander zu trennen. In diesem Beispiel gibt es getrennte Artikelwelten, Kundendaten und Warenkörbe. Gleichwohl können beide Shops in einer einzigen Magento 2 Installation verwaltet werden.

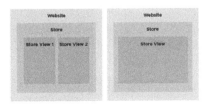

1.3 Die Arbeit mit Websites, Stores und Store Views in der Praxis

Das Anlegen und Verwalten von Websites, Stores und Store Views in Magento 2 ist übersichtlich und einfach. Im *Stores* Menü muss unter *Settings* der Punkt *All Stores* ausgewählt werden. Nun wird im unteren Bereich eine Übersicht der bestehenden Shops, Sortimente und Shopoberflächen angezeigt. Hier ist die Magento Terminologie recht verwirrend, denn in einem mit 'Stores' bezeichneten Bereich lassen sich neben Stores auch Websites und Store Views konfigurieren. Hiervon sollten Shopbetreiber sich nicht verunsichern lassen.

1. Wie unterscheiden sich Websites, Stores und Store Views?

Neue Websites, Stores und Store Views können mit den drei Schaltflächen oben rechts hinzugefügt werden. Dabei wird in diesem Bereich jedoch nur die abstrakte Struktur für eine echte Multishop-Umgebung beziehungsweise unterschiedliche Shopoberflächen geschaffen.

1.3.1 Konfiguration grundlegender Einstellungen für Websites, Stores und Store Views

Die unterschiedlichen Einstellungen (beispielsweise Layouts, Frontend-Sprachen, Checkout-Optionen) können unter *Stores > Configuration* den jeweiligen Websites, Stores und Store Views zugewiesen werden.

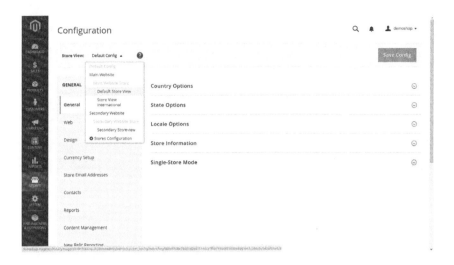

Ebenfalls etwas irreführend ist dabei die Beschriftung des Drop-Down-Menüs mit "*Store View*" – immerhin lassen sich darin neben Store Views auch Websites, Stores und eine weitere, die Wurzelebene *Default Config* auswählen. In dieser Ebene werden zunächst alle Einstellungen vorgenommen – und Magento 2 hält eine enorm große Zahl von Einstellungsmöglichkeiten bereit.

Standardmäßig werden die Default-Einstellungen dann über die Websites, Stores und Store Views weitervererbt. Das heißt: gibt es mehrere Websites, Stores und Store Views in einer Installation, unterscheiden sie sich zunächst nicht sichtbar voneinander. Sind die Grundeinstellungen auf der Default-Config-Ebene vorgenommen, müssen alle Abweichungen, die im Beispiel die "Secondary Website" von der "Main Website" unterscheiden, für diese Website als Abweichung vom Standard definiert werden. Dazu muss die abweichende Website (Secondary Website) aus dem Drop-Down-Menü gewählt werden, dann die entsprechende Einstellung herausgesucht und durch das Entfernen des Hakens bei *Use Default* zum Bearbeiten freigegeben werden.

1. Wie unterscheiden sich Websites, Stores und Store Views?

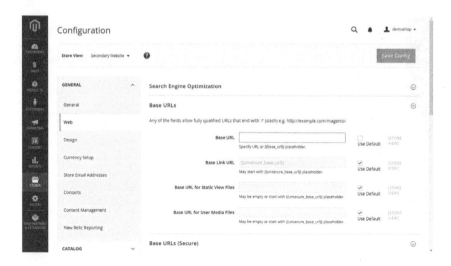

Nun kann die gewünschte Abweichung vom Standard für die Website definiert und gespeichert werden. Alle der Website zugeordneten Stores und Store Views erben die Abweichung dann automatisch, können aber bei Bedarf wiederum weitere Abweichungen zugewiesen bekommen.

Das Definieren von Abweichungen in der Konfiguration für Stores und für Store Views funktioniert analog zu den Einstellungen für eine bestimmte Website. Der einzige Unterschied besteht darin, dass Stores ihre Konfiguration von der ihnen übergeordneten Website erben, während Store Views darin standardmäßig dem jeweiligen Store folgen, dem sie zugewiesen sind. Aus diesem Grund ist die Checkbox zum Freischalten und Sperren der einzelnen Optionen für Stores auch mit "*Use Website*" und – sofern mehrere Store Views vorhanden sind – für Store Views mit "*Use Store*" beschriftet – und nicht wie oben beschrieben mit "*Use Default*".

1.3.2 Scopes: Worauf bei der Arbeit mit einem Magento 2 Onlineshop zu achten ist

Hat man mehrere Websites, unterschiedliche Stores und/oder verschiedene Store Views angelegt, ist in der weiteren Arbeit für den Aufbau und die Pflege eines Magento 2 Onlineshops an zahlreichen Stellen zu beachten, dass vor dem Durchführen von Änderungen auch der richtige "Scope" - also der Geltungsbereich - gewählt ist. Das heißt, erst wird ausgewählt, ob die Änderung sich lediglich auf einen bestimmten (und wenn ja: welchen) Bereich des Shops auswirken soll – und dann wird die eigentliche Änderung vorgenommen. So lassen sich etwa die Kategoriebäume nach Store Views getrennt verwalten.

Analog verhält es sich beim Anlegen von Artikeln, Preisregeln, CMS-Seiten und -Blöcken sowie beim Vornehmen von SEO-Einstellungen: für jedes neue Element muss der Scope definiert werden. Dabei stehen je nach Kontext Websites, Stores oder Store Views zur Auswahl.

In der Administrations-Oberfläche lassen sich dann beispielsweise Artikel oder CMS-Blöcke nach dem jeweiligen Scope gefiltert anzeigen. Dafür gibt es jeweils eine gesonderte Tabellenspalte.

1. Wie unterscheiden sich Websites, Stores und Store Views?

Und bei Bedarf lässt sich der Scope später natürlich auch noch verändern. Soll etwa eine Kategorie in einem weiteren Store View angezeigt werden oder eine Preisregel nur von einer bestimmten Website entfernt werden, ist dies über das entsprechende Auswahlfeld möglich.

1.4 Der Single-Store Mode in Magento 2

Für Shopbetreiber, die einen ganz einfach aufgebauten Onlineshop betreiben, der aus nur einer Website mit einem einzigen Store und einem einzigen Store View besteht, gibt es in Magento 2 den sogenannten "Single-Store Mode". Wird diese Option aktiviert, werden alle Optionen für Store Views und sämtliche anderen Scopes abgeschaltet, was der Übersichtlichkeit im Admin-Panel sehr zugute kommt.

Um den Single-Store Mode zu aktivieren muss im Menü *Stores* unter *Settings* der Punkt *Configuration* ausgewählt werden. Ganz unten findet sich dann der Abschnitt *Single-Store Mode*, in dem sich die entsprechende Option aktivieren lässt.

Nach dem Speichern erscheint eine Meldung, die zum Leeren des Caches auffordert. Sobald der Cache geleert ist, erscheint die Administrations-Oberfläche im übersichtlichen Single-Store Modus. Sollte bereits zuvor ein abweichender Store View, ein zusätzlicher Store oder eine zweite Website angelegt worden sein, funktioniert diese Option jedoch nicht, da sonst möglicherweise wichtige Einstellungen unzugänglich würden. Der Single-Store Mode ist eben nur für diesen einen Sonderfall entwickelt worden: eine Website, ein Store, ein Store View.

1.5 Abschließende Bemerkung

Bereits zu Beginn der Konzeptionsphase für einen Magento 2 Onlineshop empfiehlt es sich, die grundlegende Struktur nach Maßgabe des dreistufigen Modells Websites, Stores, Store Views gründlich zu planen. Hat man das zunächst verwirrende Prinzip einmal verinnerlicht, liefert es eine sehr gute Grundlage für die Ausarbeitung von mehrsprachigen Shops und komplexen Multishopumgebungen. Der anfängliche Konfigurationsaufwand ist überschaubar, wenn man den Aufbau des Shops systematisch ausgearbeitet hat und konsequent vorantreibt. Über die Scope-Option kommt die Struktur des Shops an vielen Stellen der täglichen Arbeit mit Artikeln, Kunden, Bestellungen, Preisregeln, SEO-Funktionen und anderem mehr immer wieder zum Tragen und kann bei Nichtbeachtung zu unerwünschten Ergebnissen führen. Daher ist es für Shopbetreiber unerlässlich, sich intensiv mit diesem wichtigen Aspekt von Magento 2 auseinanderzusetzen. – Und wer weder unterschiedliche Shops noch unterschiedliche Sortimente noch unterschiedliche Oberflächen, Sprachen oder Designs benötigt, kann auf die entsprechenden Funktionalitäten verzichten und seinen Magento 2 Shop mithilfe des Single-Store Modes ausgesprochen übersichtlich verwalten.

2. Wie funktioniert die Kategorieverwaltung in Magento 2?

Die Kategorieverwaltung in Magento 2 funktioniert für Shopbetreiber noch ähnlich wie in den Vorgängerversionen. Die folgende Anleitung zeigt, was für das Anlegen, Bearbeiten und Konfigurieren von Kategorien in Magento 2 zu tun ist und worauf dabei zu achten ist.

2.1 Kategorien anlegen

In der Kategorieverwaltung von Magento 2 wird der Kategoriebaum wie gewohnt auf der linken Seite als verzweigte Verzeichnisstruktur dargestellt, wobei die Wurzelebene (Standardname: "Default Category") oben liegt. Hier ein Beispiel für eine ausgearbeitete Kategoriestruktur, die unter *Products > Inventory > Categories* angezeigt und bearbeitet werden kann:

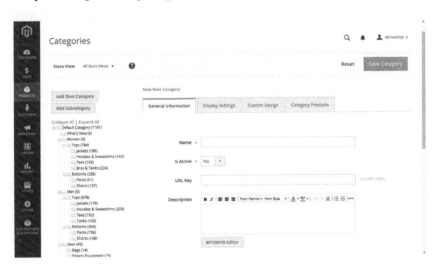

Eine frische Installation von Magento 2 ohne Beispieldaten enthält einen noch leeren Kategoriebaum. Damit Produkte im Shop sichtbar sein können, müssen sie allerdings mindestens einer Kategorie zugewiesen sein.

Das Anlegen von Kategorien ist zwar einfach – aber es empfiehlt sich unbedingt, zuvor einige Zeit in die konzeptionelle Ausarbeitung des Kategoriebaums zu investieren. Immerhin entsteht mit ihm auch die hierarchische Navigationsstruktur, die später die Grundlage für die Orientierung der Kunden im Shop bildet.

Wenn die Kategorien und deren Aufbau für den Shop fertig entworfen sind, kann die Struktur sehr unkompliziert in Magento abgebildet werden. Hier wird zunächst der Ablauf für das grundsätzliche Anlegen der Kategorien dargestellt, während auf die erweiterten Einstellungen und Details im Abschnitt "Kategorien bearbeiten und konfigurieren" eingegangen wird.

1. Unter *Products > Inventory > Categories* muss im Kategoriebaum auf der linken Seite zunächst die jeweils übergeordnete Kategorie der anzulegenden Kategorie durch einen Klick markiert werden. Für das Anlegen von Hauptkategorien muss also die Root-Kategorie (Standardname: "Default Category") ausgewählt werden. Dann wird mit einem Klick auf den Button *Add Subcategory* die neue Kategorie erzeugt.

2. Grundlegende allgemeine Informationen eingeben (*General Information*) Eine Kategorie bekommt zunächst einen Namen und muss, wenn sie mitsamt den ihr zugewiesenen Produkten im Frontend angezeigt werden soll, aktiviert werden.

Name	*	Olivenöl	
Is Active	*	Yes ▾	
URL Key				[STORE VIEW]

Zudem kann ein URL-Key festgelegt werden. Bleibt das Feld leer, generiert Magento 2 diesen automatisch aus dem Kategorienamen. (Für eine Kategorie "Olivenöl" würde beispielsweise der URL-Key "olivenoel" generiert.) Es folgen weitere Eingabefelder für Kategoriebild, -beschreibung und Metadaten, die insbesondere für die Suchmaschinenoptimierung (SEO) wichtig sind und auch zu einem späteren Zeitpunkt ausgefüllt werden können. Ganz unten muss dann noch festgelegt werden, ob die Kategorie in das Hauptmenü des Shops aufgenommen werden soll.

3. Mit einem Klick auf den Button *Save Category* oben rechts wird die Kategorie gespeichert.

Dieser Ablauf wiederholt sich für jede einzelne Kategorie.

2.1.1 Root-Kategorie anlegen (*Root Category*)

Alle Kategorien eines Stores liegen unterhalb einer Root-Kategorie verschachtelt. Die Root-Kategorie selbst ist mit ihrem Namen nicht im Shop sichtbar und hat auch keinen URL-Key. Einem Store kann jeweils nur eine Root-Kategorie zugewiesen werden. Um in mehreren Stores und Store Views unterschiedliche Kategoriebäume anzeigen lassen zu können, kann es nötig sein, eine neue Root-Kategorie anzulegen.

1. Zum Anlegen einer weiteren Root-Kategorie muss unter *Products > Inventory > Categories* auf *Add Root Category* geklickt werden.

2. Grundlegende allgemeine Informationen eingeben (*General Information*)

Eine Root-Kategorie bekommt zunächst einen Namen und muss, wenn der unter ihnen anzulegende Kategoriebaum mitsamt Produkten im Frontend angezeigt werden soll, aktiviert werden.

Die folgenden Eingabefelder sind für eine Root-Kategorie ohne Bedeutung – bis auf eines. Denn ganz unten muss noch festgelegt werden, dass die Root-Kategorie, also der auf ihr aufbauende Kategoriebaum in das Hauptmenü des Shops aufgenommen werden soll.

3. Anzeige-Einstellungen (*Display Settings*)
   Mit einer Ausnahme sind auch die Anzeige-Einstellungen im Reiter *Display Settings* für eine Root-Kategorie nicht weiter relevant: Wichtig ist hier nur, dass im Feld *Is Anchor* die Option "Yes" ausgewählt ist.

4. Mit einem Klick auf den Button *Save Category* oben rechts wird die Root-Kategorie gespeichert.

5. Apply the New Root Category to Your Store
   Unter *Stores > Settings > All Stores* kann dann nach einem Klick auf den entsprechenden Store die neue Root-Kategorie ausgewählt und der geänderte Store gespeichert werden.

2.2 Kategorien bearbeiten und konfigurieren

Über die Kategorieverwaltung lassen sich in Magento 2 zahlreiche Einstellungen vornehmen, die weitreichende Auswirkungen auf die Navigationsstruktur und die Suchmaschinenoptimierung (SEO) des Onlineshops haben. Daher ist es ausgesprochen wichtig, dass der Kategoriebaum nicht nur als Gerüst für das Sortiment des Shops aufgebaut wird, sondern dass zudem jede einzelne Kategorie bis in die Details hinein vollständig und korrekt konfiguriert wird.

2.2.1 Änderungen am Kategoriebaum

Auch im laufenden Betrieb eines Magento 2 Shops werden sich immer wieder Änderungen am Kategoriebaum ergeben, die über das Hinzufügen einer neuen Kategorie hinausgehen. So wird es nötig werden, die Anordnung von Kategorien zu ändern, Kategorien zu verstecken oder zu löschen.

2.2.1.1 Anordnung der Kategorien verändern

Im Menü unter *Products > Inventory > Categories* lassen sich Kategorien innerhalb des Kategoriebaums ganz einfach per Drag-and-drop verschieben. Dazu wird die zu verschiebende Kategorie mit einem gehaltenen Mausklick von ihrer gegenwärtigen auf die gewünschte Position im Kategoriebaum verschoben. Eine kleine Grafik, die dabei neben dem Cursor eingeblendet wird, hilft dabei, das richtige Ziel zu finden. Ein grün umrandetes Pluszeichen weist darauf hin, dass die ausgewählte Kategorie beim Loslassen der Maustaste zu einer Unterkategorie der gerade angesteuerten Kategorie würde.

2. Wie funktioniert die Kategorieverwaltung in Magento 2?

Ein zwischen zwei winzige Ordnersymbole weisender Pfeil bedeutet, dass die ausgewählte Kategorie beim Loslassen der Maustaste zwischen zwei Kategorien einsortiert würde, wobei die entsprechende Stelle im Kategoriebaum durch eine gepunktete Linie angedeutet wird.

Je nach Komplexität von Kategoriestruktur und Umfang des Sortiments können solche kleinen Operationen am Kategoriebaum im Hintergrund größere Rechenaufgaben an den Shop stellen. Daher wird von Magento 2 per Einblendung davor gewarnt, dass das Verschieben einer Kategorie unter Umständen viel Zeit in Anspruch nehmen kann. Daher gilt: so einfach das Verschieben von Kategorien auch sein mag, empfiehlt es sich, dabei jeden Schritt vorher genau abzuwägen und streng nach dem bewährten Prinzip "So wenig wie möglich und so viel wie nötig" vorzugehen.

2.2.1.2 Kategorie verstecken (*Hidden Category*)

Es gibt unterschiedliche Gründe, die versteckte Kategorien nötig machen können. Etwa um innerhalb des Kategoriebaums für die interne Arbeit notwendige Unterscheidungen einzuführen, die im Shop nicht sichtbar sein sollen, um Kategorien temporär auszublenden, ohne sie gleich zu löschen, oder um die Möglichkeit zu haben, Kategorien und ihre Produkte zu verlinken, ohne dass sie in der Hauptnavigation auftauchen. Das Verstecken einer Kategorie ist in wenigen Schritten geschehen.

1. Unter *Products > Inventory > Categories* muss zunächst im Kategoriebaum diejenige Kategorie ausgewählt werden, die versteckt werden soll.

2. Allgemeine Informationen anpassen (*General Information*)
   Im Tab *General Information* muss die Kategorie deaktiviert werden, indem die Option *Is Active* auf "*No*" gestellt wird.

   Außerdem muss eingestellt werden, dass die Kategorie nicht in der Shop-Navigation erscheint. Dazu wird die Option *Include in Navigation Menu* ebenfalls auf "*No*" gesetzt.

3. Anzeige-Einstellungen anpassen (*Display Settings*)
   Im Tab *Display Settings* muss zudem die Option *Is Anchor* auf "*No*" gestellt werden.

4. Mit einem Klick auf den Button *Save Category* oben rechts können die zum Verstecken der Kategorie vorgenommenen Änderungen gespeichert werden.

5. Die Unterkategorien einer versteckten Kategorie können weiterhin aktiv und im Shop erreichbar sein – auch wenn sie im Menü nun nicht mehr sichtbar sind. Sollen auch sie im Frontend nicht mehr erreichbar sein, müssen sie ebenfalls versteckt werden. Dazu muss im Tab *General Information* die Option *Is Active* auf "No" gesetzt werden.

Und im Tab *Display Settings* muss die Option *Is Anchor* auf "No" gestellt sein.

Danach wie gewohnt mit einem Klick auf *Save Category* speichern und das Vorgehen für alle betroffenen Unterkategorien wiederholen.

2.2.1.3 Löschen von Kategorien

Soll eine Kategorie vollständig aus dem Kategoriebaum entfernt werden, muss sie im Kategoriebaum auf der linken Seite unter *Products > Inventory > Categories* per Mausklick ausgewählt werden. Dann wird sie mit einem Klick auf Delete Category gelöscht.

Das Löschen einer Kategorie betrifft nur den Kategoriebaum, die entsprechende Kategorieseite und gegebenenfalls die Navigation des Shops. Die der Kategorie zugewiesenen Produkte werden dadurch nicht aus dem Shop gelöscht.

2.2.2 Erweiterte Einstellungen an einzelnen Kategorien vornehmen

Wenn die Kategorien für einen Magento 2 Shop angelegt sind und der Kategoriebaum sowie die Navigationsstruktur den Vorstellungen des Shopbetreibers entsprechen, ist die Arbeit in der Kategorieverwaltung noch nicht abgeschlossen. Vielmehr gilt es noch eine Vielzahl wichtiger Einstellungen vorzunehmen: für die Suchmaschinenoptimierung (SEO) essentielle Daten müssen eingegeben werden, es können zahlreiche Vorgaben für Darstellung und Design gemacht werden – und selbstverständlich müssen den Kategorien die jeweiligen Produkte zugewiesen werden.

2.2.2.1 Für SEO und Usability relevante Basis-Einstellungen (*General Information*)

Im Tab *General Information* können zahlreiche SEO-relevante Informationen hinterlegt werden.

2. Wie funktioniert die Kategorieverwaltung in Magento 2?

General Information	Display Settings	Custom Design	Category Products

Name ∗

Is Active ∗ [No ▼]

URL Key [STORE VIEW]

Description
B *I* | ≣ ≣ ≣ | Font Family ▼ | Font Size ▼ | A ▼ ᵃᵇ⁄ ▼ | ⟲ ⟳ ᴢ | ≣ ≣ | HTML

WYSIWYG Editor

Image [Datei auswählen] Keine ausgewählt

Page Title

Meta Keywords

Meta Description

Include in
Navigation Menu ∗ [Yes ▼]

URL Key: Der URL-Key wird, wenn er nicht während des Anlegens der Kategorie bereits definiert wird, automatisch vom Kategorienamen abgeleitet (für eine Kategorie "Olivenöl kaltgepresst" wäre der URL-Key beispielsweise "olivenoel-kaltgepresst"). Es kann in bestimmten Fällen sinnvoll sein, im Hinblick auf SEO vom Standard abweichende URL-Keys festzulegen.

Description: Die Kategoriebeschreibung erscheint standardmäßig zwischen Kategoriebild und Produkten auf der Kategorieseite. Hier kann für

Suchmaschinen relevanter Content untergebracht werden, indem er als Rich-Text in das Eingabefeld eingegeben und formatiert wird oder indem er (nach einem Klick auf die kleine Schaltfläche *HTML* als HTML-Code hinterlegt wird.

Image: Das Kategoriebild wird auf der Kategorieseite und in manchen Themes auch als Thumbnail in der Hauptnavigation des Shops angezeigt. Nach einem Klick auf *Browse* bzw. *Datei auswählen* kann das Kategoriebild wie gewohnt hochgeladen werden. Anstelle des Kategoriebilds kann auch ein statischer CMS-Block angezeigt werden (siehe *Display Settings*).

Page Title: In diesem Feld kann der Seitentitel eingegeben werden, der im HTML-Quelltext im «title»-Element ausgegeben, in den Titelzeilen von Browserfenster und -Tab angezeigt und von Suchmaschinen für die Darstellung des Suchergebnisses verwendet wird. Beim Ausfüllen sind aktuelle SEO-Best-Practices zu befolgen.

Meta Keywords: Hier können relevante Stichworte zur jeweiligen Kategorie eingegeben werden. Aber für die Suchmaschinenoptimierung spielen *Meta Keywords* keine Rolle mehr.

Meta Description: Die *Meta Description* ist neben dem *Page Title* die zweite wichtige Größe für die Darstellung von Suchergebnissen in Suchmaschinen. Beim Ausfüllen sind aktuelle SEO-Best-Practices zu befolgen.

Nachdem alle gewünschten Einstellung vorgenommen worden sind, können sie mit einem Klick auf den Button *Save Category* gespeichert werden.

2.2.2.2 Anzeige-Einstellungen (*Display Settings*)

Im Tab *Display Settings* können grundlegende Einstellungen für die Darstellung der Kategorieseite vorgenommen werden.

2. Wie funktioniert die Kategorieverwaltung in Magento 2?

General Information	Display Settings	Custom Design	Category Products

Display Mode	Products only ▼
CMS Block	Please select a static block. ▼
Is Anchor	Yes ▼
Available Product Listing Sort By *	Position Name Price
	☑ Use All Available Attributes
Default Product Listing Sort By *	Position ▼ ☑ Use Config Settings
Layered Navigation Price Step	☑ Use Config Settings

Display Mode: Hier kann eingestellt werden, ob auf der Kategorieseite nur ein statischer CMS-Block (*Static Block Only*) zu sehen sein soll, ob ausschließlich Produkte (*Products Only*) angezeigt werden sollen oder beide Elemente untereinander (*Static Block and Products*).

CMS Block: Wenn auf der Kategorieseite ein CMS-Block angezeigt werden soll, kann er im Auswahlfeld der Option *CMS Block* augewählt werden.

Is Anchor: Steht diese Option auf "Yes", ist die Kategorie per Attribut über die Filter-Navigation verfügbar.

Available Product Listing Sort By (erforderlich): Diese Option legt fest, welche Attribute zur Sortierung der Produkte auf der Kategorieseite zur Verfügung stehen sollen. Die *Use All Available Attributes* Checkbox sorgt dafür, dass alle verfügbaren Attribute für die Sortierung bereitgestellt werden. Ist dies nicht gewünscht, lässt sich durch das Entfernen des Hakens das Auswahlfeld aktivieren, in dem dann die gewünschten Attribute markiert werden können.

Default Product Listing Sort By (erforderlich): Hier wird definiert, welches Attribut standardmäßig für die Sortierung der Produkte auf der Kategorieseite verwendet werden soll. Durch die *Use Config Settings* Checkbox wird festgelegt, dass hier der Standard aus der Konfiguration des Shops angewendet werfen soll. Um abweichende Einstellungen vorzunehmen, muss der Haken entfernt werden, damit das gewünschte Attribut über das so aktivierte Auswahlfeld ausgesucht werden kann.

Layered Navigation Price Step: Im letzten Eingabefeld kann eine abweichende Staffelung der Schritte für den Preis-Filter in der Filter-Navigation definiert werden. Dafür muss der Haken aus der *Use Config Settings* Checkbox entfernt werden, damit nicht mehr auf die Einstellung in der Konfiguration des Shops zurückgegriffen wird.

Nachdem alle gewünschten Einstellung vorgenommen worden sind, können sie mit einem Klick auf den Button *Save Category* gespeichert werden.

2.2.2.3 Design-Einstellungen (*Custom Design*)

Im Tab *Custom Design* können bei Bedarf vom Standard abweichende Einstellungen zu Layout und Design der Kategorieseite vorgenommen werden.

2. Wie funktioniert die Kategorieverwaltung in Magento 2?

General Information	Display Settings	Custom Design	Category Products

Use Parent Category Settings	No ▼
Apply To Products	No ▼
Custom Design	-- Please Select -- ▼
Active From	📅
Active To	📅
Active To	📅
Page Layout	No layout updates ▼
Custom Layout Update	

Use Parent Category Settings: Diese Option ermöglicht es, die Design-Einstellungen der übergeordneten Kategorie vererben zu lassen.

Apply to Products: Das Aktivieren dieser Option bewirkt, dass alle Produkte der Kategorie die an ihr vorgenommenen Design-Einstellungen erben, so dass sie auch auf die Produktseiten angewandt werden.

Custom Theme: Bei Bedarf kann der Kategorie hiermit ein eigenes Theme zugewiesen werden.

Active From/Active To: Soll das Theme für die Kategorie nur für einen bestimmten Zeitraum verwendet werden, kann dieser hier definiert werden.

Page Layout: Mit dieser Option kann das Layout der Kategorieseite verändert werden. Die vorausgewählte Einstellung "No layout updates" bewirkt, dass keine Änderungen vorgenommen werden. Die übrigen Möglichkeiten bezeichnen Layout Varianten, die für die Seiten des Shops zur Verfügung stehen und sich vor allem durch die Zahl der zur Verfügung stehenden Spalten unterscheiden.

Custom Layout Update: In diesem Eingabefeld kann eigener XML-Code eingegeben werden, um das Layout des Themes der Kategorieseite zu verändern.

Nachdem alle gewünschten Einstellung vorgenommen worden sind, können sie mit einem Klick auf den Button *Save Category* gespeichert werden.

2.2.2.4 Kategorieprodukte zuweisen (*Category Products*)

Der vierte Reiter in der Kategorieverwaltung dient dazu, einer Kategorie diejenigen Produkte zuzuweisen, die in ihr enthalten sein sollen. Dabei gilt, dass ein Produkt in mehreren Kategorien enthalten sein kann.

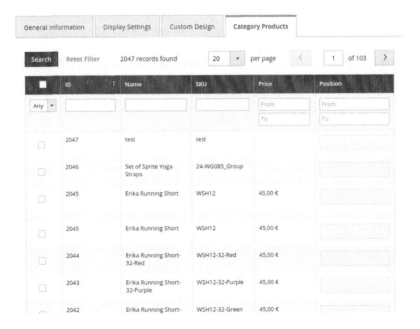

Die Tabelle für die Auswahl besteht aus einer Titelzeile, unter der eine Zeile für die Ergebnisfilterung folgt – und schließlich einer Auswahl der Produkte oder alle Produkte des Shops als mehrseitige Ergebnisliste. Darüber befinden sich die Schaltflächen zum Suchen und Zurücksetzen des Filters, ein Ergebniszähler und die Bedienelemente für die Paginierung.

In der linken Tabellenspalte können einzelne Produkte zur Kategorie hinzugefügt oder aus ihr entfernt werden. Über die Checkbox in der Titelleiste können alle Produkte gewählt und abgewählt werden. Im Filterbereich der linken Spalte kann über die Auswahl der Optionen "Any", "Yes" und "No") festgelegt werden, ob alle Produkte angezeigt werden sollen, oder nur diejenigen, die der Kategorie zugeordnet sind, oder aber nur diejenigen, die ihr nicht zugeordnet sind.

Die Filter-Felder der übrigen Tabellenspalten ermöglichen Eingaben zum Herausfiltern bestimmter Produkte oder Produktgruppen. Durch die Kombination mehrerer Filter-Elemente lässt sich auch ein sehr unübersichtliches Sortiment zielgenau und komfortabel durchsuchen. Zum Durchsuchen des Produktbestandes muss auf *Search* geklickt werden. Um alle Filter zurückzusetzen und wieder alle Produkte angezeigt zu bekommen, genügt ein Klick auf *Reset Filter*.

Nachdem alle gewünschten Einstellung vorgenommen worden sind, können sie mit einem Klick auf den Button *Save Category* gespeichert werden.

Save Category

3. Wie funktioniert die Produktverwaltung in Magento 2?

Wie in den früheren Versionen auch, gibt es in Magento 2 unterschiedliche Produkttypen. In dieser Übersicht erläutern wir zunächst die Unterschiede zwischen den einzelnen Produktarten und erklären dann, was beim Anlegen von Produkten jeweils getan und worauf dabei geachtet werden muss.

3.1 Produktarten in Magento 2

Nach wie vor gibt es auch in Magento 2 sechs verschiedene Arten von Produkten: einfache Produkte, konfigurierbare Produkte, Gruppenprodukte, virtuelle Produkte, Bündelprodukte und Download-Produkte. Um Verwechslungen und Unklarheiten auszuräumen, beleuchten wir die unterschiedlichen Produktarten kurz im Einzelnen.

3.1.1 Einfaches Produkt (*Simple Product*)

Dieser Produkttyp wird in vielen Fällen zum Einsatz kommen, denn hierbei handelt es sich in gewisser Weise um den "Normalfall". Ein einfaches Produkt gibt es nur in einer Ausführung, d.h. nur in einer Farbe und nicht in unterschiedlichen Größen oder Modellvarianten. Allerdings kann ein einfaches Produkt auch einem konfigurierbaren Produkt, einem Gruppenprodukt oder einem Bündelprodukt zugeordnet werden (siehe unten).

3.1.2 Konfigurierbares Produkt (*Configurable Product*)

Gibt es ein Produkt in mehreren Ausführungen, also beispielsweise in unterschiedlichen Farben und/oder Größen, so handelt es sich um ein konfigurierbares Produkt, in dem die einzelnen Ausführungen enthalten sind. In Magento 2 werden während des Anlegens eines konfigurierbaren Produkts die jeweiligen Auswahlmöglichkeiten und die erhältlichen Varianten definiert. Im Shop können Besucher das Produkt dann nach ihren Wünschen und Bedürfnissen konfigurieren, also zum Beispiel eine Farbe und die passende Größe auswählen.

3.1.3 Gruppenprodukt (*Grouped Product*)

Hierbei handelt es sich um Produkte, die in einem Set verkauft werden sollen. Mit einem Gruppenprodukt fasst man einzelne Produkte zusammen, um sie in einem gemeinsamen Angebot im Shop zu verkaufen. Auf der Produktdetailseite sieht der Kunde dann die Kombination der Produkte. Der Kunde kann nun die Produkte auswählen und in den Warenkorb legen. Die gruppierten Produkte erscheinen schließlich einzeln im Warenkorb.

3.1.4 Virtuelles Produkt (*Virtual Product*)

Ein virtuelles Produkt unterscheidet sich nicht grundlegend von einem einfachen Produkt. Der Unterschied besteht darin, dass ein virtuelles Produkt keinen Versand benötigt. Das kann etwa bei einem Abo-Vertrag der Fall sein.

3.1.5 Bündelprodukt (*Bundle Product*)

Das Bündelprodukt ist dem Gruppenprodukt ähnlich. Auch hier werden einfache Produkte zusammengefasst. Im Unterschied zum Gruppenprodukt erscheint schließlich allerdings nur das Bündelprodukt im Warenkorb.

3.1.6 Download-Produkt (*Downloadable Product*)

Beim Download-Produkt handelt es sich um ein Produkt, das der Kunde nach dem Kauf in seinem Kundenbereich herunterladen kann.

3.2 Das Anlegen von Produkten in Magento 2

Das Anlegen von Produkten in Magento 2 erfordert je nach Produktart unterschiedliche Überlegungen und Einstellungen. Im Folgenden wird für jeden Produkttyp einzeln erklärt, was beim Anlegen von Produkten zu tun und was dabei zu beachten ist.

3.2.1 Ein einfaches Produkt (*Simple Product*) anlegen

Das Anlegen von einfachen Produkten ist ein sehr guter Einstieg in die Produktverwaltung von Magento 2 und umfasst bereits zahlreiche Arbeitsschritte, die auch für die anderen Produktarten relevant sind.

1. Produktart wählen
   In der Sidebar des Admin-Panels das Menü *Products* öffnen, dann unter *Inventory* auf *Catalog* klicken und in der oberen rechten Ecke des sich öffnenden Bereiches nach einem Klick auf die Pfeilspitze neben *Add Product* im Dropdown die Option *Simple Product* wählen.

2. Produkt-Template auswählen (optional)
   Falls vorhanden, kann nun durch einen Klick auf die Pfeilspitze neben dem Template-Namen (standardmäßig "Default") ein Suchfeld geöffnet werden, über das eine Vorlage ausgewählt werden kann, mit der anschließend angepasste Eingabefelder zur Verfügung stehen.

3. Grundlegende Produktinformationen eingeben
   In die ersten drei Felder müssen die für jedes einfache Produkt erforderlichen Informationen eingegeben werden: Name, SKU (wird automatisch aus dem Namen generiert, kann aber geändert werden) und Preis des Produkts. Sobald diese drei Felder ausgefüllt sind, kann das Produkt gespeichert werden. Soll es trotzdem zunächst noch nicht in der Shopoberfläche sichtbar sein (etwa weil noch wichtige Einstellungen fehlen), kann vor dem Speichern der Schalter unterhalb des *Save* Buttons betätigt werden, um das Produkt vorerst nicht zu veröffentlichen ("Product offline").

Nachdem alle Einstellungen vorgenommen worden sind, kann dieser Schalter vor dem letzten Speichern wieder auf 1 ("Product online") gestellt werden und das neue Produkt erscheint im Shop. – Optional kann noch eine Steuerklasse (*Tax Class*) für das Produkt bestimmt werden.

4. Produktbilder und -videos hinzufügen
   Zum Hochladen von Produktbildern in Magento 2 können diese entweder direkt per Drag-and-drop in das entsprechende Fenster

gezogen oder aber nach einem Klick auf das Kamerasymbol aus dem Dateisystem des eigenen Computers ausgewählt werden. Videos können nach dem Klick auf den Button *Add Video* per URL (von YouTube oder Vimeo) eingebunden, mit einem Titel (erforderlich), einer Beschreibung und weiteren Einstellungen versehen werden.

5. Menge, Gewicht und zusätzliche Attribute zuordnen
   Die Menge, in der das Produkt vorrätig ist, wird im Feld *Quantity* bestimmt. Zudem lässt sich einstellen, ob das Produkt ein Gewicht (*Weight*) hat und wie hoch dieses ist. Zusätzliche Attribute lassen sich über eine etwas versteckte Funktion hinzufügen, so dass die entsprechenden Eingabefelder bereitgestellt werden. Hierfür genügt ein Klick auf *Add Attributes* oben rechts im Formular. Bereits vorhandene Attribute lassen sich über das erscheinende Suchfeld finden und dem gerade bearbeiteten Produkt zuweisen. Über den nach der Eingabe des ersten Zeichens in das Suchfeld erscheinenden Button *New Attribute* lässt sich ein neues Attribut anlegen und anschließend verwenden.

6. Das Produkt zu Kategorien hinzufügen
   Um ein Produkt Kategorien zuzuordnen, gibt es drei mögliche Wege.

Die gewünschten Kategorien können über eine Texteingabe im Suchfeld gefunden werden. Alternativ können sie nach einem Klick auf das Menüsymbol rechts im Suchfeld aus dem Kategoriebaum ausgewählt werden. Sollte es nötig sein, eine oder mehrere Kategorien neu anzulegen, kann dies nach dem Klick auf den Button *New Category* durch das Festlegen einer Kategoriebezeichnung und der übergeordneten Kategorie geschehen.

7. Befüllen der SEO-relevanten Elemente
   Über den WYSIWYG-Editor kann die Produktbeschreibung eingegeben werden, während andere SEO-relevante Eingabefelder durch das Seitenmenü links sichtbar gemacht und dann ausgefüllt werden können.

8. Website-Einstellungen
   Ebenfalls über das Seitenmenü wählbar ist der Bereich *Websites*, in dem festgelegt werden kann, auf welcher Website das Produkt angezeigt werden soll.

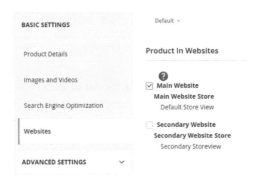

9. Erweiterte Einstellungen

Ein Klick auf *Advanced Settings* erweitert das Seitenmenü noch einmal um zahlreiche weitere Einträge, unter denen sich noch eine Vielzahl weiterer Einstellungen wie Aktionspreise, UVP, detaillierte Lagerverwaltung, verwandte Produkte, Cross-Selling und Up-Selling vornehmen lassen. An dieser Stelle wird darauf jedoch nicht im Einzelnen eingegangen, da es hier in erster Linie darum geht, den üblichen Ablauf beim Erstellen eines einfachen Produkts in Magento 2 darzustellen.

10. Speichern

Durch einen Klick auf *Save* das einfache Produkt speichern – oder gegebenenfalls per Klick auf die Pfeilspitze das Dropdown öffnen und eine der erweiterten Optionen ("Speichern & neu", "Speichern & duplizieren" oder "Speichern & schließen" wählen.

3.2.2 Ein konfigurierbares Produkt (*Configurable Product*) anlegen

Ein konfigurierbares Produkt wird zunächst ähnlich wie ein einfaches Produkt angelegt. Anschließend werden die konfigurierbaren Attribute und die jeweils wählbaren Optionen definiert, aus denen schließlich automatisch sehr viele einfache Produkte generiert werden, die durch das konfigurierbare Produkt gewissermaßen wie in einem Behälter zusammengefasst werden.

1. Produktart wählen
   In der Sidebar des Admin-Panels das Menü *Products* öffnen, dann unter *Inventory* auf *Catalog* klicken und in der oberen rechten Ecke des sich öffnenden Bereiches nach einem Klick auf die Pfeilspitze neben *Add Product* im Dropdown die Option *Configurable Product* wählen.

2. Produkt-Template auswählen (optional)
   Falls vorhanden, kann nun durch einen Klick auf die Pfeilspitze neben dem Template-Namen (standardmäßig "Default") ein Suchfeld geöffnet werden, über das eine Vorlage ausgewählt werden kann, mit der anschließend angepasste Eingabefelder zur Verfügung stehen.

3. Grundlegende Produktinformationen eingeben
   In die ersten drei Felder müssen die für jedes konfigurierbare Produkt
   erforderlichen Informationen eingegeben werden: Name, SKU (wird
   automatisch aus dem Namen generiert, kann aber geändert werden)
   und Preis des Produkts. Sobald diese drei Felder ausgefüllt sind, kann
   das Produkt gespeichert werden. Soll es trotzdem zunächst noch nicht
   in der Shopoberfläche sichtbar sein (etwa weil noch wichtige
   Einstellungen fehlen), kann vor dem Speichern der Schalter unterhalb
   des *Save* Buttons betätigt werden, um das Produkt vorerst nicht zu
   veröffentlichen ("Product offline").

   Nachdem alle Einstellungen vorgenommen worden sind, kann dieser
   Schalter vor dem letzten Speichern wieder auf 1 ("Product online")
   gestellt werden und das neue Produkt erscheint im Shop. – Optional
   kann noch eine Steuerklasse (*Tax Class*) für das Produkt bestimmt
   werden.

4. Produktbilder und -videos hinzufügen
   Zum Hochladen von Produktbildern in Magento 2 können diese
   entweder direkt per Drag-and-drop in das entsprechende Fenster
   gezogen oder aber nach einem Klick auf das Kamerasymbol aus dem
   Dateisystem des eigenen Computers ausgewählt werden. Videos können
   nach dem Klick auf den Button *Add Video* per URL (von YouTube oder
   Vimeo) eingebunden, mit einem Titel (erforderlich), einer Beschreibung
   und weiteren Einstellungen versehen werden.

5. Menge, Gewicht und zusätzliche Attribute zuordnen

Die Menge, in der das Produkt vorrätig ist, wird im Feld *Quantity* bestimmt. Zudem lässt sich einstellen, ob das Produkt ein Gewicht (*Weight*) hat und wie hoch dieses ist. Zusätzliche Attribute lassen sich über eine etwas versteckte Funktion hinzufügen, so dass die entsprechenden Eingabefelder bereitgestellt werden. Hierfür genügt ein Klick auf *Add Attributes* oben rechts im Formular. Bereits vorhandene Attribute lassen sich über das erscheinende Suchfeld finden und dem gerade bearbeiteten Produkt zuweisen. Über den nach der Eingabe des ersten Zeichens in das Suchfeld erscheinenden Button *New Attribute* lässt sich ein neues Attribut anlegen und anschließend verwenden.

6. Das Produkt zu Kategorien hinzufügen

Um ein Produkt Kategorien zuzuordnen, gibt es drei mögliche Wege. Die gewünschten Kategorien können über eine Texteingabe im Suchfeld gefunden werden. Alternativ können sie nach einem Klick auf das Menüsymbol rechts im Suchfeld aus dem Kategoriebaum ausgewählt werden. Sollte es nötig sein, eine oder mehrere Kategorien neu anzulegen, kann dies nach dem Klick auf den Button *New Category* durch das Festlegen einer Kategoriebezeichung und der übergeordneten Kategorie geschehen.

7. Befüllen der SEO-relevanten Elemente
   Über den WYSIWYG-Editor kann die Produktbeschreibung eingegeben werden, während andere SEO-relevante Eingabefelder durch das Seitenmenü links sichtbar gemacht und dann ausgefüllt werden können.

8. Website-Einstellungen
   Ebenfalls über das Seitenmenü wählbar ist der Bereich *Websites*, in dem festgelegt werden kann, auf welcher Website das Produkt angezeigt werden soll.

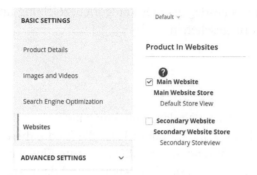

9. **Erweiterte Einstellungen**
   Ein Klick auf *Advanced Settings* erweitert das Seitenmenü noch einmal um zahlreiche weitere Einträge, unter denen sich noch eine Vielzahl weiterer Einstellungen wie detaillierte Lagerverwaltung, Sichtbarkeit, benutzerdefinierte Optionen, verwandte Produkte, Cross-Selling und Up-Selling vornehmen lassen. An dieser Stelle wird darauf jedoch nicht im Einzelnen eingegangen, da es hier in erster Linie darum geht, den üblichen Ablauf beim Erstellen eines konfigurierbaren Produkts in Magento 2 darzustellen.

10. **Speichern und Konfigurationseinstellungen öffnen**
    Durch einen Klick auf *Save* das Produkt speichern.

Dann nach unten scrollen, den Bereich *Configurations* aufklappen und auf *Create Configurations* klicken.

11. Produktkonfigurationseinstellungen – Schritt 1

Zunächst müssen aus der Liste diejenigen Attribute ausgewählt werden, die für die Konfiguration des Produkts zur Verfügung stehen sollen (zum Beispiel Farbe und Größe). Sollte noch ein Attribut fehlen, kann es nach einem Klick auf *Create New Attribute* direkt angelegt werden, ohne den Prozess der Produktkonfiguration abbrechen zu müssen. Wenn die Haken bei allen erforderlichen Attributen gesetzt sind, geht es mit einem Klick auf *Next* weiter.

12. Produktkonfigurationseinstellungen – Schritt 2

Im zweiten Schritt werden die verfügbaren Werte zu den zuvor ausgewählten Attributen festgelegt. Wenn zu allen Varianten die entsprechenden Haken gesetzt sind, geht es wieder mit einem Klick auf *Next* weiter.

3. Wie funktioniert die Produktverwaltung in Magento 2?

13. **Produktkonfigurationseinstellungen – Schritt 3**

Im dritten Schritt können drei wichtige Einstellungen vorgenommen werden: Produktbilder, Preise und Mengenangaben. Sie können aber auch mit den Optionen "*Skip …*" übersprungen und erst später im Einzelnen bearbeitet werden.

Produktbilder
Soll allen Varianten das selbe Produktbild zugeordnet werden, kann die Option *"Apply single set of images to all SKUs"* gewählt und das Bild zugewiesen werden. Sollen die unterschiedlichen Varianten des konfigurierbaren Produkts jedoch mit unterschiedlichen Bildern versehen werden (etwa bei unterschiedlichen Farben), muss die Option *"Apply unique images by attribute to each SKU"* markiert und anschließend für die unterschiedlichen Bilder entscheidende Attribut aus der Liste gewählt werden. Nun kann für die unterschiedlichen Varianten jeweils ein individuelles Bild hochgeladen werden. Sollte es noch ein weiteres Attribut geben, das sich auf die Zuweisung der Produktbilder auswirken soll, kann dies an dieser Stelle noch nicht eingestellt werden. Wenn nach dem 4. Schritt einfache Produkte aus dem konfigurierbaren Produkt generiert worden sind, gibt es jedoch die

Gelegenheit, bei Bedarf jeder einzelnen Kombination aus Attributoptionen ein individuelles Bild zuzuordnen.

Preis

Soll allen Varianten des konfigurierbaren Produkts der selbe Preis zugeordnet werden, kann die Option *"Apply single price to all SKUs"* gewählt und anschließend der Preis eingegeben werden. Sollen dagegen unterschiedliche Preise für die unterschiedlichen Varianten vergeben werden (zum Beispiel in Abhängigkeit von der Größe), muss die Option *"Apply unique prices by attribute to each SKU"* markiert und anschließend das für die unterschiedlichen Preise entscheidende Attribut aus der Liste gewählt werden. Nun kann für die unterschiedlichen Varianten jeweils ein individueller Preis eingegeben werden. Sollte es noch ein weiteres Attribut geben, das sich auf den Produktpreis auswirken soll, kann dies an dieser Stelle noch nicht eingestellt werden. Wenn nach dem 4. Schritt einfache Produkte aus dem konfigurierbaren Produkt generiert worden sind, gibt es jedoch die Gelegenheit, bei Bedarf jeder einzelnen Kombination aus Attributoptionen einen individuellen Preis zuzuordnen.

Menge

Soll allen Varianten des konfigurierbaren Produkts die selbe Mengenangabe zugeordnet werden, kann die Option *"Apply single quantity to all SKUs"* gewählt und anschließend die für alle Varianten einheitliche Menge eingegeben werden. Sollen dagegen unterschiedliche Mengenangaben für die unterschiedlichen Varianten eingegeben werden (zum Beispiel in Abhängigkeit von der Größe), muss die Option *"Apply unique quantities by attribute to each SKU"* markiert und anschließend das für die unterschiedlichen Mengen entscheidende Attribut aus der Liste gewählt werden. Nun kann für die unterschiedlichen Varianten jeweils eine individueller Menge eingegeben werden. Sollte es noch ein weiteres Attribut geben, das sich auf die verfügbare Stückzahl auswirken soll, kann dies an dieser Stelle noch nicht eingestellt werden. Wenn nach dem 4. Schritt einfache Produkte aus dem konfigurierbaren Produkt generiert worden sind, gibt es jedoch die Gelegenheit, bei Bedarf jeder einzelnen Kombination aus Attributoptionen eine individuelle Mengenangabe zuzuordnen.

14. Produktkonfigurationseinstellungen – Schritt 4

Im vierten und letzten Schritt werden die zuvor gemachten Einstellungen noch einmal zusammengefasst und in Form einer Vorschautabelle dargestellt. Für Änderungen muss mit *Back* zu einem der vorangehenden Schritte zurückgegangen werden. Sonst können mit *Generate Products* einfache Produkte aus dem konfigurierbaren Produkt generiert werden.

15. Individuelle Mengen- und Gewichtsangaben

Zurück im Eingabeformular für das konfigurierbare Produkt ist nun im Abschnitt *Configurations* eine tabellarische Ansicht der generierten einfachen Produkte zu sehen. Hier gibt es nun die bereits mehrfach erwähnte Gelegenheit. Produktbilder, Preise und Mengenangaben noch einmal zu bearbeiten.

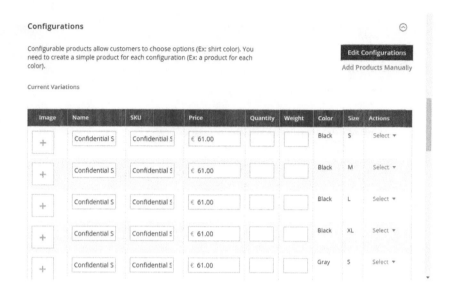

16. Speichern

Sehr wichtig ist, dass die generierten einfachen Produkte, durch die das konfigurierbare Produkt überhaupt erst im Shop erscheinen kann, erst noch durch einen Klick auf *Save* gespeichert werden müssen – wobei gegebenenfalls eine der erweiterten Optionen ("Speichern & neu", "Speichern & duplizieren" oder "Speichern & schließen") gewählt werden kann.

Wenn eine entsprechende Meldung eingeblendet wird, muss nach dem Speichern noch der veraltete ("Invalid") Cache gelöscht werden.

17. Thumbnail-Einstellungen (optional)

Sollten für unterschiedliche Varianten des Produkts unterschiedliche Produktbilder gespeichert worden sein, die auch jeweils korrekt im Warenkorb angezeigt werden sollen, muss dies eingestellt werden. Hierzu lässt sich unter *Stores > Configuration > Sales > Checkout > Shopping Cart > Configurable Product Image* die Option "Product Thumbnail Itself" auswählen. Nach dem Speichern (durch einen Klick auf *Save Configuration*) werden die Thumbnails dann zugeordnet, wie gewünscht.

Die Einstellung muss allerdings nicht für jedes konfigurierbare Produkt vorgenommen werden. Sie gilt für den gesamten Store View, der beim Vornehmen der Einstellung ausgewählt ist.

3.2.3 Ein Gruppenprodukt (*Grouped Product*) anlegen

Für das Anlegen eines Gruppenproduktes werden einfache Produkte benötigt, die später gemeinsam in den Warenkorb gelegt und bestellt werden können.

1. Produktart wählen
In der Sidebar des Admin-Panels das Menü *Products* öffnen, dann unter *Inventory* auf *Catalog* klicken und in der oberen rechten Ecke des sich

öffnenden Bereiches nach einem Klick auf die Pfeilspitze neben *Add Product* im Dropdown die Option *Grouped Product* wählen.

2. Produkt-Template auswählen (optional)
   Falls vorhanden, kann nun durch einen Klick auf die Pfeilspitze neben dem Template-Namen (standardmäßig "Default") ein Suchfeld geöffnet werden, über das eine Vorlage ausgewählt werden kann, mit der anschließend angepasste Eingabefelder zur Verfügung stehen.

3. Grundlegende Produktinformationen eingeben
   In die ersten beiden Felder müssen die für jedes Gruppenprodukt erforderlichen Informationen eingegeben werden: Name und SKU (wird automatisch aus dem Namen generiert, kann aber geändert werden) des Produkts. Sobald diese beiden Felder ausgefüllt sind, kann das Produkt gespeichert werden. Soll es trotzdem zunächst noch nicht in der Shopoberfläche sichtbar sein (etwa weil noch wichtige Einstellungen fehlen), kann vor dem Speichern der Schalter unterhalb des *Save* Buttons betätigt werden, um das Produkt vorerst nicht zu veröffentlichen ("Product offline").

Nachdem alle Einstellungen vorgenommen worden sind, kann dieser
Schalter vor dem letzten Speichern wieder auf 1 ("Product online")
gestellt werden und das neue Produkt erscheint im Shop. – Optional
kann noch eine Steuerklasse (*Tax Class*) für das Produkt bestimmt
werden.

4. Produktbilder und -videos hinzufügen
   Zum Hochladen von Produktbildern in Magento 2 können diese
   entweder direkt per Drag-and-drop in das entsprechende Fenster
   gezogen oder aber nach einem Klick auf das Kamerasymbol aus dem
   Dateisystem des eigenen Computers ausgewählt werden. Videos können
   nach dem Klick auf den Button *Add Video* per URL (von YouTube oder
   Vimeo) eingebunden, mit einem Titel (erforderlich), einer Beschreibung
   und weiteren Einstellungen versehen werden.

5. Zusätzliche Attribute zuordnen
   Das Feld für die Menge (*Quantity*) ist für Gruppenprodukte ausgegraut,
   da die verfügbare Anzahl von der Verfügbarkeit der gebündelten
   einfachen Produkte abhängt. Analog verhält es sich mit dem Gewicht
   (*Weight*), das aus den Gewichten der Komponenten des Bündelprodukts
   berechnet wird, weshalb hierfür auch kein Eingabefeld zur Verfügung
   steht. Zusätzliche Attribute lassen sich über eine etwas versteckte
   Funktion hinzufügen, so dass die entsprechenden Eingabefelder
   bereitgestellt werden. Hierfür genügt ein Klick auf *Add Attributes* oben

rechts im Formular. Bereits vorhandene Attribute lassen sich über das erscheinende Suchfeld finden und dem gerade bearbeiteten Produkt zuweisen. Über den nach der Eingabe des ersten Zeichens in das Suchfeld erscheinenden Button *New Attribute* lässt sich ein neues Attribut anlegen und anschließend verwenden.

6. Das Produkt zu Kategorien hinzufügen
Um ein Produkt Kategorien zuzuordnen, gibt es drei mögliche Wege. Die gewünschten Kategorien können über eine Texteingabe im Suchfeld gefunden werden. Alternativ können sie nach einem Klick auf das Menüsymbol rechts im Suchfeld aus dem Kategoriebaum ausgewählt werden. Sollte es nötig sein, eine oder mehrere Kategorien neu anzulegen, kann dies nach dem Klick auf den Button *New Category* durch das Festlegen einer Kategoriebezeichung und der übergeordneten Kategorie geschehen.

7. Befüllen der SEO-relevanten Elemente
Über den WYSIWYG-Editor kann die Produktbeschreibung eingegeben werden, während andere SEO-relevante Eingabefelder durch das Seitenmenü links sichtbar gemacht und dann ausgefüllt werden können.

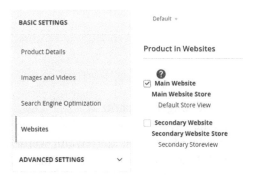

8. **Website-Einstellungen**
   Ebenfalls über das Seitenmenü wählbar ist der Bereich *Websites*, in dem festgelegt werden kann, auf welcher Website das Produkt angezeigt werden soll.

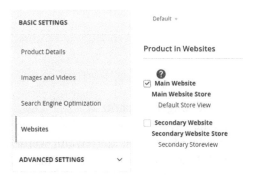

9. **Erweiterte Einstellungen**
   Ein Klick auf *Advanced Settings* erweitert das Seitenmenü noch einmal um zahlreiche weitere Einträge, unter denen sich noch eine Vielzahl weiterer Einstellungen wie detaillierte Lagerverwaltung, Sichtbarkeit, benutzerdefinierte Optionen, verwandte Produkte, Cross-Selling und Up-Selling vornehmen lassen. An dieser Stelle wird darauf jedoch nicht im Einzelnen eingegangen, da es hier in erster Linie darum geht, den

üblichen Ablauf beim Erstellen eines Gruppenprodukts in Magento 2 darzustellen.

10. Speichern und Gruppen-Einstellungen öffnen
Durch einen Klick auf *Save* das Produkt speichern.

Dann nach unten scrollen, den Bereich *Grouped Products* aufklappen und auf *Add Product to Group* klicken.

11. Gruppen-Einstellungen – Schritt 1
Nun können aus der Liste über die Checkboxen links die gewünschten Produkte aus dem Sortiment ausgewählt werden, die zum Gruppenprodukt gehören sollen. Ist die Auswahl abgeschlossen, geht es mit einem Klick auf *Add Selected Products* weiter.

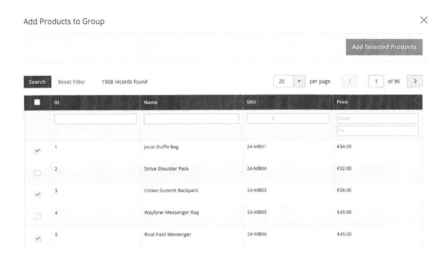

12. **Gruppen-Einstellungen – Schritt 2**

Für die einzelnen im Gruppenprodukt enthaltenen einfachen Produkte können nun noch Standardwerte für die jeweilige Anzahl festgelegt werden. Sollen Produkte wieder aus der Gruppe entfernt werden, können sie über das Mülleimersymbol rechts wieder aus der Auswahl gelöscht werden.

13. **Speichern**

Durch einen Klick auf *Save* das Gruppenprodukt speichern – und hierbei gegebenenfalls eine der erweiterten Optionen ("Speichern & neu", "Speichern & duplizieren" oder "Speichern & schließen" wählen.

14.Thumbnail-Einstellungen (optional)

Sollen die einzelnen Elemente des Gruppenprodukts im Warenkorb jeweils mit individuellen Thumbnail-Bildern angezeigt werden, kann dies eingestellt werden. Hierzu lässt sich unter *Stores > Configuration > Sales > Checkout > Shopping Cart > Grouped Product Image* die Option "Product Thumbnail Itself" auswählen. Nach dem Speichern (durch einen Klick auf *Save Configuration*) werden die Thumbnails dann zugeordnet, wie gewünscht.

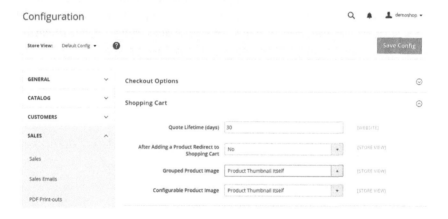

Die Einstellung muss allerdings nicht für jedes Gruppenprodukt vorgenommen werden. Sie gilt für den gesamten Store View, der beim Vornehmen der Einstellung ausgewählt ist.

3.2.4 Ein virtuelles Produkt (*Virtual Product*) anlegen

Das Anlegen eines virtuellen Produkts (Dienstleistung, Abonnement, Garantie) ist dem Anlegen eines einfachen Produkts sehr ähnlich. Ein virtuelles Produkt hat jedoch kein Gewicht, und solange der Warenkorb nur virtuelle Produkte enthält, werden die Versandkosteneinstellungen im Checkout nicht eingeblendet.

1. Produktart wählen
   In der Sidebar des Admin-Panels das Menü *Products* öffnen, dann unter *Inventory* auf *Catalog* klicken und in der oberen rechten Ecke des sich öffnenden Bereiches nach einem Klick auf die Pfeilspitze neben *Add Product* im Dropdown die Option *Virtual Product* wählen.

2. Produkt-Template auswählen (optional)
   Falls vorhanden, kann nun durch einen Klick auf die Pfeilspitze neben dem Template-Namen (standardmäßig "Default") ein Suchfeld geöffnet werden, über das eine Vorlage ausgewählt werden kann, mit der anschließend angepasste Eingabefelder zur Verfügung stehen.

3. Grundlegende Produktinformationen eingeben
   In die ersten drei Felder müssen die für jedes virtuelle Produkt

erforderlichen Informationen eingegeben werden: Name, SKU (wird automatisch aus dem Namen generiert, kann aber geändert werden) und Preis des Produkts. Sobald diese drei Felder ausgefüllt sind, kann das Produkt gespeichert werden. Soll es trotzdem zunächst noch nicht in der Shopoberfläche sichtbar sein (etwa weil noch wichtige Einstellungen fehlen), kann vor dem Speichern der Schalter unterhalb des *Save* Buttons betätigt werden, um das Produkt vorerst nicht zu veröffentlichen ("Product offline").

Nachdem alle Einstellungen vorgenommen worden sind, kann dieser Schalter vor dem letzten Speichern wieder auf 1 ("Product online") gestellt werden und das neue Produkt erscheint im Shop. – Optional kann noch eine Steuerklasse (*Tax Class*) für das Produkt bestimmt werden.

4. Produktbilder und -videos hinzufügen
   Zum Hochladen von Produktbildern in Magento 2 können diese entweder direkt per Drag-and-drop in das entsprechende Fenster gezogen oder aber nach einem Klick auf das Kamerasymbol aus dem Dateisystem des eigenen Computers ausgewählt werden. Videos können nach dem Klick auf den Button *Add Video* per URL (von YouTube oder Vimeo) eingebunden, mit einem Titel (erforderlich), einer Beschreibung und weiteren Einstellungen versehen werden.

5. Menge und zusätzliche Attribute zuordnen
   Die Menge, in der das Produkt vorrätig ist, wird im Feld *Quantity*
   bestimmt. Zudem ist voreingestellt, dass das virtuelle Produkt kein
   Gewicht (*Weight*) hat. Zusätzliche Attribute lassen sich über eine etwas
   versteckte Funktion hinzufügen, so dass die entsprechenden
   Eingabefelder bereitgestellt werden. Hierfür genügt ein Klick auf *Add
   Attributes* oben rechts im Formular. Bereits vorhandene Attribute lassen
   sich über das erscheinende Suchfeld finden und dem gerade
   bearbeiteten Produkt zuweisen. Über den nach der Eingabe des ersten
   Zeichens in das Suchfeld erscheinenden Button *New Attribute* lässt sich
   ein neues Attribut anlegen und anschließend verwenden.

6. Das Produkt zu Kategorien hinzufügen
   Um ein Produkt Kategorien zuzuordnen, gibt es drei mögliche Wege.
   Die gewünschten Kategorien können über eine Texteingabe im Suchfeld
   gefunden werden. Alternativ können sie nach einem Klick auf das
   Menüsymbol rechts im Suchfeld aus dem Kategoriebaum ausgewählt
   werden. Sollte es nötig sein, eine oder mehrere Kategorien neu
   anzulegen, kann dies nach dem Klick auf den Button *New Category*
   durch das Festlegen einer Kategoriebezeichung und der übergeordneten
   Kategorie geschehen.

7. Befüllen der SEO-relevanten Elemente
   Über den WYSIWYG-Editor kann die Produktbeschreibung eingegeben

werden, während andere SEO-relevante Eingabefelder durch das Seitenmenü links sichtbar gemacht und dann ausgefüllt werden können.

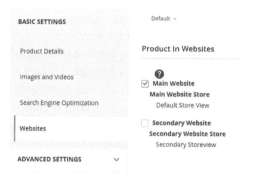

8. Website-Einstellungen
   Ebenfalls über das Seitenmenü wählbar ist der Bereich *Websites*, in dem festgelegt werden kann, auf welcher Website das Produkt angezeigt werden soll.

9. Erweiterte Einstellungen
   Ein Klick auf *Advanced Settings* erweitert das Seitenmenü noch einmal um zahlreiche weitere Einträge, unter denen sich noch eine Vielzahl weiterer Einstellungen wie Aktionspreise, UVP, detaillierte

Lagerverwaltung, verwandte Produkte, Cross-Selling und Up-Selling vornehmen lassen. An dieser Stelle wird darauf jedoch nicht im Einzelnen eingegangen, da es hier in erster Linie darum geht, den üblichen Ablauf beim Erstellen eines virtuellen Produkts in Magento 2 darzustellen.

10. Speichern
    Durch einen Klick auf *Save* das virtuelle Produkt speichern – und hierbei gegebenenfalls eine der erweiterten Optionen ("Speichern & neu", "Speichern & duplizieren" oder "Speichern & schließen" wählen.

3.2.5 Ein Bündelprodukt (*Bundle Product*) anlegen

Für das Anlegen eines Bündelproduktes werden einfache Produkte benötigt, die später als Bündel in den Warenkorb gelegt und bestellt werden können.

1. Produktart wählen
   In der Sidebar des Admin-Panels das Menü *Products* öffnen, dann unter *Inventory* auf *Catalog* klicken und in der oberen rechten Ecke des sich öffnenden Bereiches nach einem Klick auf die Pfeilspitze neben *Add Product* im Dropdown die Option *Bundle Product* wählen.

2. **Produkt-Template auswählen (optional)**
   Falls vorhanden, kann nun durch einen Klick auf die Pfeilspitze neben dem Template-Namen (standardmäßig "Default") ein Suchfeld geöffnet werden, über das eine Vorlage ausgewählt werden kann, mit der anschließend angepasste Eingabefelder zur Verfügung stehen.

3. **Grundlegende Produktinformationen eingeben**
   In die ersten Felder müssen die für jedes Bündelprodukt erforderlichen Informationen eingegeben werden: Name und SKU (wird automatisch aus dem Namen generiert, kann aber dynamisch (Option: *Dynamic*) geändert oder von Hand (Option: *Fixed*) festgelegt werden). Der Preis des Bündelprodukts wird standardmäßig dynamisch bestimmt. Mithilfe der Option *Fixed* lässt sich das Eingabefeld jedoch aktivieren, so dass ein fester Preis vergeben werden kann. Sobald diese Felder ausgefüllt sind, kann das Produkt gespeichert werden. Soll es trotzdem zunächst noch nicht in der Shopoberfläche sichtbar sein (etwa weil noch wichtige Einstellungen fehlen), kann vor dem Speichern der Schalter unterhalb des *Save* Buttons betätigt werden, um das Produkt vorerst nicht zu veröffentlichen ("Product offline").

Nachdem alle Einstellungen vorgenommen worden sind, kann dieser Schalter vor dem letzten Speichern wieder auf 1 ("Product online") gestellt werden und das neue Produkt erscheint im Shop. – Optional kann noch eine Steuerklasse (*Tax Class*) für das Produkt bestimmt werden.

4. Produktbilder und -videos hinzufügen
   Zum Hochladen von Produktbildern in Magento 2 können diese entweder direkt per Drag-and-drop in das entsprechende Fenster gezogen oder aber nach einem Klick auf das Kamerasymbol aus dem Dateisystem des eigenen Computers ausgewählt werden. Videos können nach dem Klick auf den Button *Add Video* per URL (von YouTube oder Vimeo) eingebunden, mit einem Titel (erforderlich), einer Beschreibung und weiteren Einstellungen versehen werden.

5. Gewicht und zusätzliche Attribute zuordnen
   Das Feld für die Menge (*Quantity*) ist für Bündelprodukte ausgegraut, da die verfügbare Anzahl von der Verfügbarkeit der gebündelten einfachen Produkte abhängt. Analog verhält es sich mit dem Gewicht (*Weight*), das aus den Gewichten der Komponenten des Bündelprodukts berechnet wird. Bei Bedarf kann nach Auswählen der Option *Fixed* auch ein festes Gewicht für das Bündelprodukt vergeben werden.

| Quantity | | In Stock | ▾ | [GLOBAL] |
| Weight | lbs | Dynamic | ▴ | [GLOBAL] |

Zusätzliche Attribute lassen sich über eine etwas versteckte Funktion hinzufügen, so dass die entsprechenden Eingabefelder bereitgestellt werden. Hierfür genügt ein Klick auf *Add Attributes* oben rechts im Formular. Bereits vorhandene Attribute lassen sich über das erscheinende Suchfeld finden und dem gerade bearbeiteten Produkt zuweisen. Über den nach der Eingabe des ersten Zeichens in das Suchfeld erscheinenden Button *New Attribute* lässt sich ein neues Attribut anlegen und anschließend verwenden.

6. Das Produkt zu Kategorien hinzufügen
   Um ein Produkt Kategorien zuzuordnen, gibt es drei mögliche Wege. Die gewünschten Kategorien können über eine Texteingabe im Suchfeld gefunden werden. Alternativ können sie nach einem Klick auf das Menüsymbol rechts im Suchfeld aus dem Kategoriebaum ausgewählt werden. Sollte es nötig sein, eine oder mehrere Kategorien neu anzulegen, kann dies nach dem Klick auf den Button *New Category* durch das Festlegen einer Kategoriebezeichung und der übergeordneten Kategorie geschehen.

| Categories | start typing to search category | ☰ | New Category |

7. Befüllen der SEO-relevanten Elemente
   Über den WYSIWYG-Editor kann die Produktbeschreibung eingegeben werden, während andere SEO-relevante Eingabefelder durch das Seitenmenü links sichtbar gemacht und dann ausgefüllt werden können.

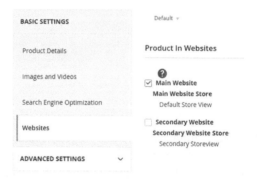

8. Website-Einstellungen
   Ebenfalls über das Seitenmenü wählbar ist der Bereich *Websites*, in dem festgelegt werden kann, auf welcher Website das Produkt angezeigt werden soll.

9. Erweiterte Einstellungen
   Ein Klick auf *Advanced Settings* erweitert das Seitenmenü noch einmal

um zahlreiche weitere Einträge, unter denen sich noch eine Vielzahl weiterer Einstellungen wie Aktionspreise, UVP, detaillierte Lagerverwaltung, verwandte Produkte, Cross-Selling und Up-Selling vornehmen lassen. An dieser Stelle wird darauf jedoch nicht im Einzelnen eingegangen, da es hier in erster Linie darum geht, den üblichen Ablauf beim Erstellen eines Bündelprodukts in Magento 2 darzustellen.

10. Bündeleinstellungen

Im Bereich *Bundle Items* wird festgelegt, ob die einzelnen Komponenten des Bündelprodukts seperat oder gemeinsam versandt werden sollen (*Ship Bundle Items*).

Mit einem Klick auf *Create New Option* lässt sich dann eine neue Option erstellen.

Für diese wird zunächst ein Titel vergeben und es kann die gewünschte Darstellung der Auswahlmöglichkeit (Drop-Down, Radio-Buttons, Checkbox oder Multiple Select) festgelegt werden. Dann können nach einem Klick auf *Add Products to Option* die gewünschten einfachen Produkte aus der Liste ausgewählt werden. Wenn die Option nicht leer bleiben darf, muss der Haken bei Required gesetzt werden.

Nach einem Klick auf *Add Selected Products* wird die Option mit den in ihr auswählbaren Produkten übersichtlich dargestellt. Nun kann bestimmt werden, welches Produkt standardmäßig ausgewählt sein soll (*Default*), es können Mengen definiert werden, die bei Auswahl des jeweiligen Produkts zum Bündelprodukt hinzugefügt werden sollen (*Default Quantity*) und falls die Kunden an den Mengen nichts ändern können sollen, muss der Haken bei *User Defined* entfernt werden. Soll ein Produkt wieder aus einer Option entfernt werden, genügt ein Klick auf das Mülleimersymbol rechts.

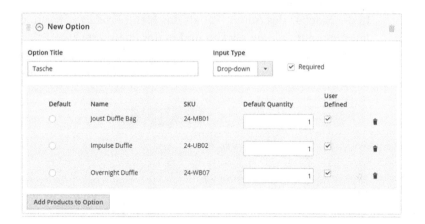

Das beschriebene Vorgehen wiederholt sich für jede weitere Option.

11. Speichern
    Durch einen Klick auf *Save* das Bündelprodukt speichern – und hierbei
    gegebenenfalls eine der erweiterten Optionen ("Speichern & neu",
    "Speichern & duplizieren" oder "Speichern & schließen" wählen.

3.2.6 Ein Download-Produkt (*Downloadable Product*) anlegen

Ein Download-Produkt unterscheidet sich vor allem darin von einem einfachen
Produkt, dass im Zuge der Dateneingabe das Produkt selbst schon als Datei
oder einen Download-Link bereitgestellt wird.

1. Produktart wählen
   In der Sidebar des Admin-Panels das Menü *Products* öffnen, dann unter
   Inventory auf *Catalog* klicken und in der oberen rechten Ecke des sich
   öffnenden Bereiches nach einem Klick auf die Pfeilspitze neben *Add
   Product* im Dropdown die Option *Downloadable Product* wählen.

2. Produkt-Template auswählen (optional)
   Falls vorhanden, kann nun durch einen Klick auf die Pfeilspitze neben dem Template-Namen (standardmäßig "Default") ein Suchfeld geöffnet werden, über das eine Vorlage ausgewählt werden kann, mit der anschließend angepasste Eingabefelder zur Verfügung stehen.

3. Grundlegende Produktinformationen eingeben
   In die ersten drei Felder müssen die für jedes Download-Produkt erforderlichen Informationen eingegeben werden: Name, SKU (wird automatisch aus dem Namen generiert, kann aber geändert werden) und Preis des Produkts. Sobald diese drei Felder ausgefüllt sind, kann das Produkt gespeichert werden. Soll es trotzdem zunächst noch nicht in der Shopoberfläche sichtbar sein (etwa weil noch wichtige Einstellungen fehlen), kann vor dem Speichern der Schalter unterhalb des *Save* Buttons betätigt werden, um das Produkt vorerst nicht zu veröffentlichen ("Product offline").

   Nachdem alle Einstellungen vorgenommen worden sind, kann dieser Schalter vor dem letzten Speichern wieder auf 1 ("Product online") gestellt werden und das neue Produkt erscheint im Shop. – Optional kann noch eine Steuerklasse (*Tax Class*) für das Produkt bestimmt werden.

4. Produktbilder und -videos hinzufügen
   Zum Hochladen von Produktbildern in Magento 2 können diese entweder direkt per Drag-and-drop in das entsprechende Fenster

gezogen oder aber nach einem Klick auf das Kamerasymbol aus dem Dateisystem des eigenen Computers ausgewählt werden. Videos können nach dem Klick auf den Button *Add Video* per URL (von YouTube oder Vimeo) eingebunden, mit einem Titel (erforderlich), einer Beschreibung und weiteren Einstellungen versehen werden.

5. Menge und zusätzliche Attribute zuordnen
   Die Menge, in der das Produkt zum Download bereitsteht, kann bei Bedarf im Feld *Quantity* bestimmt werden. Zudem ist voreingestellt, dass das Download-Produkt kein Gewicht (*Weight*) hat.
   Zusätzliche Attribute lassen sich über eine etwas versteckte Funktion hinzufügen, so dass die entsprechenden Eingabefelder bereitgestellt werden. Hierfür genügt ein Klick auf *Add Attributes* oben rechts im Formular. Bereits vorhandene Attribute lassen sich über das erscheinende Suchfeld finden und dem gerade bearbeiteten Produkt zuweisen. Über den nach der Eingabe des ersten Zeichens in das Suchfeld erscheinenden Button *New Attribute* lässt sich ein neues Attribut anlegen und anschließend verwenden.

6. Das Produkt zu Kategorien hinzufügen
   Um ein Produkt Kategorien zuzuordnen, gibt es drei mögliche Wege.
   Die gewünschten Kategorien können über eine Texteingabe im Suchfeld
   gefunden werden. Alternativ können sie nach einem Klick auf das
   Menüsymbol rechts im Suchfeld aus dem Kategoriebaum ausgewählt
   werden. Sollte es nötig sein, eine oder mehrere Kategorien neu
   anzulegen, kann dies nach dem Klick auf den Button *New Category*
   durch das Festlegen einer Kategoriebezeichung und der übergeordneten
   Kategorie geschehen.

7. Befüllen der SEO-relevanten Elemente
   Über den WYSIWYG-Editor kann die Produktbeschreibung eingegeben
   werden, während andere SEO-relevante Eingabefelder durch das
   Seitenmenü links sichtbar gemacht und dann ausgefüllt werden
   können.

8. Website-Einstellungen
   Ebenfalls über das Seitenmenü wählbar ist der Bereich *Websites*, in dem
   festgelegt werden kann, auf welcher Website das Produkt angezeigt
   werden soll.

9. **Erweiterte Einstellungen**

   Ein Klick auf *Advanced Settings* erweitert das Seitenmenü noch einmal um zahlreiche weitere Einträge, unter denen sich noch eine Vielzahl weiterer Einstellungen wie Aktionspreise, UVP, detaillierte Lagerverwaltung, verwandte Produkte, Cross-Selling und Up-Selling vornehmen lassen. An dieser Stelle wird darauf jedoch nicht im Einzelnen eingegangen, da es hier in erster Linie darum geht, den üblichen Ablauf beim Erstellen eines Download-Produkts in Magento 2 darzustellen.

10. **Download-Konfiguration**

    Im Bereich *Downloadable Information* lassen sich Download-Links und Beispiel-Dateien (*Samples*) für das Produkt festlegen. Für die Links kann neben einer Überschrift festgelegt werden, ob sie separat erworben werden können, oder nicht. Nach einem Klick auf *Add New Link* kann ein neuer Link konfiguriert werden. Er muss einen Titel zugewiesen bekommen und wenn er separat erworben werden kann, muss für ihn ein individueller Preis festgelegt werden. Er kann entweder per Datei-Upload oder per URL mit seinem Ziel verknüpft werden (*Attach File or Enter Link*) und auch für die Zuordnung einer Beispieldatei (*Sample*) stehen zwei Möglichkeiten zur Verfügung. Das Feld *Shareable* bestimmt, ob der Link per E-Mail versendet werden soll (*Yes*) oder nur nach dem Login in den Kundenbereich zugänglich sein soll (*No*). Bleibt die Standardeinstellung *Use config* bestehen, wird auf die in der Konfiguration hinterlegte Grundeinstellung zurückgegriffen.

Soll es ein Limit für die maximal möglichen Downloads geben, muss dies unter *Max. Downloads* eingegeben werden, andernfalls muss der Haken bei *Unlimited* gesetzt werden.
Dieser Ablauf wiederholt sich für alle Download-Links.

Zudem können unter *Samples* Beispiel-Dateien hochgeladen werden, die unter einer Überschrift (*Title*) angezeigt werden. Nach einem Klick auf *Add New Link* (nicht zu verwechseln mit der gleichnamigen Schaltfläche im Abschnitt *Links*) kann ein Titel festgelegt und eine Beispieldatei per Dateiupload oder URL hinzugefügt werden.
Dieser Ablauf wiederholt sich für alle Beispiel-Dateien. Sowohl die angelegten Links als auch die Samples können mithilfe des grauen Icons links im Feld per Drag-and-drop umsortiert und bei Bedarf über das Mülleimersymbol rechts gelöscht werden.

11. Speichern

Durch einen Klick auf *Save* das Download-Produkt speichern – und hierbei gegebenenfalls eine der erweiterten Optionen ("Speichern & neu", "Speichern & duplizieren" oder "Speichern & schließen" wählen.

4. Wie funktioniert die Attributverwaltung in Magento 2?

Mithilfe von Attributen lassen sich in einem Magento 2 Shop Eigenschaften eines Produktes in der Datenbank abbilden. Da unterschiedliche Arten von Produkten mit unterschiedlichen Attributen dargestellt werden können, sollte man sich schon vor dem eigentlichen Anlegen des Sortiments im Shop Gedanken darüber machen, welche Attribute für die unterschiedlichen Produkte im Shop benötigt werden. Aus den so gesammelten Attributen lassen sich dann auf bestimmte Produkttypen zugeschnittene Attributsets zusammenstellen. Durch das Zuweisen und Ausfüllen des jeweiligen Attributsets für die einzelnen Produkte kann dann auch ein komplex zusammengesetzter Warenbestand rasch und komfortabel eingepflegt werden. Die Attributverwaltung ist daher keineswegs nur Beiwerk der Produktverwaltung, sondern ein integraler Bestandteil der Arbeit eines Shopbetreibers. Daher wird ihr hier auch ein eigenes Kapitel gewidmet.

4.1 Anlegen von Attributen in Magento 2

Das Anlegen von Attributen ist auch während der Arbeit an einem Produkt möglich. Hier wird jedoch der "klassische" Weg beschrieben. Das heißt: es wird gezeigt, wie Attribute zunächst ohne direkten Bezug zu einem Produkt angelegt werden, um dann in Attributsets zusammengefasst werden zu können, damit schließlich das Anlegen von Produkten schnell und komfortabel vonstatten gehen kann. Dieses Vorgehen hat sich in der Praxis stets sehr bewährt.

Zum Anlegen eines Attributs muss in der über *Stores > Attributes > Product* zu erreichenden Attributverwaltung oben rechts auf den Button *Add New Attribute* geklickt werden.

91

4.1.1 Grundlegende Eigenschaften des Attributs festlegen

Am wichtigsten sind die drei grundlegenden Eigenschaften eines Attributs: sein Name, die Art und Weise, in der es im Backend mit Werten gefüllt werden soll und der Umstand, ob es sich dabei um einen erforderlichen Wert handelt, oder nicht.

1. Das Feld *Default label* muss für jedes Attribut ausgefüllt werden. Es enthält die Bezeichnung des Attributs, die schließlich auch der Kunde im Shop angezeigt bekommt.

2. Im Feld *Catalog Input Type for Store Owner* wird bestimmt, ob das Attribut als einzeiliges Eingabefeld (*Text Field*), als mehrzeiliges Textfeld (*Text Area*), als Datumsfeld (*Date*), als Ja/Nein-Auswahl (*Yes/No*), als Sammlung möglicher Optionen für die Mehrfachauswahl (*Multiple Select*), als Auswahlmenü (*Dropdown*), als Preisfeld (*Price*), als Bild (*Media Image*), als Feld für eine feste Steuer (*Fixed Product Tax*), als visuelle Schalter (*Visual Swatch*) oder als Textschalter (*Text Swatch*) angezeigt und mit Werten befüllt werden soll. In Abhängigkeit davon, welche Option hier gewählt wird, ändern sich später die Möglichkeiten für die Bestimmung weiterer Attributeigenschaften.

3. Über das Feld *Values Required* lässt sich bestimmen, ob das Attribut im Shop ein Pflichtfeld sein soll. Wenn der Kauf eines Produkts erst nach Auswahl eines Wertes für das Attribut möglich sein soll, muss dieses Feld auf "Yes" gestellt sein.

4.1.2 Gegebenenfalls Optionen bestimmen

Sollte im vorangegangenen Schritt im Feld *Catalog Input Type for Store Owner* eine der beiden Möglichkeiten *Multiple Select* und *Dropdown* gewählt worden sein, müssen nun die Optionen festgelegt werden, die zur Auswahl bereitstehen sollen. Für alle anderen Eingabemethoden kann dieser Schritt übersprungen werden.

Dazu kann durch Klicken auf den Button *Add Option* jeweils eine neue Option angelegt werden, für die dann in einem oder mehreren Eingabefeldern die Wert definiert werden, die in den unterschiedlichen Views des Frontends angezeigt werden (z. B. in verschiedenen Sprachen), und im letzten Feld (*Admin*) der Wert, der im Backend angezeigt werden soll. Ganz links kann unter *Is Default* dann bestimmt werden, welche der Optionen standardmäßig ausgewählt sein soll. Ein Klick auf den Button *Delete* entfernt eine Option aus der Liste.

4.1.3 Gegebenenfalls Swatches bestimmen

Sollte im vorangegangenen Schritt im Feld *Catalog Input Type for Store Owner* eine der beiden Möglichkeiten *Visual Swatch* und *Text Swatch* gewählt worden sein, müssen nun die Schalter konfiguriert werden, die zur Auswahl bereitstehen sollen. Für alle anderen Eingabemethoden kann dieser Schritt übersprungen werden.

4.1.3.1 *Visual Swatches* konfigurieren

Um die einzelnen Optionswerte für *Visual Swatches* (mit visuellen Elementen wie Farben oder Bildern bestückte Schalter) zu konfigurieren, müssen nach einem Klick auf *Add Swatch* die entsprechenden Daten eingegeben werden. In der Spalte *Swatch* kann mit einem Klick auf den Pfeil ein Auswahlmenü geöffnet werden, das die Auswahl einer Farbe (*Choose a Color*), das Hochladen einer Bild-Datei (*Upload a File*) oder das zurücksetzen des Swatches (*Clear*) ermöglicht. Hinzu kommen ein oder mehrere Eingabefelder, mit denen die Anzeige von Alternativtexten zu den Farb- oder Bild-Swatches für die einzelnen

Store Views (z. B. in unterschiedlichen Sprachen) festgelegt werden und ein letztes Feld (*Admin*), in dem die jeweilige interne Bezeichnung für das Backend bestimmt wird. Ganz links kann unter *Is Default* dann definiert werden, welcher der Swatches standardmäßig ausgewählt sein soll. Ein Klick auf das Mülleimersymbol rechts entfernt einen Swatch wieder aus der Liste.

4.1.3.1 Text Swatches konfigurieren

Manage Swatch (values of your attribute)

	Is Default	Default Store View		Swatch	Admin	
	○	S	Small	S	Small [S]	🗑
	●	M	Medium	M	Medium [M]	🗑
	○	L	Large	L	Large [L]	🗑
	○	XL	X-Large	XL	X-Large [XL]	🗑

Add Swatch

Für die Konfiguration von *Text Swatches* (also mit Textelementen bestückten Auswahlschaltern) müssen nach einem Klick auf *Add Swatch* die entsprechenden Daten eingegeben werden. Für jeden Swatch werden nebeneinander mehrere Eingabefelder angezeigt, mit denen die Anzeige der jeweiligen Werte und Alternativtexte für die einzelnen Store Views (z. B. in unterschiedlichen Sprachen) festgelegt werden können, während im jeweils letzten Feldpaar einer Zeile (*Admin*) die interne Bezeichnung für das Backend bestimmt wird. Ganz links kann unter *Is Default* dann definiert werden, welcher der Swatches standardmäßig ausgewählt sein soll. Ein Klick auf das Mülleimersymbol rechts entfernt einen Swatch wieder aus der Liste.

4.1.4 Erweiterte Eigenschaften des Attributs festlegen

Im Bereich *Advanced Attribute Properties* werden die erweiterten Eigenschaften des Attributs bestimmt. Die Zahl und Zusammensetzung der dabei zur Verfügung stehenden Eingabe- und Auswahlfelder variiert in Abhängigkeit von der in den grundlegenden Eigenschaften unter *Catalog Input Type for Store Owner* gewählten Option. Hier werden alle dabei möglichen Felder kurz erklärt.

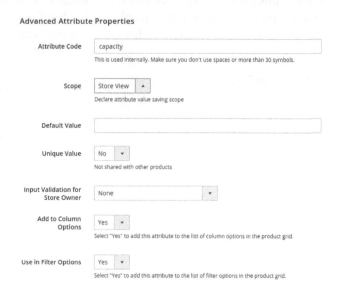

Attribute Code

In das Feld *Attribute Code* wird ein Code für die interne Verarbeitung des Attributs vergeben. Dieser Code muss einmalig sein und darf nur Kleinbuchstaben und Unterstriche beinhalten.

Scope

Im Feld *Scope* wird eingestellt, wo (in welchen Store Views) in der Store-Hierarchie das Attribut zum Einsatz kommen soll.

Unique Value

Wenn verhindert werden soll, dass der selbe Attributwert für mehrere Produkte verwendet wird, muss die Option *Unique Value* auf "Yes" gestellt werden. (Eine Möglichkeit, von der nur selten Gebrauch gemacht wird.)

Validation for Store Owner

Wenn das Attribut durch den Shopbetreiber über ein einzeiliges Eingabefeld befüllt wird, kann eine Validierung der eingegebenen Werte auf formale Korrektheit aktiviert werden. Dazu muss *Validation for Store Owner* auf "Yes" gestellt und dann der gewünschte Typ aus der Liste gewählt werden. Zur Verfügung stehen dabei Dezimalzahl (*Decimal Number*), Ganzzahl (*Integer Number*), E-Mail-Adresse (*Email*), Web-Adresse (*URL*), Buchstaben (*Letters*) oder Buchstaben und Zahlen (*Letters [a-z, A-Z] or Numbers [0-9]*).

Add to Column Options

Damit ein Attribut in die Spalten-Optionen in der Produktliste unter *Products > Inventory > Catalog* aufgenommen wird, muss die Option *Add to Column Options* auf "Yes" gestellt sein.

Use in Filter Options

Damit ein Attribut in die Filter-Optionen für die Produktliste unter *Products > Inventory > Catalog* aufgenommen wird, muss die Option *Use in Filter Options* auf "Yes" gestellt sein.

4.1.5 Definieren von *Field Label* und *Storefront Properties*

1. Im Bereich *Manage Labels* (zu erreichen über das Menü *Attribute Information* oben links) werden unter *Manage Titles (Size, Color, etc.)* ein oder mehrere Labels (Beschriftungen) für das Feld des Attributs im Frontend eingegeben – für jeden aktiven Store View steht dabei ein eigenes Eingabefeld zur Verfügung

2. Im (ebenfalls über das Menü Attribute Information oben links zu erreichenden) Bereich Storefront Properties kann eine Reihe von weiteren Einstellungen vorgenommen werden.

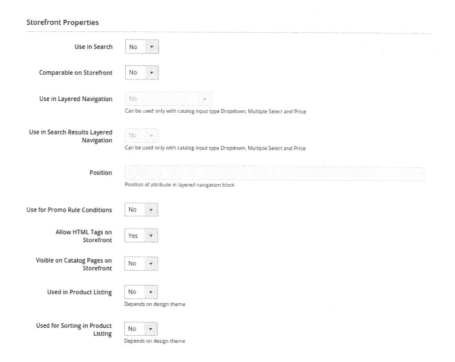

Use in Search

Wenn das Attribut für die Suche zur Verfügung stehen soll, muss die Option *Use in Search* auf "Yes" gestellt werden.

Comparable on Storefront

Um das Attribut in den Produktvergleich aufzunehmen, muss *Comparable on Storefront* auf "Yes" gestellt sein.

> Hinweis: Wenn unter *Catalog Input Type for Store Owner* eine der drei Möglichkeiten *Dropdown*, *Multiple Select* und *Price* gewählt wurde, werden auch die drei folgenden Optionen aktiv. Für alle anderen Attribut-Eingabetypen können sie übersprungen werden.

Use in Layered Navigation

Um das Attribut als Filter in der Filternavigation (Layered Navigation) nutzen zu können, muss *Use in Layered Navigation* auf "Yes" gestellt sein.

Use in Search Results Layered Navigation

Wenn das Attribut in der Filternavigation auf Suchergebnisseiten genutzt werden soll, muss *Use in Search Results Layered Navigation* auf "Yes" gestellt sein.

Position

Im Feld *Position* kann eine Zahl eingegeben werden, um die relative Position des Attributs im Filternavigations-Block zu bestimmen.

> Hinweis: Die folgenden Optionen stehen wieder für alle Attributs-Eingabetypen zur Verfügung:

Use for Promo Rules Condition

Wenn das Attribut in Preisregeln genutzt werden soll, muss *Use for Promo Rule Conditions* auf "Yes" gestellt sein.

Allow HTML Tags on Frontend

Um die Textformatierung mit HTML zu erlauben, kann mit der Einstellung "Yes" für *Allow HTML Tags on Frontend* der WYSIWYG-Editor für das Feld aktiviert sein.

> Hinweis: Falls das eingesetzte Theme dies unterstützt, können außerdem noch die drei folgenden Einstellungen vorgenommen werden:

Visible on Catalog Pages on Storefront

Damit das Attribut auf den Produkt-Detailseiten erscheint, muss die Option *Visible on Catalog Pages on Storefront* auf "Yes" gestellt sein.

Used in Product Listing

Um das Attribut in Produktlistings anzeigen zu lassen, muss *Used in Product Listing* auf "Yes" gestellt sein.

Used for Sorting in Product Listing

Wenn das Attribut als Sortierparameter für Produktlistings zur Verfügung stehen soll, muss die Option *Used for Sorting in Product Listing* auf "Yes" gestellt sein.

4.1.6 Speichern des angelegten Attributs

Wenn alle Einstellungen vorgenommen wurden, kann das fertig konfigurierte Attribut mit einem Klick auf den Button *Save Attribute* oben rechts gespeichert werden.

Save Attribute

4.2 Anlegen von Attributsets in Magento 2

Die Auswahl des Attributsets ist beim Anlegen von Produkten einer der ersten Schritte und wirkt sich auf die gesamte Produkteingabe aus. Das Attributset legt fest, welche Felder (Attribute) für das Anlegen des Produktes zur Verfügung stehen – und welche Daten zum Produkt schließlich im Frontend erscheinen. Gerade für Produkte mit komplexen beschreibbaren Eigenschaften (etwa technische Geräte) sind Attributsets unumgänglich. Aber ihr Einsatz ist für jeden Shop, in dem es mehrere Artikel vom selben Typ (zum Beispiel Schuhe oder Kleidung) gibt, unbedingt zu empfehlen. Mit gut ausgearbeiteten Attributsets, in denen Attribute zusammengefasst und in Gruppen sortiert werden können, kann die Produkteingabe sehr komfortabel und enorm effizient gestaltet werden.

4.2.1 Grundlegende Einstellungen für ein Attributset vornehmen

Ein neues Attributset wird unter *Stores > Attributes > Attribute Set* mit einem Klick auf den Button *Add New Set* oben rechts angelegt.

Zunächst müssen in einem ersten Schritt zwei grundlegende Einstellungen vorgenommen werden: Das Attributset erhält einen Namen für die Verwendung im Backend und mithilfe der Auswahlliste *Based On* wird festgelegt, auf welchem bestehenden Attributset es basieren soll, das heißt: welche

Eigenschaften es – wenigstens vorerst – erbt. Danach kann mit einem Klick auf den Button *Save* oben rechts zum nächsten Schritt übergegangen werden.

4.2.2 Attribute des Attributsets bestimmen

Die Konfigurationsumgebung für Attributsets besteht aus drei Spalten:

- Die linke Spalte enthält ein Eingabefeld, in dem der Name des Attributs bei Bedarf noch einmal verändert werden kann.

- In der mittleren Spalte wird die aktuelle Zusammensetzung des Attributsets (basierend auf dem zuvor für die Vererbung der Eigenschaften ausgewählten bestehenden Attributset) angezeigt.

- Und in der rechten Spalte werden diejenigen Attribute angezeigt, die derzeit nicht mit dem Attributset verknüpft sind.

1. **Attribute hinzufügen**

   Um dem Attributset ein weiteres Attribut hinzuzufügen, muss dieses aus der rechten Spalte in per Drag-and-drop die mittlere Spalte gezogen und dort an der gewünschten Stelle abgelegt werden. Durch die Einblendung einer gepunkteten Linie und einer kleinen Grafik wird diese Aktion unterstützt.

2. **Attribute entfernen**

Nicht benötigte Attribute können umgekehrt aus der mittleren Spalte in die rechte Spalte verschoben und damit aus dem Attributset entfernt werden. Dies gilt jedoch nicht für die sogenannten System-Attribute, die durch einen roten Punkt erkennbar sind und sich nicht aus dem Attributset entfernen lassen.

3. **Speichern**

Mit einem Klick auf den Button *Save* oben rechts kann die Zusammensetzung des Attributs gespeichert werden.

4.2.3 Attribute des Attributsets in Gruppen organisieren

Um – gerade in umfangreichen Attributsets – später bei der Eingabe von Produkten eine sinnvolle und übersichtliche Anordnung der Attribute zu erhalten, sollte innerhalb des Attributsets die Aufteilung der Attribute in Gruppen sorgfältig vorgenommen werden.

1. **Gruppe anlegen**

   Mit einem Klick auf den Button *Add New* im oberen Bereich der mittleren Spalte kann eine neue Gruppe innerhalb des Attributsets erzeugt werden. Nachdem ein Name für die neue Gruppe eingegeben wurde, erscheint sie in der Liste der dem Attributset zugeordneten Attribute – und zwar ganz unten und mit dem selben Ordnersymbol versehen, an dem auch die bereits bestehenden Gruppen zu erkennen sind.

2. **Gruppe einordnen und befüllen**

   Sowohl die Anordnung der Gruppen im Attributset als auch die Zuordnung von Attributen zu Gruppen kann per Drag-and-drop in der mittleren Spalte erledigt werden. Das gilt übrigens auch für das Verschieben der nicht entfernbaren System-Attribute. Auch hier helfen kleine Grafiken bei der Handhabung der einzelnen Elemente.

3. **Bei Bedarf: Gruppe entfernen**

   Um eine Gruppe aus dem Attribut zu entfernen, kann sie mit einem
   Klick markiert und über den Button *Delete Selected Group* gelöscht
   werden. Dabei werden die gegebenenfalls in der Gruppe enthaltenen
   Attribute automatisch aus dem Attributset entfernt und tauchen nun
   wieder am Ende der rechten Spalte auf. Von dort aus können sie bei
   Bedarf wie oben beschrieben wieder einer anderen oder einer neu
   anzulegenden Gruppe im Attributset hinzugefügt werden.

4. **Speichern**

   Wenn die Zusammenstellung und Anordnung der Gruppen und
   Attribute abgeschlossen ist, muss das Attributset mit einem Klick auf
   den Button *Save* rechts oben noch einmal gespeichert werden.

5. Wie funktionieren Cache-Management und Index-Verwaltung in Magento 2?

Werden Änderungen in der Konfiguration, an Stores, am Katalog oder an anderen Stellen in einem Magento 2 Shop vorgenommen, müssen oftmals Caches und Index-Tabellen neu aufgebaut werden. Dazu gibt es wie bisher zwei getrennte Bereiche im Admin-Panel. Allerdings wurden sowohl das Cache-Management als auch die Index-Verwaltung mit dem Sprung von Magento 1.9 auf Magento 2.0 verändert und vereinfacht.

5.1 Cache-Management in Magento 2

Die Verwaltungsoberfläche für das Cache-Management ist in Magento 2 über *System > Tools > Cache Management* zu erreichen – oder falls oben im Admin-Panel eine aktuelle Nachricht zur Cache-Verwaltung eingeblendet wird, durch einen Klick auf den darin enthaltenen Link.

Auf der Seite *Cache Management* werden für jeden Cache neben einer kurzen Beschreibung sein Status ("ENABLED" – aktiviert, "DISABLED" – deaktiviert oder "INVALIDATED" – veraltet) und der ihm zugeordnete Tag angezeigt. Mit den großen Buttons oben rechts kann der Magento Cache (*Flush Magento Cache*) beziehungsweise die gesamte Cache Sicherung (*Flush Cache Storage*) geleert werden. Unten auf der Seite finden sich im Bereich *Additional Cache Management* weitere Buttons zum Leeren der Caches für die Produktbilder

(*Flush Catalog Images Cache*), das komprimierte JavaScript/CSS (*Flush JavaScript/CSS Cache*) beziehungsweise statisch vorgenerierte View-Dateien (*Flush Static Files Cache*).

Nachdem ein Cache geleert wurde, muss immer das Browserfenster aktualisiert werden (mit den Tasten STRG+F5) um sicherzustellen, dass die aktuellsten Dateien angezeigt werden.

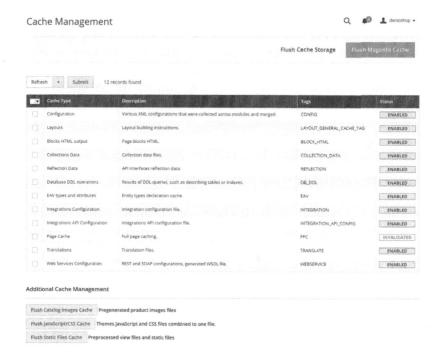

5.1.1 Einzelne Caches leeren

Um in Magento 2 gezielt eine oder mehrere Cache-Arten zu leeren, können die gewünschten Caches durch das Markieren der jeweiligen Checkbox links ausgewählt und dann im oberen Bereich nach dem Auswählen der Aktion "Refresh" durch einen Klick auf den Button *Submit* geleert werden.

Danach muss im Browserfenster oder -Tab das Frontend mit der
Tastenkombination STRG+F5 aktualisiert werden, damit die neue Version auch
tatsächlich angezeigt wird.

5.1.2 Caches stapelweise leeren

Wenn sehr viele oder alle Caches geleert werden sollen, können über ein in der
Tabellenzelle ganz links oben verstecktes Dropdown-Menü mit einem Klick alle
oder alle sichtbaren Caches ausgewählt (oder wieder abgewählt) werden.
Danach wird wieder die Aktion "Refresh" gewählt und über den Button *Submit*
ausgelöst.

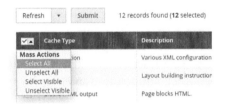

Danach muss im Browserfenster oder -Tab das Frontend mit der
Tastenkombination STRG+F5 aktualisiert werden, damit die neue Version auch
tatsächlich angezeigt wird.

5.1.3 Erweiterte Cache Verwaltung

Im Bereich für die erweiterte Cache Verwaltung können zusätzliche Caches
aktualisiert werden. Dafür steht jeweils ein entsprechender Button zur
Verfügung.

Additional Cache Management

Flush Catalog Images Cache	Pregenerated product images files
Flush JavaScript/CSS Cache	Themes JavaScript and CSS files combined to one file.
Flush Static Files Cache	Preprocessed view files and static files

5.1.3.1 Den Cache für Produktbilder leeren

Um in Magento 2 den Cache mit den Produktbildern zu löschen, muss in der Cache-Verwaltung unten im Bereich *Additional Cache Management* der Button *Flush Catalog Images Cache* betätigt werden.

Danach muss im Browserfenster oder -Tab das Frontend mit der Tastenkombination STRG+F5 aktualisiert werden, damit die neue Version auch tatsächlich angezeigt wird.

5.1.3.2 Den JavaScript/CSS Cache leeren

Das Leeren des JavaScript/CSS Caches wird im Bereich *Additional Cache Management* durch einen Klick auf den Button *Flush JavaScript/CSS Cache* ausgelöst.

Danach muss im Browserfenster oder -Tab das Frontend mit der Tastenkombination STRG+F5 aktualisiert werden, damit die neue Version auch tatsächlich angezeigt wird.

5.1.3.3 Vorgenerierte statische und View-Dateien aktualisieren

Die vorgenerierten statischen und View-Dateien können im Bereich *Additional Cache Management* durch einen Klick auf den Button *Flush Static Files Cache* aktualisiert werden.

Danach muss im Browserfenster oder -Tab das Frontend mit der Tastenkombination STRG+F5 aktualisiert werden, damit die neue Version auch tatsächlich angezeigt wird.

5.1.4 Full-Page-Cache (Varnish)

Neu in Magento 2 ist der out-of-the-box integrierte Varnish Full-Page-Cache, der das Vorhalten kompletter Seiten ermöglicht und damit für enorme Performance-Verbesserungen sorgt. Die Konfiguration ist allerdings nicht trivial und findet auch nicht in der normalen Magento Cache-Verwaltung statt. Daher wird dieses Thema an dieser Stelle auch nicht weiter ausgeführt.

5.2 Index-Verwaltung in Magento 2

Zusätzlich zu den im Dateisystem vorgehaltenen Caches nutzt Magento 2 zahlreiche Indextabellen, in denen Katalogdaten, Preise, Nutzer, Stores und vieles mehr für den schnellen Abruf in der Datenbank bereitgehalten werden. Die Daten werden über eine Reihe von Indexern in die Tabellen geschrieben und müssen bei Änderungen aktualisiert oder neu indexiert werden. Auf diese Weise ist es nicht nötig, dass Magento 2 bei jedem Aufruf eines Produkts den Preis aufwendig berechnen und dabei alle möglicherweise relevanten Preisregeln anwenden muss. Die Preise werden fertig berechnet bereitgehalten und können bei Bedarf direkt aus der entsprechenden Indextabelle geladen werden, wodurch Ladezeiten erheblich verkürzt werden können.

Bei vielen Änderungen an Elementen werden die Index-Tabellen von Magento 2 automatisch auf den neuesten Stand gebracht. Ausgelöst wird dieser Hintergrundprozess etwa bei Preisänderungen, beim Anlegen von Katalog- oder Warenkorb-Preisregeln oder beim Anlegen neuer Kategorien) und er stört den laufenden Betrieb eines Shops nicht.

Die Oberfläche für die Index-Verwaltung ist in Magento 2 über *System > Tools > Index Management* zu erreichen – oder falls oben im Admin-Panel eine aktuelle Nachricht zum Index-Management eingeblendet wird, durch einen Klick auf den darin enthaltenen Link *indexers are invalid*.

Das Index-Management in Magento 2 besteht aus einer Tabelle, in der die zur
Verfügung stehenden Indizes aufgelistet sind. Neben einer Beschreibung
werden der jeweilige Modus ("UPDATE BY SCHEDULE" – automatisch
aktualisieren oder "UPDATE ON SAVE" beim Speichern aktualisieren) und der
aktuelle Status ("READY" – bereit, "REINDEX REQUIRED" – Neuaufbau
erforderlich, "SCHEDULED" – Neuaufbau geplant oder "RUNNING" – wird
gerade neu aufgebaut) für jeden Index angezeigt.

5.2.1 Ändern des Index-Modus

Jeder Index, für den in der linken Tabellenspalte eine Checkbox zur Verfügung
steht, kann über das Dropdown-Menü oben links eine von zwei
unterschiedlchen Verfahrensweisen zugewiesen bekommen. Entweder der
Index wird automatisch beim Speichern einer Änderung aktualisiert (*Update on
Save*), oder er wird turnusmäßig über einen Cron-Job neu aufgebaut (*Update by
Schedule*). Nachdem mindestens ein Index markiert und eine Aktion aus dem
Menü gewählt wurde, erscheint oben der Button *Submit* zum Durchführen der
Änderung.

Sehr wichtig ist hierbei, dass die Einstellung *Update on Save* zu Problemen führen kann, wenn mehrere Nutzer gleichzeitig im Admin-Panel arbeiten. Denn dann ist es möglich, dass mehrere Aktualisierungen derselben Index-Tabelle gleichzeitig ausgelöst werden, was zu einem sogenannten "Deadlock" führen kann, wodurch enorm hohe CPU-Lasten entstehen und MySQL-Fehler auftreten können. In einem solchen Szenario wäre es daher unbedingt zu empfehlen, alle Indizes auf *Update by Schedule* zu stellen.

5.2.2 Auslöser für die automatische Index-Aktualisierung

Je nach Index gibt es in Magento 2 eine ganze Reihe von Aktionen beziehungsweise "Events", die nach dem Speichern einen Neuaufbau der entsprechenden Index-Tabelle auslösen, beziehungsweise einen solchen per Cron-Job nötig machen. Hier eine knappe, nach betroffenen Indizes sortierte Übersicht:

Produktpreise (*Product Prices*)

- Kundengruppe hinzufügen

- Konfigurationseinstellungen ändern

Flat Produktdaten (*Flat catalog product data*)

- Store hinzufügen

- Store Group hinzufügen

- Attribut hinzufügen, bearbeiten oder löschen (für Suche und Filter)

Flat Kategoriedaten (*Flat catalog category data*)

- Store hinzufügen

- Store Group hinzufügen

- Attribut hinzufügen, bearbeiten oder löschen (für Suche und Filter)

Kategorie/Produktindex(*Catalog category/product index*)

- Produkte hinzufügen, bearbeiten oder löschen (einzeln, stapelweise und Import)

- Änderungen in Produkt-Kategorie-Relationen

- Kategorie hinzufügen, bearbeiten oder löschen

- Store hinzufügen oder löschen

- Store Group löschen

- Website löschen

Suchindex (*Catalog search index*)

- Produkte hinzufügen, bearbeiten oder löschen (einzeln, stapelweise und Import)

- Store hinzufügen oder löschen

- Store Group löschen

- Website löschen

Lagerbestand (*Stock status index*)

- Lagerbestands-Konfigurationseinstellungen ändern

Kategorie-Berechtigungen (*Category permissions index*)

- Store hinzufügen

- Store Group hinzufügen

- Attribut hinzufügen, bearbeiten oder löschen (für Suche und Filter)

5.2.3 Auslöser für den kompletten Neuaufbau von Indizes

Der vollständige Neuaufbau von Indizes kann – je nach Umfang des Shops – einige Zeit in Anspruch nehmen. Doch zahlreiche Änderungen am Katalog und in anderen Bereichen des Admin-Panels können durchgeführt werden, ohne gleich einen vollständigen Neuaufbau von Indizes nötig zu machen. Dazu zählen sogar so weitreichende Aktionen wie die stapelweise Verarbeitung von Produkten (via Magento Import/Export, per SQL-Query oder über andere Methoden, die direkte Änderungen an den Daten vornehmen) und Änderungen am Scope (etwa von "Global" auf "Website). Auch in diesen Fällen werden die betroffenen Index-Tabellen nicht verworfen und neu aufgebaut, sondern lediglich die betroffenen Elemente aktualisiert.

Andere Aktionen beziehungsweise "Events" machen in Magento 2 jedoch einen (automatisch durchgeführten) vollständigen Neuaufbau eines oder mehrerer Index-Tabellen durch die Indexer notwendig. Hier eine knappe, nach Indexern sortierte Übersicht:

Catalog Category Flat Indexer

- Neuen Store anlegen

- Neuen Store View anlegen

- Attribut anlegen oder löschen, das

  - suchbar oder in der erweiterten Suche sichtbar,

- filterbar,

- in der Suche filterbar oder

- für die Sortierung verwendet wird

- Bestehendes Attribut zu einem der vorgenannten Modi verändern

- Flat Kategorie Frontend-Optionen aktivieren

Catalog Product Flat Indexer

- Neuen Store anlegen

- Neuen Store View anlegen

- Attribut anlegen oder löschen, das

    - suchbar oder in der erweiterten Suche sichtbar,

    - filterbar,

    - in der Suche filterbar oder

    - für die Sortierung verwendet wird

- Bestehendes Attribut zu einem der vorgenannten Modi verändern

- Flat Kategorie Frontend-Optionen aktivieren

Stock status indexer

Wenn eine der folgenden Lagerverwaltungsoptionen in der Systemkonfiguration (unter *Stores > Configuration > Catalog*) geändert wird:

- *Inventory > Stock Options*: Produkte, die nicht auf Lager sind, anzeigen (*Display Out of Stock Products*)

- *Inventory > Product Stock Options*: Lagerbestand verwalten (*Manage Stock*)

Price Indexer

- Neue Produktgruppe hinzufügen

- Wenn eine der folgenden Lagerverwaltungsoptionen in der Systemkonfiguration (unter *Stores > Configuration > Catalog*) geändert wird:

  - *Inventory > Stock Options*: Produkte, die nicht auf Lager sind, anzeigen (*Display Out of Stock Products*)

  - *Inventory > Product Stock Options*: Lagerbestand verwalten (*Manage Stock*)

  - *Catalog > Price*: Katalogpreis-Gültigkeit (*Catalog Price Scope*)

Category or Product Indexer

- Store View anlegen oder löschen

- Store löschen

- Website löschen

5.2.4 Und was ist mit dem URL-Rewrite Index in Magento 2?

Das Index-Management in Magento 2 fällt im Vergleich zu den Vorgängerversionen deutlich benutzerfreundlicher und ressourcenschonender aus. Die Anwender von Magento 1.x bekamen es vor allem immer dann mit Performanceproblemen zu tun, wenn der Index mit den URL-Rewrites neu aufgebaut werden musste. Damit ist es in Magento 2 glücklicherweise vorbei, denn den entsprechenden Index gibt es gar nicht mehr. Die URL-Rewrites können aber wie bisher in einer Tabelle verwaltet werden. Diese ist nun unter *Marketing > SEO & Search > URL Rewrites* zu finden.

6. Wie funktioniert die Bestellabwicklung in Magento 2?

Die Bestellabwicklung in Magento 2 fällt dank des neuen, responsiven Admin-Panels deutlich übersichtlicher aus als noch in den Vorgängerversionen. Die folgende Anleitung widmet sich nacheinander unterschiedlichen Aspekten und Arbeitsschritten der Bearbeitung von Bestellungen und erklärt anschaulich und Schritt für Schritt, was wann wie zu tun ist und worauf man dabei achten muss.

6.1 Die Übersicht der Bestellungen

Die Übersicht aller eingegangenen Bestellungen findet sich in Magento 2 unter *Sales > Operations > Orders* über das Hauptmenü auf der linken Seite. Diese Übersichtsseite der Bestellabwicklung ist der Dreh- und Angelpunkt eines ganz zentralen Bereiches in der Arbeit von Betreibern von Magento 2 Onlineshops.

6.1.1 Die Darstellung der Bestellübersicht anpassen und als *View* speichern

Die Auswahl der Spalten und deren Anordnung in der Tabelle können je nach Bedarf angepasst werden. Ein sehr praktisches Feature in Magento 2 ist die Möglichkeit, Tabellenlayouts als sogenannte *Views* zu speichern, um sie später immer wieder im Handumdrehen aufrufen zu können. Während im Standard-View nur neun Spalten genutzt werden, stehen insgesamt zwanzig zur Verfügung.

6.1.1.1 Die Auswahl der Spalten für die Bestellübersicht ändern

Um die Auswahl der Spalten zu ändern, muss oben rechts durch einen Klick auf den Reiter der Spalte *Columns* mit dem Zahnradsymbol der entsprechende Auswahlbereich geöffnet werden. Nun können die Checkboxen der Bezeichner für die Spalten, die der Tabelle hinzugefügt werden sollen, ausgewählt werden und die Checkboxen der Bezeichner für Spalten, die nicht mehr in der Tabelle angezeigt werden sollen, abgewählt werden.

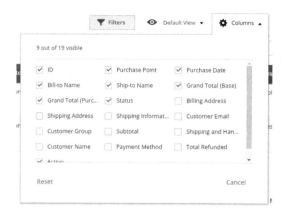

6.1.1.2 Die Anordnung der Spalten für die Bestellübersicht ändern

Um eine Spalte per Drag-and-drop zu verschieben, kann diese ganz einfach in der dunkelgrauen Titelzelle angeklickt, an die gewünschte Position verschoben und dort wieder losgelassen werden.

6.1.1.3 Layout der Bestellübersicht als *Grid View* speichern

Entsprechen sowohl die Auswahl als auch die Anordnung der Spalten den eigenen Vorstellungen für einen bestimmten Zweck, lässt sich das Layout als *Grid View* speichern, indem die View Steuerung durch einen Klick auf den Reiter mit dem Augensymbol, neben dem der Name des gerade ausgewählten Layouts für die Tabelle (Standard: "Default View") zu lesen ist, geöffnet und dann mit einem Klick auf den Link *Save View As...* das Eingabefeld für den Namen des zu speichernden Tabellenlayouts sichtbar gemacht wird.

Nach der Eingabe des Namens kann die aktuelle Ansicht mit einem Klick auf das Pfeilsymbol gespeichert werden. Nun erscheint der Name des neuen Layouts neben dem Augensymbol.

6.1.1.4 Ein gespeichertes Tabellenlayout (*Grid View*) bearbeiten/löschen

Um ein gespeichertes Tabellenlayout (*Grid View*) zu bearbeiten, muss es über den Reiter mit dem Augensymbol aus der Liste der zur Verfügung stehenden

Layouts ausgewählt sein, damit neben dem Namen ein Bleistiftsymbol sichtbar wird. Nach einem Klick auf das Bleistiftsymbol kann das gespeicherte Layout gelöscht oder sein Name geändert werden.

Um Änderungen an der Auswahl und Anordnung der Tabellenspalten eines gespeicherten Layouts vorzunehmen, muss es aktiviert, in Auswahl und Anordnung der Spalten bearbeitet und dann noch einmal unter einem anderen Namen gespeichert werden. Wird die alte Version nicht mehr benötigt, kann sie nach einem Klick auf das Bleistiftsymbol neben der entsprechenden Bezeichnung gelöscht werden.

6.1.2 Eine Bestellung suchen

Für das Auffinden einer bestimmten Bestellung oder einer Gruppe von Bestellungen stehen zwei Möglichkeiten zur Verfügung: das Suchfeld oben links und umfangreiche Filtereinstellungen, mit denen die Auswahl der angezeigten Bestellungen nach bestimmten Kriterien eingeschränkt werden kann.

Um über das Suchfeld per Stichwort eine oder mehrere Bestellungen herauszusuchen, muss lediglich ein einschlägiges Stichwort eingegeben und mit einem Klick auf das Lupensymbol gesucht werden. Das Suchwort wird danach in der Zeile *Active Filters* angezeigt und kann – sobald es als Auswahlkriterium für die anzuzeigenden Bestellungen nicht mehr benötigt wird – durch einen Klick auf das X-Symbol daneben wieder entfernt werden.

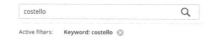

Um eine oder mehrere Bestellungen mithilfe von Filtern zu finden, müssen nach einem Klick auf den Reiter *Filters* mit dem Trichtersymbol alle für die jeweilige

Anforderung nötigen Felder ausgefüllt werden. Ein Klick auf den Button *Apply Filters* löst dann die Suche aus.

Über den gefilterten Bestellungen erscheint dann die Zeile *Active Filters*, in der über das jeweilige X-Symbol einzelne Filter wieder entfernt werden können. Ein Klick auf den Link *Clear All* ganz rechts in der Zeile entfernt sämtliche Filter.

Es stehen folgende Filter zur Verfügung:

- ID
  Filterung der Ergebnisse nach IDs der Bestellungen.

- Bill-to Name
  Filtert die Ergebnisse nach dem Namen des Rechnungsempfängers.

- Ship-to Name
  Filtert die Ergebnisse nach dem Namen des Sendungsempfängers.

- Purchase Point
  Filtermöglichkeit zur Anzeige von Bestellungen für bestimmte Websites, Stores oder Store Views.

- Status
  Bestellungen nach Status filtern. Standardoptionen: Canceled (Storniert), Closed (Geschlossen), Complete (Vollständig), Suspected

Fraud (Betrugsverdacht), On Hold (Zurückgestellt), Payment Review (Zahlungsprüfung), PayPal Canceled Reversal (PayPal abgebrochene Stornierung), PayPal Reversed (PayPal storniert), Pending (Ausstehend), Pending Payment (Ausstehende Zahlung), Pending PayPal (Ausstehende PayPal Zahlung), Processing (Verarbeitung).

- Purchase Date
  Bestellungen nach Bestelldatum filtern (mit der Möglichkeit, per Anfangs- und/oder Enddatum einen Zeitraum zu definieren).

- Grand Total (Base)
  Filterung nach Gesamtsumme in der Basiswährung des Onlineshops.

- Grand Total (Purchased)
  Filterung nach Gesamtsumme in der (möglicherweise von der Basiswährung des Onlineshops abweichenden) Kaufwährung.

6.1.3 Aktionen für die Bearbeitung von Bestellungen

Für die Anzeige einer bestimmten Bestellung kann diese durch einen Klick auf den Link *View* ganz rechts in der entsprechenden Tabellenzeile zur Ansicht geöffnet werden. Um eine oder mehrere Bestellungen zu bearbeiten, etwa ihren Status zu ändern, muss beziehungsweise müssen sie zunächst über die Checkbox-Spalte ganz links ausgewählt werden. Dann kann über das Dropdown-Menü, das links direkt oberhalb der Bestellungs-Tabelle geöffnet werden kann, die gewünschte Aktion gewählt werden.

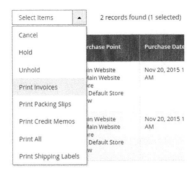

Es stehen folgende Aktionen zur Auswahl:

- Cancel – Stornieren

- Hold – In Wartestellung setzen

- Unhold – Wartestellung aufheben

- Print Invoices – Rechnungen drucken

- Print Packing Slips – Lieferschein drucken

- Print Credit Memos – Gutschriften drucken

- Print All – Alle Dokumente drucken

- Print Shipping Labels – Versandettiketten drucken

6.2 Der Bestellungs-Workflow in Magento 2

Auf ihrem Weg durch die Bestellverwaltung durchläuft eine Bestellung mehrere Stadien. Grundsätzlich werden dabei fünf aufeinanderfolgende Phasen unterschieden:

1. Absenden der Bestellung (durch den Kunden im Shop)

2. Ausstehende Bestellung (noch kein Zahlungseingang, Stornierung möglich)

3. Zahlung erhalten (Transaktion abgeschlossen oder autorisiert)

4. Rechnungsstellung (Generieren und Versenden einer Rechnung an den Kunden)

5. Versand (Druck von Lieferschein und Versandettikett, Nachricht an Kunden)

In Magento 2 werden für die interne Verarbeitung acht Zustände von Bestellungen (*Order States*) unterschieden, in denen sich eine Bestellung befinden kann.

6.2.1 Die unterschiedlichen Zustände einer Bestellung (*Order States*)

Der Workflow einer Bestellung wird in Magento intern durch die Zuordnung von acht möglichen Zuständen (*Order States*) beschrieben:

- New – Neu

- Pending Payment – Ausstehende Zahlung

- Processing – Verarbeitung

- Complete – Vollständig

- Closed – Geschlossen

- Canceled – Storniert

- On Hold – Zurückgestellt

- Payment Review – Zahlungsprüfung

6. Wie funktioniert die Bestellabwicklung in Magento 2?

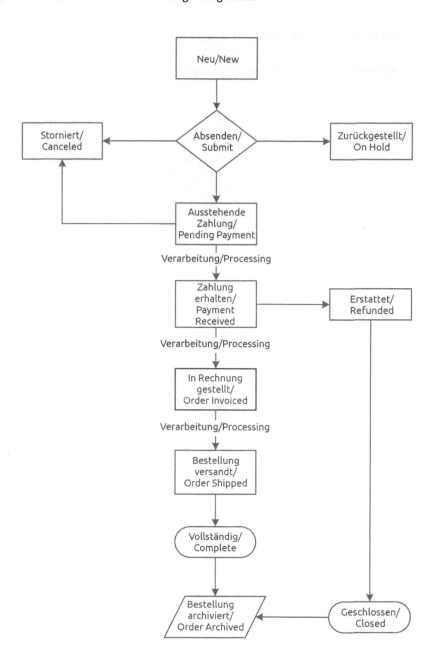

Zusätzlich zu jeweils einem dieser Zustände bekommt eine Bestellung auch einen Status zugewiesen. Der Fortschritt in der Bearbeitung der Bestellung wird also auf zwei unterschiedlichen, einander jedoch ähnelnden Ebenen beschrieben. Das sorgt manchmal für Verwirrung und bedarf daher einer kurzen Erklärung.

6.2.2 Unterschied zwischen Zustand (*State*) und Status (*Status*) einer Bestellung

Während die acht möglichen Zustände (*States*) einer Bestellung für deren interne Verarbeitung durch Magento sorgen, wird der Fortschritt in der Bestellverwaltung zusätzlich durch sogenannte Status (*Status*) beschrieben, die dem Shopbetreiber während der Bearbeitung im Admin-Panel und dem Kunden in seinem Kundenkonto angezeigt werden. Anders als auf der Ebene der Zustände (*States*), die für die korrekte Verarbeitung in Magento fest definiert sind, können bei Bedarf eigene Bestellstatus für die genauere Beschreibung des Bearbeitungsfortschritts festgelegt und dem jeweiligen Bestellzustand (*Oder State*) zugeordnet werden.

6.2.3 Die Verwaltung von Bestellstatus (*Order Status*)

Wenn keine abweichenden Einstellungen vorgenommen worden sind, verwendet Magento 2 die voreingestellten Bestellstatus, die jeweils einem Bestellzustand zugeordnet und damit im internen Workflow für die Bestellverwaltung im System verankert sind.

- Canceled (Storniert)
  Dem Zustand *Canceled* zugewiesen

- Closed (Geschlossen)
  Dem Zustand *Closed* zugewiesen

- Complete (Vollständig)
  Dem Zustand *Complete* zugewiesen

- Suspected Fraud (Betrugsverdacht)
  Dem Zustand *Processing* zugewiesen

- On Hold (Zurückgestellt)
  Dem Zustand *On Hold* zugewiesen

- Payment Review (Zahlungsprüfung)
  Dem Zustand *Payment Review* zugewiesen

- Suspected Fraud (Betrugsverdacht)
  Dem Zustand *Payment Review* zugewiesen

- Pending (Ausstehend)
  Dem Zustand *New* zugewiesen

- Pending Payment (Ausstehende Zahlung)
  Dem Zustand *Pending Payment* zugewiesen

- Processing (Verarbeitung)
  Dem Zustand *Processing* zugewiesen

Die Bestellstatus werden unter *Stores > Settings > Order Status* verwaltet. Hier können neue Status angelegt, Zuständen (*States*) zugeordnet und als Standardstatus für den jeweiligen Bestellzustand definiert werden.

6.2.3.1 Einen eigenen Bestellstatus anlegen

Für eigene Bestellstatus gilt generell: Nur selbst angelegte Standardstatus (*Default Order Status*) werden auch im Bestellungs-Workflow verwendet. Eigene Status-Werte, die nicht als Standard für den jeweiligen Bestellzustand definiert sind, können lediglich im Kommentarbereich der Bestellung verwendet werden.

1. Zum Anlegen eines eigenen Bestellstatus wird durch einen Klick auf den Button *Create New Status* oben rechts die entsprechende Eingabemaske geöffnet.

Create New Order Status

Q 🔔 👤 demoshop ▾

← Back   Reset   Save Status

Order Status Information

Status Code *

Status Label *

Store View Specific Labels ❓

Main Website

Main Website Store

Default Store View

1. Im Bereich *Order Status Information* muss dann ein *Status Code* für die interne Referenzierung festgelegt werden. Das erste Zeichen muss dabei ein Kleinbuchstabe (a-z) sein und der Rest darf aus einer Kombination aus Kleinbuchstaben und Ziffern (0-9) sein. Anstelle von Leerzeichen kann der Unterstrich (_) verwendet werden.

2. Im Feld *Status Label* wird dann die Bezeichnung eingegeben, unter der der Status im Admin-Panel und in der Shop Oberfläche erscheint.

3. Gegebenenfalls nötige abweichende Bezeichnungen (etwa Übersetzungen bei mehrsprachigen Shops) können im Bereich *Store View Specific Labels* eingegeben werden.

4. Mit einem Klick auf den Button *Save Status* speichern.

6.2.3.2 Einen Bestellstatus einem Zustand (State) zuweisen

Ein neu angelegter Bestellstatus muss einem Bestellzustand (*Order State*) zugewiesen sein, damit er verwendet werden kann.

1. In der Verwaltungsoberfläche mit einem Klick auf *Assign Status to State* die entsprechende Eingabemaske geöffnet werden.

1. Im Drop-down *Order Status* muss der zuzuweisende Status aus der Liste der Bezeichner für die Bestellstatus gewählt werden.

2. Im Drop-down *Order State* muss der Bestellzustand gewählt werden, dem der zuvor ausgewählte Status zugewiesen werden soll.

3. Mithilfe der beiden Checkboxen kann zusätzlich bestimmt werden, ob der Status als Standardstatus des Bestellzustands definiert werden soll (*Use Order Status As Default*) und ob der Status in der Shopoberfläche angezeigt werden soll (*Visible on Storefront*).

4. Mit einem Klick auf den Button *Save Status Assignment* oben rechts speichern.

6.2.3.3 Einen bestehenden Bestellstatus bearbeiten

Selbst definierte Bestellstatus lassen sich jederzeit unkompliziert bearbeiten – sogar wenn sie gerade in Benutzung sind.

1. Um Änderungen an einem bestehenden Bestellstatus vorzunehmen, muss er in der Tabelle angeklickt werden, damit sich der Bearbeitungsbereich öffnet.

1. Die gewünschten Änderungen können nun in den entsprechenden Feldern vorgenommen werden.

2. Mit einem Klick auf den Button *Save Status* oben rechts können die Änderungen gespeichert werden.

6.2.3.4 Einen Bestellstatus von einem zugewiesenen Zustand (*State*) entfernen

Das entfernen eines zugewiesenen Bestellstatus von einem bestimmten Zustand (*State*) ist nur möglich, wenn der Status gerade nicht verwendet wird. Dazu genügt es, in der betreffenden Tabellenzeile auf den Link *Unassign* zu klicken. Löschen lässt sich ein einmal angelegter Bestellstatus nicht mehr.

6.3 Die "Nachbestellen"-Funktion (*Reorder*) aktivieren/deaktivieren

In Magento 2 besteht die Möglichkeit, seinen Kunden mit der "Nachbestellen"-Funktion (*Reorder*) in ihrem persönlichen Kundenbereich im Frontend einen bequemen Weg für das erneute Bestellen von Artikeln oder ganzen Warenkörben zur Verfügung zu stellen. Dazu muss unter *Stores > Settings > Configuration* im Auswahlmenü auf der linken Seite der Bereich *Sales* und darin noch einmal *Sales* gewählt werden.

Unter *Reorder* kann dann über das Auswahlfeld *Allow Reorder* festgelegt werden, ob die "Nachbestellen"-Funktion aktiviert (*Yes*) oder deaktiviert (*No*) wird.

7. Wie funktioniert die Kundenverwaltung in Magento 2?

Die Kundenverwaltung in Magento 2 ermöglicht Shopbetreibern neben wichtigen Einblicken in die Zusammensetzung ihrer Bestandskunden auch das Anlegen von Kundengruppen, mit denen sich unterschiedliche Besteuerungen realisieren oder gezielte Marketingkampagnen starten lassen. Zudem steht eine Vielzahl von Optionen für die Konfiguration der Shopoberfläche aus der Sicht von eingeloggten Kunden bereit. Wir fassen zusammen, was Anwender von Magento 2 über die Kundenverwaltung wissen müssen.

7.1 Kunden im Admin-Panel anzeigen lassen

Shopbetreibern stehen zwei Modi für die Anzeige ihrer Kunden zur Verfügung. Sie können sich alle Kunden anzeigen lassen oder nur diejenigen Kunden, die gerade online sind.

7.1.1 Alle Kunden anzeigen lassen

Um sich alle Kunden anzeigen zu lassen, die im Shop ein Kundenkonto angelegt haben oder durch den Administrator in die Datenbank aufgenommen worden sind, muss in der Verwaltungsoberfläche von Magento 2 über das Hauptmenü auf der linken Seite *Customers > All Customers* gewählt werden.

7.1.2 Kunden, die gerade online sind, anzeigen lassen

Um nur diejenigen Kunden, die gerade online sind (eingeloggte Bestandskunden und Besucher (*Visitors*), anzeigen zu lassen, muss in der Verwaltungsoberfläche von Magento 2 über das Hauptmenü auf der linken Seite *Customers > Now Online* gewählt werden.

7.1.3 Die Darstellung der Kundenübersicht anpassen und als View speichern

Die Auswahl der Spalten und deren Anordnung in der Tabelle für die Kundenübersicht können je nach Bedarf angepasst werden. Eine sehr komfortable Funktion in Magento 2 ist die Möglichkeit, Tabellenlayouts als sogenannte *Views* zu speichern, um sie künftig immer wieder per Klick aufrufen zu können. Während für die Anzeige aller Kunden insgesamt 26 Spalten zur Verfügung stehen, von denen im Standard View lediglich 16 aktiviert sind, gibt es für die Anzeige der aktuell eingeloggten Kunden nur 6 Spalten.

7.1.3.1 Die Auswahl der Spalten für die Kundenübersicht ändern

Um die Auswahl der Spalten für die Kundenübersicht zu ändern, muss oben rechts durch einen Klick auf den Reiter der Spalte Columns mit dem Zahnradsymbol der entsprechende Auswahlbereich geöffnet werden. Nun können die Checkboxen der Bezeichner für die Spalten, die der Tabelle hinzugefügt werden sollen, ausgewählt werden und die Checkboxen der Bezeichner für Spalten, die nicht mehr in der Tabelle angezeigt werden sollen, abgewählt werden.

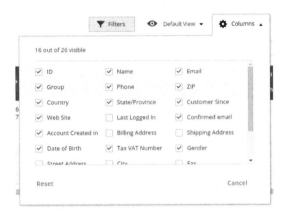

7.1.3.2 Die Anordnung der Spalten für die Kundenübersicht ändern

Um in der Kundenübersicht eine Spalte per Drag-and-drop zu verschieben, kann diese ganz einfach in der dunkelgrauen Titelzelle angeklickt, an die gewünschte Position verschoben und dort wieder losgelassen werden.

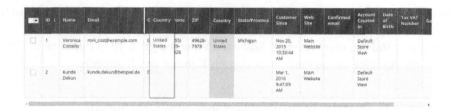

7.1.3.3 Layout der Kundenübersicht als *Grid View* speichern

Entsprechen sowohl die Auswahl als auch die Anordnung der Spalten für die Kundenübersicht den eigenen Vorstellungen für einen bestimmten Zweck (etwa: Kunden aus einem bestimmten Land oder Neukunden seit Jahresbeginn), lässt sich das Layout als *Grid View* speichern, indem die *View* Steuerung durch einen Klick auf den Reiter mit dem Augensymbol, neben dem der Name des gerade ausgewählten Layouts für die Tabelle (Standard: "Default View") zu lesen ist, geöffnet und dann mit einem Klick auf den Link *Save View As...* das Eingabefeld für den Namen des zu speichernden Tabellenlayouts sichtbar gemacht wird.

Nach der Eingabe des Namens kann die aktuelle Ansicht mit einem Klick auf das Pfeilsymbol gespeichert werden. Dann erscheint der Name des neuen Layouts neben dem Augensymbol.

7.1.3.4 Ein gespeichertes Tabellenlayout (*Grid View*) bearbeiten/löschen

Um ein gespeichertes Tabellenlayout (*Grid View*) für die Kundenübersicht zu bearbeiten, muss es über den Reiter mit dem Augensymbol aus der Liste der zur Verfügung stehenden Layouts ausgewählt sein, damit neben dem Namen ein Bleistiftsymbol sichtbar wird. Nach einem Klick auf das Bleistiftsymbol kann das gespeicherte Layout gelöscht oder sein Name geändert werden.

Um Änderungen an der Auswahl und Anordnung der Tabellenspalten eines gespeicherten Layouts für die Kundenübersicht vorzunehmen, muss es aktiviert, in Auswahl und Anordnung der Spalten bearbeitet und dann noch einmal unter einem anderen Namen gespeichert werden. Wird die alte Version nicht mehr benötigt, kann sie nach einem Klick auf das Bleistiftsymbol neben der entsprechenden Bezeichnung gelöscht werden.

7.1.4 Kunden suchen

Für das Auffinden eines bestimmten Kunden oder eines Segments von Kunden stehen zwei Möglichkeiten zur Verfügung: das Suchfeld oben links und umfangreiche Filtereinstellungen, mit denen die Auswahl der angezeigten Kunden nach bestimmten Kriterien eingeschränkt werden kann.

Um über das Suchfeld per Stichwort einen oder mehrere Kunden herauszusuchen, muss lediglich ein einschlägiges Stichwort eingegeben und mit einem Klick auf das Lupensymbol gesucht werden. Das Suchwort wird danach in der Zeile *Active Filters* angezeigt und kann – sobald es als Auswahlkriterium für die anzuzeigenden Kunden nicht mehr benötigt wird – durch einen Klick auf das X-Symbol daneben wieder entfernt werden.

Um einen oder mehrere Kunden mithilfe von Filtern zu finden, müssen nach einem Klick auf den Reiter Filters mit dem Trichtersymbol alle für die jeweilige Anforderung nötigen Felder ausgefüllt werden. Ein Klick auf den Button *Apply Filters* löst dann die Suche aus.

7. Wie funktioniert die Kundenverwaltung in Magento 2?

Über den gefilterten Kunden erscheint dann die Zeile *Active Filters*, in der über das jeweilige X-Symbol einzelne Filter wieder entfernt werden können. Ein Klick auf den Link *Clear All* ganz rechts in der Zeile entfernt sämtliche Filter.

In der Übersicht aller Kunden stehen folgende Filter zur Verfügung:

- ID
  Filterung der Ergebnisse nach IDs der Kunden.

- Customer Since
  Filterung der Kunden nach Anmeldedatum

- Date of Birth
  Kunden nach Geburtsdatum/Alter filtern

- Name
  Kunden nach Namen filtern

- E-Mail
  Filterung der Kunden nach E-Mail-Adresse

- Group
  Kunden aus einer bestimmten Kundengrupper heraussuchen

- Phone
  Filterung der Kunden nach Telefonnummer

- ZIP
  Kunden nach Postleitzahl filtern

- Country
  Kunden aus einem bestimmten Land herausfiltern

- State/Province
  Kunden aus einem Bundesland/Kanton herausfiltern

- Web Site
  Filterung der Kunden für eine bestimmte Website (Multishop)

- Tax VAT Number
  Kunden nach Steuernummer filtern

- Gender
  Kunden nach Geschlecht filtern

7.1.5 Aktionen für die Bearbeitung von Kunden

Um in der Übersicht aller Kunden einen oder mehrere Kunden zu bearbeiten, muss er beziehungsweise müssen sie zunächst über die Checkbox-Spalte ganz links ausgewählt werden. Dann kann über das Dropdown-Menü, das links direkt oberhalb der Kundenübersichts-Tabelle geöffnet werden kann, die gewünschte Aktion gewählt werden.

Es stehen folgende Aktionen zur Auswahl:

- Delete
  Kunden löschen

- Subscribe to Newsletter
  Kunden zum Newsletter anmelden

- Unsubscribe from Newsletter
  Kunden vom Newsletter abmelden

- Assign a Customer Group
  Kunden einer Kundengruppe zuordnen

- Edit
  Kunden schnell bearbeiten (zu erweiterten Möglichkeiten zum
  Bearbeiten von Kunden den folgenden Abschnitt beachten)

7.2 Kunden bearbeiten

Das direkte Bearbeiten von Kundendaten spielt im Alltag von Shopbetreibern keine allzu große Rolle. Aber manchmal werden die im Folgenden erläuterten Funktionen plötzlich enorm wichtig.

Um Kundeninformationen bearbeiten, ein Kundenpasswort zurückzusetzen, einen Kundenlogin zu erzwingen, eine Kundenbestellung zu erstellen oder einen Kunden löschen zu können, muss zunächst der betreffende Kunde zur Bearbeitung geöffnet werden. Das geschieht über den Link *Edit* ganz rechts in der entsprechenden Tabellenzeile der Übersicht aller Kunden.

7.2.1 Kundeninformationen bearbeiten

Shopbetreiber können die Kundeninformationen, die in einem Kundenkonto hinterlegt sind, vom Admin Panel aus verändern. Dazu kann über das Menü auf der linken Seite durch die unterschiedlichen Abschnitte navigiert werden, während rechts jeweils die entsprechenden Eingabefelder zu finden sind, in denen die gespeicherten Werte verändert werden können. Oben steht der Link *Refresh* zur Verfügung, mit denen bei Bedarf jederzeit die gespeicherten Werte wiederhergestellt werden können

In den Abschnitten mit Kundendaten können folgende Änderungen an den Kundeninformationen vorgenommen werden:

- Customer View
  Hier wird ein Überblick über die wichtigsten Kundeninformationen gegeben. Es können keine Veränderungen vorgenommen werden.

- Account Information
  In diesem Bereich können Kundeninformationen (Name, Kundengruppe, E-Mail-Adresse usw.) bearbeitet werden.

- Addresses
  Hier können Adressen hinzugefügt und verändert werden sowie als Standard-Rechnungsadresse und -Lieferadresse definiert werden.

- Orders
  Übersicht der Bestellungen des Kunden. Über den Link *Reorder* kann
  eine Nachbestellung ausgelöst werden.

- Billing Agreements
  Hier werden gegebenenfalls bestehende Zahlungsvereinbarungen
  angezeigt.

- Newsletter
  In diesem Abschnitt kann ein Kunde per Checkbox vom Newsletter
  abgemeldet werden.

- Product Reviews
  Wenn ein Kunde Produkte bewertet hat, werden seine Bewertungen
  hier aufgelistet. Um eine Kundenbewertung bearbeiten oder löschen zu
  können, muss der Link *Edit* ganz rechts in der entsprechenden
  Tabellenzeile angeklickt werden.

- Wish List
  Hier wird – wenn ausgefüllt – die Wunschliste des Kunden angezeigt.
  Produkte können über den Link *Delete* ganz rechts in der
  entsprechenden Tabellenzeile von der Wunschliste entfernt werden.

Zum Zwischenspeichern während der Bearbeitung steht oben rechts der Link
Save and Continue Edit zur Verfügung. Wenn alle Änderungen vorgenommen
worden sind, kann mit einem Klick auf den Button *Save Customer* der
bearbeitete Kunde gespeichert werden.

7.2.2 Kundenpasswort zurücksetzen

Zum Zurücksetzen eines Kundenpassworts genügt ein Klick auf den Link *Delete
Password* in der Mitte der oberen Bedienleiste. Der Kunde erhält eine
automatisierte E-Mail mit einem LInk zum Zurücksetzen des Passworts.

7.2.3 Kundenlogin erzwingen

Um im Verdachtsfall den erneuten Login eines Kunden zu erzwingen, genügt ein Klick auf den Link *Force Sign-In* in der oberen Bedienleiste.

7.2.4 Kundenbestellung erstellen

Um als Shopbetreiber aus der Verwaltungsoberfläche heraus eine Kundenbestellung zu erstellen müssen nach einem Klick auf den Link *Create Order* in der oberen Bedienleiste die nötigen Informationen eingetragen werden. Auf der linken Seite werden Informationen zum aktuelle Warenkorb und den letzten Bestellungen des Kunden angezeigt, während rechts über den Button *Add Product* im oberen Bereich Produkte hinzugefügt werden können und Bedienfelder für die übrigen Bestellinformationen bereitstehen.

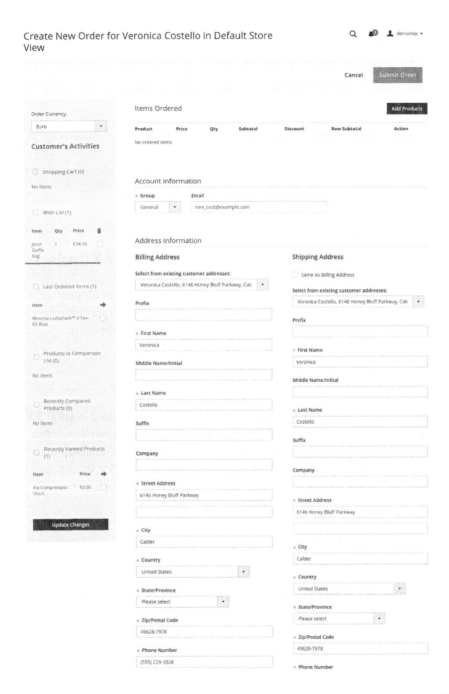

Create New Order for Veronica Costello in Default Store View

Q 📢 👤 demoshop ▾

Cancel Submit Order

Order Currency:
Euro

Customer's Activities

○ Shopping Cart (0)

No Items

○ Wish List (1)

Item	Qty	Price	🗑
Joust Duffle Bag	1	€34.00	☐

○ Last Ordered Items (1)

Item	➡
Minerva LumaTech™ V-Tee-XS-Blue	☐

○ Products In Comparison List (0)

No Items

○ Recently Compared Products (0)

No Items

○ Recently Viewed Products (1)

Item	Price	➡
Ina Compression Short	€0.00	☐

Update Changes

Items Ordered

Add Products

Product	Price	Qty	Subtotal	Discount	Row Subtotal	Action

No ordered items

Account Information

✦ Group	Email
General	roni_cost@example.com

Address Information

Billing Address

Select from existing customer addresses:
Veronica Costello, 6146 Honey Bluff Parkway, Calc ▾

Prefix

✦ **First Name**
Veronica

Middle Name/Initial

✦ **Last Name**
Costello

Suffix

Company

✦ **Street Address**
6146 Honey Bluff Parkway

✦ **City**
Calder

✦ **Country**
United States ▾

✦ **State/Province**
Please select ▾

✦ **Zip/Postal Code**
49628-7978

✦ **Phone Number**
(555) 229-3326

Shipping Address

☐ Same As Billing Address

Select from existing customer addresses:
Veronica Costello, 6146 Honey Bluff Parkway, Calc ▾

Prefix

✦ **First Name**
Veronica

Middle Name/Initial

✦ **Last Name**
Costello

Suffix

Company

✦ **Street Address**
6146 Honey Bluff Parkway

✦ **City**
Calder

✦ **Country**
United States ▾

✦ **State/Province**
Please select ▾

✦ **Zip/Postal Code**
49628-7978

✦ **Phone Number**

149

Ganz unten stehen noch Checkboxen für das Anfügen von Kommentaren zur Bestellung und den Versand einer Bestätigungs-E-Mail zur Verfügung. Mit einem Klick auf den Button *Submit Order* oben rechts oder am Fuß der Seite wird die Bestellung abgeschickt.

7.2.5 Kunden löschen

Zum Löschen eines Kunden genügt ein Klick auf den Link *Delete Customer* in der oberen Bedienleiste und die Bestätigung des sich daraufhin öffnenden Dialogfelds.

7.3 Konfiguration des Login-Bereichs für Kunden

Rund um das Einkaufserlebnis eingeloggter Kunden gibt es in Magento 2 eine ganze Reihe von Einstellungsmöglichkeiten. In diesem Abschnitt ist eine kurze Übersicht der zur Verfügung stehenden Optionen zusammengestellt.

7.3.1 Länge der Session festlegen

Die standardmäßig definierte Länge einer Session in Magento 2 beträgt 15 Minuten. Wenn für diese Dauer keine Tastaturaktivität festgestellt werden kann, müssen sich Kunden wieder neu einloggen, um weiter einkaufen zu können. Wenn die Option *Persistent Cart* aktiviert ist, wird der Warenkorb in der Datenbank gespeichert und steht beim nächsten Login wieder zur Verfügung – auch geräteübergreifend.

1. Über das Hauptmenü in der Sidebar *Stores > Settings > Configuration* wählen.

2. Über das Auswahlmenü im linken Bereich *Customers > Customer Configuration* wählen.

3. Auf der rechten Seite im Abschnitt *Online Customers Options* den gewünschten Wert (in Minuten) in das Feld *Online Minutes Interval* eintragen. Bleibt das Feld leer, endet eine Session weiterhin nach 15 Minuten.

4. Schließlich mit dem Button *Save Config* oben rechts die Einstellungen speichern.

7.3.2 Account Scope bestimmen

In Magento 2 können Kundenkontos auf die Website beschränkt bleiben, auf der sie angelegt wurden, oder global für alle Websites in einer Multishop-Umgebung gelten.

1. Über das Hauptmenü in der Sidebar *Stores > Settings > Configuration* wählen.

2. Über das Auswahlmenü im linken Bereich *Customers > Customer Configuration* wählen.

3. Auf der rechten Seite im Abschnitt *Account Sharing Options* die gewünschte Option wählen.

4. Schließlich mit dem Button *Save Config* oben rechts die Einstellungen speichern.

7.3.3 Landing-Page für den Login festlegen

1. Über das Hauptmenü in der Sidebar *Stores > Settings > Configuration* wählen.

2. Über das Auswahlmenü im linken Bereich *Customers > Customer Configuration* wählen.

3. Auf der rechten Seite im Abschnitt *Login Options* über die Option *Redirect Customer to Account Dashboard after Logging in* einstellen, ob Kunden nach dem Login in ihren Kundenbereich weitergeleitet werden sollen ("Yes"), oder ob sie auf der aktuell aufgerufenen Seite bleiben sollen ("No").

4. Schließlich mit dem Button *Save Config* oben rechts die Einstellungen speichern.

7.3.4 "Neues Konto" Optionen anpassen

Eine ganze Reihe von Einstellungen steht für die Detailkonfiguration von neu angelegten Benutzerkonten zur Verfügung. Hier eine Zusammenstellung der wichtigsten Optionen.

1. Über das Hauptmenü in der Sidebar *Stores > Settings > Configuration* wählen.

2. Über das Auswahlmenü im linken Bereich *Customers > Customer Configuration* wählen.

3. Auf der rechten Seite im Bereich *Create New Account Options* folgende Einstellungen vornehmen:

    1. Unter *Default Group* die Kundengruppe wählen, der Kunden zugewiesen werden sollen, wenn sie ein Konto anlegen.

    2. Wenn eine Umsatzsteuer-Identifikationsnummer vorhanden ist und im Frontend angezeigt werden soll, *Show VAT on Storefront* auf "Yes" stellen.

    3. Die Standard-Domain für E-Mails festlegen. Zum Beispiel: mystore.com.

    4. Als *Default Welcome Email* das Template für die Willkommens-E-Mail für neue Kunden auswählen.

    5. Im Feld *Default Welcome Email without Password* das Template auswählen, das für die Willkommens-E-Mail für ein neues Kundenkonto ohne Passwort (zum Beispiel wenn es aus dem Admin-Panel heraus erstellt worden ist) benutzt werden soll.

    6. Als *Email Sender* den Ansprechpartner auswählen, der als Absender der Wlllkommens-E-Mail erscheinen soll.

    7. Wenn Kunden die Eröffnung eines Kundenkontos über einen zugesandten Link bestätigen müssen sollen, muss *Require Emails Confirmation* auf "Yes" gesetzt werden. Dann muss im Feld *Confirmation Link Email* das Template für die Bestätigungs-Mail ausgewählt werden.

    8. Im Feld *Welcome Email* wird das Template für die abschließende Willkommens-E-Mail nach der Bestätigung eines neu eröffneten Kontos festgelegt.

4. Schließlich mit dem Button *Save Config* oben rechts die Einstellungen speichern.

7.3.5 Namens- und Adressoptionen

In den Einstellungen für Namen und Adressen werden die beim Anlegen eines Kundenkontos zur Verfügung stehenden Felder und Werte festgelegt.

1. Über das Hauptmenü in der Sidebar *Stores* > *Settings* > *Configuration* wählen.

2. Über das Auswahlmenü im linken Bereich *Customers* > *Customer Configuration* wählen.

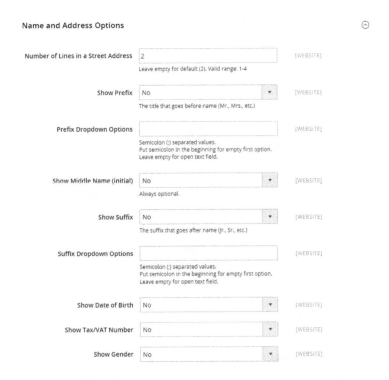

3. Auf der rechten Seite im Bereich *Name and Address Options* folgende Einstellungen vornehmen:

1. Die Zahl der zur Verfügung stehenden Zeilen für die Anschrift im Feld *Number of Lines in a Street Address* festlegen (Standardwert: 2).

2. Wenn ein Feld für die Anrede ("Herr", "Frau" etc.) angezeigt werden soll, muss *Show Prefix* auf "Optional" (Anrede kann ausgewählt werden) beziehungsweise "Required" (Anrede muss ausgewählt werden) gestellt werden. Dann können im Feld *Prefix Dropdown Options* alle gewünschten Optionen als per Semikolon separierte Liste eingegeben werden. Ein Semikolon am Anfang der Aufzählung erzeugt ein erstes, leeres Feld und wenn das Eingabefeld komplett leer bleibt, wird für die Eingabe der Anrede ein freies Textfeld zur Verfügung gestellt.

3. Wenn ein Feld für ein Suffix ("Jr.", "Sr." etc.) angezeigt werden soll, muss *Show Suffix* auf "Optional" (Suffix kann ausgewählt werden) beziehungsweise "Required" (Suffix muss ausgewählt werden) gestellt werden. Dann können im Feld *Suffix Dropdown Options* alle gewünschten Optionen als per Semikolon separierte Liste eingegeben werden. Ein Semikolon am Anfang der Aufzählung erzeugt ein erstes, leeres Feld und wenn das Eingabefeld komplett leer bleibt, wird für die Eingabe des Suffixes ein freies Textfeld zur Verfügung gestellt.

4. Um zusätzliche Felder zu aktivieren, können die folgenden Optionen verwendet werden: Ein Feld für die Eingabe des Geburtsdatums wird bereitgestellt, wenn *Show Date of Birth* auf "Yes" steht. Ein Feld für die Eingabe der Steuernummer wird bereitgestellt, wenn *Show Tax/VAT Number* auf "Yes" steht.

5. Ein Feld für die Eingabe des Geschlechts wird bereitgestellt, wenn *Show Gender* auf "Yes" steht.

4. Schließlich mit dem Button *Save Config* oben rechts die Einstellungen speichern.

7.3.6 Passwortoptionen

Die Passwortoptionen erlauben das Festlegen des E-Mail-Templates für die Zusendung des Kundenpassworts, wenn Kunden ihr Passwort vergessen haben und der Gültigkeitsdauer von Links zum Wiederherstellen von Passwörtern.

1. Über das Hauptmenü in der Sidebar* Stores > Settings > Configuration* wählen.

2. Über das Auswahlmenü im linken Bereich *Customers* > *Customer Configuration* wählen.

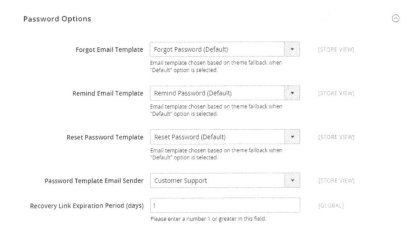

3. Auf der rechten Seite im Bereich *Password Options* folgende Einstellungen vornehmen:

   1. Im Feld *Forgot Email Template* das Template für den Versand der E-Mail an Kunden, die ihr Passwort vergessen haben, festlegen.

   2. Im Feld *Remind Email Template* das Template für den Versand der E-Mail mit einem Passworthinweis an Kunden festlegen.

3. Im Feld *Forgot and Remind Email Sender* den Ansprechpartner, der als Absender der Passwort-vergessen- und Passworthinweis-E-Mails angezeigt wird, auswählen.

4. Der Zeitraum für die Gültigkeit von Passwort-Wiederherstellungslinks wird (in Tagen) im Feld *Recovery Link Expiration Period* definiert.

4. Schließlich mit dem Button *Save Config* oben rechts die Einstellungen speichern.

7.4 Kundengruppen verwalten

Über Kundengruppen lässt sich festlegen, welche Kunden Preisnachlässe erhalten und welcher Steuerklasse sie zugewiesen werden. Die Standard-Kundengruppen sind *General* (Allgemein), *Not Logged In* (Nicht eingeloggt) und *Wholesale* (Großhandel).

7.4.1 Kundengruppen anlegen

1. Um eine zusätzliche Kundengruppe anzulegen, über das Hauptmenü in der Sidebar *Stores > Other Settings > Customer Groups* wählen und oben rechts auf den Button *Add New Customer Group* klicken.

2. Einen einzigartigen Gruppennamen festlegen (weniger als 32 Zeichen).

3. Die Steuerklasse für die Gruppe auswählen.

4. Mit dem Button *Save Customer Group* oben rechts die Einstellungen speichern.

7.4.2 Kundengruppen bearbeiten

1. Um eine Kundengruppe zu bearbeiten, über das Hauptmenü in der Sidebar *Stores > Other Settings > Customer Groups* wählen.

2. Durch einen Klick auf die entsprechende Tabellenzeile die Kundengruppe zur Bearbeitung öffnen.

3. Die gewünschten Änderungen vornehmen.

4. Mit dem Button *Save Customer Group* oben rechts die Einstellungen speichern.

7.4.3 Kunden einer Kundengruppe zuweisen

1. Um Kunden einer Kundengruppe zuzuweisen, über das Hauptmenü in der Sidebar *Customers > All Customers* wählen.

Customers

2. Kunden über die Liste auswählen und die entsprechende(n) Checkbox(en) in der ersten Spalte auswählen.

3. Im *Actions* Drop-down die Aktion *Assign a Customer Group* auswählen.

4. In dem sich daraufhin öffnenden weiteren Drop-down die gewünschte Kundengruppe auswählen.

5. Das sich öffnende Dialogfeld mit einem Klick auf "OK" bestätigen.

8. Wie funktionieren die CMS-Elemente in Magento 2?

Um sich von Wettbewerbern abzuheben, die Sichtbarkeit in Suchmaschinen zu verbessern und guten Kundenservice zu bieten, sind informative und ansprechend aufbereitete Inhalte ein wirksames Instrument zum Aufbau von Glaubwürdigkeit und Vertrauen. Daher muss die Arbeit mit den Inhalts-Elementen Seiten, Blocks und Widgets in Magento 2 ein integraler Bestandteil eines jeden Marketingkonzepts sein.

Dank in das Admin-Panel integrierter Funktionen eines CMS (Content-Management-System) ermöglicht Magento 2 die komfortable Verwaltung von Inhalten (Texte, Bilder, Filme etc.) und bietet eine sehr gute Grundlage für wirksames Content-Marketing. Der folgende Überblick erläutert bündig, wie die Inhalte für einen Magento Shop verwaltet werden und worauf dabei zu achten ist.

8.1 Seiten-Elemente (*Pages*) in Magento 2

Mithilfe von CMS-Seiten lassen sich die unterschiedlichen Inhalte logisch strukturiert in einem Magento 2 Shop verwalten und unkompliziert im jeweiligen Corporate Design anzeigen. Neben individuell eingegebenen Texten und eingebundenen Grafiken lassen sich dabei auch fertige Content-Blöcke und sogenannte Widgets verwenden, mit deren Hilfe Inhalte komfortabel an bestimmten Stellen unterbringen lassen. Für Kundenservice und Usability eines Shops sind CMS-Seiten ein ausgesprochen wichtiges Mittel.

8.1.1 Grundlegende Inhaltsseiten

In einer frischen Magento 2 Installation mit Demo-Inhalten sind bereits einige zentrale CMS-Seiten vorbereitet, die entweder übernommen und nach eigenen

Bedürfnissen angepasst oder durch andere, selbst angelegte Seiten ersetzt werden können. Interessant sind die vorbereiteten Seiten auch insofern, als sie durch das Vergleichen von Anzeige um Frontend und Code-Struktur im Backend Aufschluss darüber geben, wie bestimmte Inhaltselemente realisiert werden können.

Hier zunächst eine Übersicht der vorbereiteten Inhaltsseiten, die– das sei noch einmal ausdrücklich betont – auch jeweils durch neu angelegte Seiten ersetzt werden können:

Home
Die Demo-Seite "Home" ist standardmäßig als Startseite des Shops definiert. Sie enthält einen Banner, mehrere statische Blöcke mit Links und eine Liste neuer Produkte.

About Us
Die Seite "About Us" ist aus dem Footer des Shops verlinkt und soll relevante Informationen über den Shop und das Unternehmen dahinter liefern. Auf dieser Seite können neben Texten und Bildern auch Videos oder Links zu Pressemitteilungen und journalistischen Beiträgen Platz finden.

Customer Service
Ein weiterer wichtiger Punkt in der Sitemap des Shops ist die Seite "Customer Service". Hier sollten Informationen zum Kundenservice zusammengestellt werden (Bezahlmethoden, Versandkosten, Lieferfristen und -bedingungen sowie Links zur Widerrufserklärung, zu den AGB, zur Datenschutzerklärung und anderen wichtigen Inhalten.

Privacy Policy
Die Seite "Privacy Policy" ist für die Angaben zum Datenschutz gedacht und daher für die Rechtssicherheit eines Onlineshops zentral. Die Datenschutzerklärung muss die Kunden nach Maßgabe des geltenden Rechtsrahmens vollständig darüber aufklären, was mit ihren Daten geschieht und was sie zu deren zusätzlichem Schutz unternehmen können.

Page Not Found

Die Seite "404 Page Not Found" sollte zwar möglichst kein Kunde zu Gesicht bekommen – aber sie ist sowohl im Hinblick auf die Customer Experience als auch für die Suchmaschinenoptimierung (SEO) unerlässlich. Wenn eine URL aufgerufen wird, die es nicht oder nicht mehr gibt (etwa aufgrund einer fehlerhaft eingegebenen Adresse oder einer veralteten Verlinkung), sollte eine solche Seite mit sinnvollem Text in der jeweiligen Sprache des Kunden angezeigt werden und ihm mitteilen, wie er nun aus der Sackgasse wieder hinauskommt. Andernfalls wird eine Fehlermeldung des Webservers angezeigt, was sowohl auf Kunden als auch auf Crawler ausgesprochen abschreckend wirkt.

Enable Cookies

Die "Enable Cookies" Seite wird angezeigt, wenn Besucher des Shops in ihrem Browser Cookies deaktiviert haben. Sie soll erklären, wie Cookies aktiviert werden können.

8.1.1.1 Einstellungen zu Seiten-Standards (*Default Pages*)

Im Bereich *Default Pages* der Magento 2 Konfiguration lassen sich grundlegende Einstellungen zur Startseite, zur Seite, die bei 404-Fehlern ("Seite nicht gefunden") angezeigt wird, zur "Enable Cookies"-Seite und zu Breadcrumbs vornehmen. Die entsprechenden Einstellmöglichkeiten finden sich über das Hauptmenü unter *Stores > Settings > Configuration > General > Web* im Abschnitt *Default Pages*.

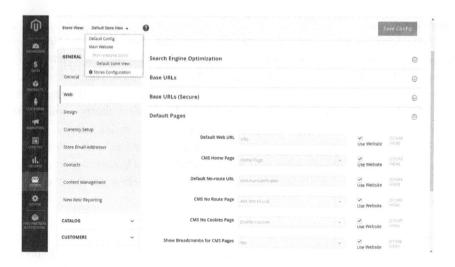

- *Default Web URL*

  In das Feld *Default Web URL* wird der relative Pfad zu dem Verzeichnis der Magento 2 Installation, in dem sich die Landingpage befindet, eingegeben. Der Standardwert ist "cms".

  Wenn für einen bestimmten Store View ein abweichende Einstellungen nötig ist, kann der Store View oben links über das Dropdown-Menü ausgewählt werden, dann der Haken bei *Use Default* beziehungsweise *Use Website* entfernt und der gewünschte Wert in das Feld eingetragen werden.

  Die Änderungen durch einen Klick auf den Button *Save Config* oben rechts speichern.

- *CMS Home Page*

  Im Feld *CMS Home Page* wird die CMS-Seite festgelegt, die als Startseite, des Shops verwendet wird.

  Wenn für einen bestimmten Store View ein abweichende Einstellungen nötig ist, kann der Store View oben links über das Dropdown-Menü ausgewählt werden, dann der Haken bei *Use Default* beziehungsweise *Use Website* entfernt und die gewünschte CMS-Seite aus der Liste gewählt werden.

  Die Änderungen durch einen Klick auf den Button *Save Config* oben rechts speichern.

- *Default No-route URL*

  Im Feld *Default No-route URL* wird der relative Pfad zu dem Verzeichnis in der Magento 2 Installation angegeben, in das umgeleitet werden soll, wenn ein 404-Fehler ("Seite nicht gefunden") auftritt. Der Standardwert ist "cms/index/noRoute". Wenn für einen bestimmten Store View ein abweichende Einstellungen nötig ist, kann der Store View oben links über das Dropdown-Menü ausgewählt werden, dann der Haken bei *Use Default* beziehungsweise *Use Website* entfernt und der gewünschte Wert in das Feld eingetragen werden.
  Die Änderungen durch einen Klick auf den Button *Save Config* oben rechts speichern.

- *CMS No Route Page*

  Unter *CMS No Route Page* wird die Seite festgelegt, die angezeigt wird, wenn ein Fehler 404 ("Seite nicht gefunden") auftritt.
  Wenn für einen bestimmten Store View ein abweichende Einstellungen nötig ist, kann der Store View oben links über das Dropdown-Menü ausgewählt werden, dann der Haken bei *Use Default* beziehungsweise *Use Website* entfernt und die gewünschte CMS-Seite aus der Liste gewählt werden.
  Die Änderungen durch einen Klick auf den Button *Save Config* oben rechts speichern.

- *CMS No Cookies Page*

  Unter *CMS No Cookies Page* wird die Seite festgelegt, die angezeigt wird, wenn ein Besucher Cookies deaktiviert hat.
  Wenn für einen bestimmten Store View ein abweichende Einstellungen nötig ist, kann der Store View oben links über das Dropdown-Menü ausgewählt werden, dann der Haken bei *Use Default* beziehungsweise *Use Website* entfernt und die gewünschte CMS-Seite aus der Liste gewählt werden.
  Die Änderungen durch einen Klick auf den Button *Save Config* oben rechts speichern.

- *Breadcrumbs for CMS Pages*

  Wenn verlinkte Breadcrumb-Pfade oben auf den CMS-Seiten des Shops angezeigt werden sollen, muss die Option *Breadcrumbs for CMS Pages* auf "Yes" gestellt sein.

Wenn für die einzelnen Store Views abweichende Einstellungen nötig sind, kann der jeweilige Store View oben links über das Dropdown-Menü ausgewählt werden, dann der Haken bei *Use Default* beziehungsweise *Use Website* entfernt und die gewünschte Einstellung vorgenommen werden.

Die Änderungen durch einen Klick auf den Button *Save Config* oben rechts speichern.

8.1.2 Die Darstellung der Seitenübersicht anpassen und als View speichern

Die Auswahl der Spalten und deren Anordnung in der Tabelle für die Seitenübersicht können je nach Bedarf angepasst werden. Eine sehr komfortable Funktion in Magento 2 ist die Möglichkeit, Tabellenlayouts als sogenannte *Grid Views* zu speichern, um sie künftig immer wieder per Klick aufrufen zu können. Für die Anzeige der Seiten stehen insgesamt 15 Spalten zur Verfügung, von denen im Standard View lediglich 9 aktiviert sind.

8.1.2.1 Die Auswahl der Spalten für die Seitenübersicht ändern

Um die Auswahl der Spalten für dieSeitenübersicht zu ändern, muss oben rechts durch einen Klick auf den Reiter der Spalte Columns mit dem Zahnradsymbol der entsprechende Auswahlbereich geöffnet werden. Nun können die Checkboxen der Bezeichner für die Spalten, die der Tabelle hinzugefügt werden sollen, ausgewählt werden und die Checkboxen der Bezeichner für Spalten, die nicht mehr in der Tabelle angezeigt werden sollen, abgewählt werden.

8.1.2.2 Die Anordnung der Spalten für die Seitenübersicht ändern

Um in der Seitenübersicht eine Spalte per Drag-and-drop zu verschieben, kann diese ganz einfach in der dunkelgrauen Titelzelle angeklickt, an die gewünschte Position verschoben und dort wieder losgelassen werden.

8.1.2.3 Layout der Seitenübersicht als *Grid View* speichern

Entsprechen sowohl die Auswahl als auch die Anordnung der Spalten für die Seitenübersicht den eigenen Vorstellungen für einen bestimmten Zweck, lässt sich das Layout als *Grid View* speichern, indem die *View* Steuerung durch einen Klick auf den Reiter mit dem Augensymbol, neben dem der Name des gerade ausgewählten Layouts für die Tabelle (Standard: "Default View") zu lesen ist,

167

geöffnet und dann mit einem Klick auf den Link *Save View As...* das Eingabefeld für den Namen des zu speichernden Tabellenlayouts sichtbar gemacht wird.

8.1.2.4 Ein gespeichertes Tabellenlayout (*Grid View*) bearbeiten/löschen

Um ein gespeichertes Tabellenlayout (Grid View) für die Seitenübersicht zu bearbeiten, muss es über den Reiter mit dem Augensymbol aus der Liste der zur Verfügung stehenden Layouts ausgewählt sein, damit neben dem Namen ein Bleistiftsymbol sichtbar wird. Nach einem Klick auf das Bleistiftsymbol kann das gespeicherte Layout gelöscht oder sein Name geändert werden.

Um Änderungen an der Auswahl und Anordnung der Tabellenspalten eines gespeicherten Layouts für die Seitenübersicht vorzunehmen, muss es aktiviert, in Auswahl und Anordnung der Spalten bearbeitet und dann noch einmal unter einem anderen Namen gespeichert werden. Wird die alte Version nicht mehr benötigt, kann sie nach einem Klick auf das Bleistiftsymbol neben der entsprechenden Bezeichnung gelöscht werden.

8.1.3 Seiten verwalten

Die Verwaltung der CMS-Seiten befindet sich in Magento 2 unter *Content > Elements > Pages*. In der Übersichtstabelle lassen sich Seiten für die Bearbeitung heraussuchen und es können die grundlegenden Eigenschaften von Seiten schnell und direkt in der Tabelle bearbeitet werden.

8.1.3.1 Seiten suchen

Für das Auffinden einer bestimmten Seite oder einer Gruppe von Seiten stehen zwei Möglichkeiten zur Verfügung: zum einen das Suchfeld oben links und zum anderen umfangreiche Filtereinstellungen, mit denen die Auswahl der angezeigten Seiten nach bestimmten Kriterien eingeschränkt werden kann.

Um über das Suchfeld per Stichwort eine oder mehrere Seiten herauszusuchen, muss lediglich ein einschlägiges Stichwort eingegeben und mit einem Klick auf das Lupensymbol gesucht werden. Das Suchwort wird danach in der Zeile *Active Filters* angezeigt und kann – sobald es als Auswahlkriterium für die anzuzeigenden Seiten nicht mehr benötigt wird – durch einen Klick auf das X-Symbol daneben wieder entfernt werden.

Um eine oder mehrere Seiten mithilfe von Filtern zu finden, müssen nach einem Klick auf den Reiter *Filters* mit dem Trichtersymbol alle für die jeweilige Anforderung nötigen Felder ausgefüllt werden. Ein Klick auf den Button *Apply Filters* löst dann die Suche aus.

Über den gefilterten Seiten erscheint dann die Zeile *Active Filters*, in der über das jeweilige X-Symbol einzelne Filter wieder entfernt werden können. Ein Klick auf den Link *Clear All* ganz rechts in der Zeile entfernt sämtliche Filter.

In der Übersicht über die CMS-Seiten stehen folgende Filter zur Verfügung:

- ID
  Filterung der Ergebnisse nach IDs der Seiten

- Created
  Filterung der Seiten nach Erstellungsdatum

- Modified
  Filterung der Seiten nach dem Datum der letzten Bearbeitung

- Store View
  Filterung der Seiten nach Zuordnung zu einem bestimmten Store View

- Title
  Filterung der Seiten nach im Feld *Title* enthaltener Zeichenkette

- URL Key
  Filterung der Seiten nach im Feld *URL Key* enthaltener Zeichenkette

- Layout
  Filterung der Seiten nach zugewiesenem Layout

- Status
  Filterung der Seiten nach Status (*Enabled/Disabled*)

8.1.3.2 Seiten organisieren und aktivieren/deaktivieren

Einige Grundlegende Operationen lassen sich an den Seiten unmittelbar in der Übersichtstabelle unter *Content > Elements > Pages* durchführen. Nachdem in der linken Spalte die gewünschte Seite oder die gewünschten Seiten per Checkbox ausgewählt wurden, kann über das Drop-down über der Tabelle

(*Select Items*) eine der vier zur Verfügung stehenden Aktionen gewählt werden: Löschen (*Delete*), Deaktivieren (*Disable*), Aktivieren (*Enable*) oder Bearbeiten (*Edit*) – wobei sich Letzteres hier nur auf Änderungen an einigen grundlegenden Werten bezieht.

Löschen (*Delete*)

Das Löschen von Seiten entfernt sie aus der Tabelle, so dass sie künftig nicht mehr zur Verfügung stehen.

Deaktivieren (*Disable*)

Das Deaktivieren von Seiten sorgt dafür, dass sie für die Anzeige im Frontend nicht mehr zur Verfügung stehen, in der Tabelle aber bestehen bleiben. So sind weiterhin Änderungen möglich. Deaktivierte Seiten können jederzeit wieder aktiviert werden.

Aktivieren (*Enable*)

Das Aktivieren einer Seite bewirkt, dass sie für den Einsatz im Frontend des Shops zur Verfügung steht.

Bearbeiten (*Edit*)

Einige grundlegende Felder mit Seiteninformationen lassen sich direkt in der Tabelle bearbeiten: *Title, URL Key, Layout* und *Status*. Wenn eine einzige Seite verändert werden soll, können die gewünschten Werte nach dem Auswählen der Seite über die Checkbox und der Aktion *Edit* direkt in der Tabelle bearbeitet und anschließend über den Button *Save* gespeichert werden:

Sollen gleich mehrere Seiten bearbeitet werden, erscheint oberhalb von den zur Veränderung ausgewählten Datensätzen noch eine zusätzliche Zeile, in der Änderungen vorgenommen werden können, die sich auf sämtliche ausgewählte Seiten auswirken. Sie werden mit einem Klick auf den Button *Apply* angewandt und schließlich über den Button *Save Edits* oben rechts gespeichert:

8.1.4 Eine neue Seite anlegen

Das Anlegen neuer Content-Seiten in Magento 2 ist grundsätzlich sehr einfach. Zusätzlich zu den grundlegenden CMS-Funktionen gibt es noch speziellere Möglichkeiten für die Präsentation von Inhalten auf Seiten-Elementen. Im Rahmen dieser überblicksartigen Darstellung können solche Besonderheiten lediglich erwähnt, aber nicht Schritt für Schritt erklärt werden.

Das Anlegen einer neuen Seite beginnt mit einem Klick auf den Button *Add New Page* unter *Content > Elements > Pages*.

8.1.4.1 Seiteninformationen eingeben

Im Bereich *Page Information* > *Page Information* werden die grundlegenden Seiteninformationen eingegeben.

Seitentitel (*Page Title*)

In das Feld *Page Title* wird der Seitentitel eingegeben. Dieser erscheint später in der Titelleiste und im Tab-Reiter des Browsers sowie als Überschrift des Suchergebnisses für die Seite in den Suchmaschinen. Hierbei sind die aktuellen Empfehlungen im Hinblick auf SEO (Suchmaschinenoptimierung) zu beachten.

URL Key

Im Feld *URL Key* wird festgelegt, wie die genaue Adresse der Seite enden soll. Die Zeichenkette darf nur Kleinbuchstaben (a-z) und Bindestriche anstelle von Leerzeichen oder Interpunktionszeichen enthalten (z. B.: ueber-uns). Die vollständige Adresse der Seite ergibt sich aus der Base-URL und dem angehängten URL-Key (z. B.: http://www.shop-url.de/ueber-uns/).

Store View

Aus der Auflistung der zur Verfügung stehenden *Store Views* können diejenigen Views ausgewählt werden, in denen die Seite verfügbar sein soll. Das ist insbesondere für mehrsprachige Shops ein wichtiges Instrument.

Status

Im Feld *Status* kann die Seite deaktiviert ("Disabled") oder aktiviert werden ("Enabled"). Ist die deaktiviert, kann sie zwar bearbeitet werden, steht aber für die Anzeige im Frontend nicht zur Verfügung. Wenn eine Seite als aktiviert gespeichert wird, ist sie live verfügbar.

Wenn alle Seiteninformationen fertig eingegeben sind, kann über den Link *Save and Continue Edit* gespeichert und mit den Bearbeiten der Seite fortgefahren werden.

8.1.4.2 Seiteninhalt eingeben

Auf der linken Seite kann über *Page Information > Content* der Bereich für die Bearbeitung des Seiteninhalts geöffnet werden.

Überschrift (*Content Heading*)

In das Feld *Content Heading* wird die Überschrift der Seite eingegeben.

Seiteninhalt (WYSIWYG oder Code)

Für den Inhalt der Seite steht ein Eingabefeld zur Verfügung, das entweder mithilfe eines WYSIWYG-Editors oder durch die direkte Eingabe von HTML-

Code befüllt werden kann. Über den Button *Show/Hide Editor* kann zwischen den beiden Anzeige- und Eingabemodi gewechselt werden. Mehr Informationen über die Eingabe von Inhalten, insbesondere Links, Bilder, Widgets und Variablen findet sich weiter unten im Abschnitt "Seiten im Editor bearbeiten".

Wenn der Inhalt fertig eingegeben ist, kann er mit einem Klick auf *Save and Continue Edit* gespeichert werden.

8.1.4.3 Seitenlayout festlegen

Unter *Page Information > Design* kann das Layout der Seite festgelegt werden.

8. Wie funktionieren die CMS-Elemente in Magento 2?

PAGE INFORMATION	Page Layout

Page Information

Content

Design

Meta Data

Layout * `1 column ▾`

Layout Update XML

Custom Design

Custom Design From

Custom Design To

Custom Theme `-- Please Select -- ▾`

Custom Layout `-- Please Select -- ▾`

Custom Layout Update XML

Layout

Über das Auswahlfeld *Layout* kann eines der vorbereiteten Layouts gewählt und damit der Seite zugewiesen werden. Standardmäßig stehen in Magento 2 vier verschiedene Seitenlayouts zur Verfügung, was sich aber je nach Theme und Konfiguration ändern kann.

- einspaltig (*1 column*)

- zweispaltig mit Sidebar links (*2 columns with left bar*)

- zweispaltig mit Sidebar rechts (*2 columns with right bar*)

- dreispaltig (3 columns)

Layout Anpassung per XML (*Layout Update XML*)

Im Feld *Layout Update XML* können nachträgliche Änderungen an dem zuvor ausgewählten Layout vorgenommen werden, die sich dann allerdings ausschließlich auf die Seite auswirken, die gerade bearbeitet wird. Hierfür sind XML-Kenntnisse erforderlich.

Abweichendes Design (*Custom Design*)

Der Abschnitt *Custom Design* dient dazu, eine Seite für einen bestimmten Zeitraum mit einem anderen Theme, in einem anderen Layout oder mit zusätzlichen Elementen anzeigen zu lassen. Diese Funktion ist zum Beispiel für Preisaktionen oder für saisonale Änderungen am Design sinnvoll.

Abweichendes Design ab (*Custom Design From*)

In das Feld *Custom Design From* wird das Startdatum für die gewünschte temporäre Designänderung eingetragen.

Abweichendes Design bis (*Custom Design To*)

In das Feld *Custom Design From* wird das Enddatum für die gewünschte temporäre Designänderung eingetragen.

Abweichendes Theme (*Custom Theme*)

Die Auswahlliste *Custom Theme* ermöglicht das Festlegen eines abweichenden Themes für den zuvor definierten Zeitraum.

Abweichendes Layout (*Custom Layout*)

Die Auswahlliste *Custom Layout* ermöglicht das Festlegen eines abweichenden Layouts für den zuvor definierten Zeitraum.

Abweichende Layout Anpassung per XML (*Custom Layout Update XML*)

Das Feld *Custom Layout Update XML* ermöglicht die Eingabe von Abweichungen vom vorbereiteten Layout für die Dauer des festgelegten Zeitraums. Hierfür sind XML-Kenntnisse erforderlich.

Wenn das Design fertig konfiguriert ist, kann es mit einem Klick auf *Save and Continue Edit* gespeichert werden.

8.1.4.4 Seiten-Metadaten eingeben

Unter Page *Information* > *Meta Data* können zusätzliche Metadaten für die Seite festgelegt werden.

Keywords

Im Feld *Keywords* können Stichworte mit Bezug zur jeweiligen Seite eingegeben werden. Eine mittlerweile veraltete und zu vernachlässigende SEO-Maßnahme.

Description

Im Feld *Description* sollte eine kurze Beschreibung der Seite eingegeben werden. Hierbei sind die aktuellen Empfehlungen im Hinblick auf SEO (Suchmaschinenoptimierung) zu beachten.

Wenn die Metadaten fertig konfiguriert sind, können sie mit einem Klick auf *Save and Continue Edit* gespeichert werden.

Und wenn die gesamte Seite fertig bearbeitet ist, kann sie über den Button *Save Page* abschließend gespeichert werden. Wenn der Seitenstatus auf *Enabled* steht, kann die Seite ab sofort in die Shop-Navigation aufgenommen werden, aus dem Inhalt anderer Seiten, aus dem Footer oder anderen Layout-Elementen verlinkt oder als neue Startseite verwendet werden.

8.1.5 Eine neue Startseite festlegen

Wenn eine selbst angelegte Seite als Startseite angezeigt werden soll, kann diese Einstellung unter *Stores > Settings > Configuration > General > Web* im Bereich *Default Pages* vorgenommen werden, indem im Feld *CMS Homepage* die gewünschte Seite ausgewählt und die Änderung über den Button *Save Config* gespeichert wird.

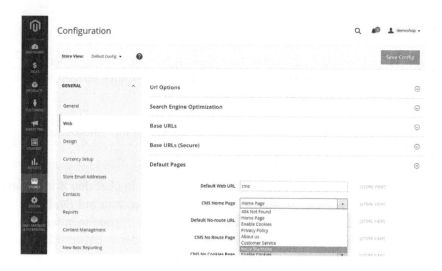

Danach muss nur noch der Link zum *Cache Management* in der oben erscheinenden Meldung angeklickt und dann der veraltete Cache geleert werden.

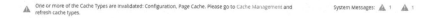

8.1.6 Seiten im Editor bearbeiten

Für das Bearbeiten von Seiteninhalten steht in Magento 2 ein voll ausgestatteter WYSIWYG-Editor zur Verfügung, mit dessen Hilfe Text und multimediale Inhalte ähnlich wie in einem Textverarbeitungsprogramm bearbeitet werden können. Mit dem Button *Show/Hide Editor* kann zwischen der grafischen Version und der Code-Ansicht hin- und hergeschaltet werden:

Ansicht im WYSIWYG-Editor

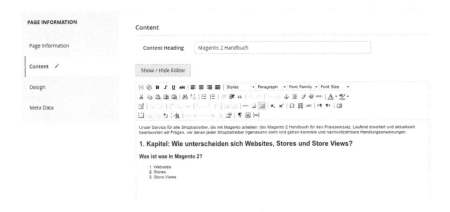

Code-Ansicht

Grundsätzlich ist es zu empfehlen, nach Möglichkeit unmittelbar mit dem HTML-Code zu arbeiten, da mit dieser Methode die formale Qualität des Quelltextes besser gewährleistet werden kann. Zudem können Fehler in der Formatierung leichter beseitigt werden.

Im Folgenden wird kurz auf einige grundlegende Arbeitsschritte eingegangen, die im Alltag eines Shopbetreibers sehr häufig vorkommen. Die Anleitungen richten sich dabei explizit an Magento 2 Nutzer ohne erweiterte HTML-Kenntnisse.

8.1.6.1 Einen Link einfügen

Das Einfügen eines Links mithilfe des Editors ist sehr einfach:

1. Der Text, der mit einem Link versehen werden soll (oder ein Bild) muss markiert sein. Dann wird über den Link-Button das Dialogfeld zur Link-Erstellung geöffnet.

2. Im Feld *Link URL* kann entweder der URL Key einer Seite im Shop oder die vollständige URL einer externen Seite eingegeben werden.

3. Im Feld *Target* muss eine der beiden Optionen "Open link in the same window" (Ziel des Links im selben Fenster öffnen) beziehungsweise "Open in a new window" (Ziel des Links in neuem Fenster/Tab öffnen).

4. In das Feld *Title* wird der Tooltip-Text eingetragen, der erscheinen soll, wenn jemand mit dem Mauszeiger über den Link fährt.

5. Mit einem Klick auf *Insert* wird der Link an der markierten Stelle des Seiteninhalts erzeugt.

6. Mit einem Klick auf den Button *Save Page* speichern.

8.1.6.2 Ein Bild einfügen

Ein Bild kann entweder aus dem Medienspeicher der Magento Installation oder aus einer externen Quelle eingebunden werden. Beide Methoden werden hier knapp erläutert:

A: Ein Bild aus der Medienspeicher (*Media Storage*) einfügen:

1. Wenn nötig, über den Button *Show/Hide Editor* in die Code-Ansicht wechseln.

2. Den Cursor an der Stelle positionieren, an der das Bild als HTML-Tag eingefügt werden soll und den Button *Insert Image...* betätigen. Wenn das Bild noch nicht im Medienspeicher von Magento vorliegt, kann es folgendermaßen hochgeladen werden:

   1. Im Verzeichnisbaum auf der linken Seite in den Ordner navigieren, in dem die Bilder gespeichert werden. Wenn nötig, über den Button *Create Folder...* das benötigte Verzeichnis neu anlegen.

   2. Über *Browse Files* den Dialog für die Auswahl der Bilder, die hochgeladen werden sollen, öffnen. Das oder die Bilder auswählen und in die Magento Media Storage hochladen.

3. Das gewünschte Bild in dem geöffneten Dialogfenster auswählen und oben rechts auf den Button *Insert File* klicken.

4. Um das Bild (und die weiteren Inhalte der Seite) im WYSIWYG-Modus zu sehen, den Button *Show/Hide Editor* betätigen.

5. Mit einem Klick auf den Button *Save Page* speichern.

B: Ein Bild von einem anderen Server einfügen:

Wenn ein Bild, das auf einem anderen Server und nicht auf dem lokalen Rechner gespeichert ist, in eine Magento CMS Seite eingefügt werden soll, gestaltet sich der Ablauf etwas anders.

1. Wenn nötig, über den Button Show/Hide Editor in den WYSIWYG-Modus wechseln.

2. Den Cursor an der Stelle positionieren, an der das Bild eingefügt werden soll.

3. In der Toolbar des Editors auf den Button zum Einfügen von Bildern klicken und in dem sich öffnenden Dialogfeld URL, Kurzbeschreibung (*Description*) sowie Titel des Bildes eingeben und auf *Insert* klicken, um den Prozess abzuschließen.

4. Mit einem Klick auf den Button *Save Page* speichern.

8.1.6.3 Einen Widget einfügen

Widgets sind ein nützliches Instrument, um bestimmte Inhaltselemente auf einer oder mehrerer Seiten zu platzieren. Mithilfe von Widgets lassen sich sehr unkompliziert Inhalte wie CMS-Seiten, Kategorien und Produkte verlinken.

Standardmäßig greifen die Links auf die Stylevorgaben des Themes zurück.

Um einen Widget in eine Seite einzufügen, sind folgende Schritte nötig:

1. Falls erforderlich, über den Button *Show/Hide Editor* in die Code-Ansicht wechseln.

2. Den Cursor an der Stelle platzieren, an der der Widget untergebracht werden soll und den Button *Insert Widget* betätigen.

3. Den Widget-Typ auswählen:

   CMS Page Link
   Link zu einer CMS-Seite

   CMS Static Block
   Inhalte eines statischen Blocks

   Catalog Category Link
   Link zu einer bestimmten Kategorie

   Catalog New Products List
   Auflistung von Produkten, die als "neu" definiert sind'

   Catalog Product Link
   Link zu einem bestimmten Produkt

Catalog Products List
Liste von individuell gefilterten Produkten

Orders and Returns
Suchformular für Bestellungen und Rücksendungen

Recently Compared Products
Liste der zuletzt verglichenen Produkte, die wieder von der Vergleichsliste des Besuchers entfernt wurden

Recently Viewed Products
Liste der zuletzt angesehenen Produkte des Besuchers

4. Je nach Widget-Typ müssen nun noch einige Formularfelder ausgefüllt werden, über die genauer bestimmt werden kann, welche Inhalte in welcher Form dargestellt werden sollen. Über den Button *Insert Widget* wird der Widget dann in die Seite eingefügt.

5. Um den Widget als Platzhalter (und die weiteren Inhalte der Seite) im WYSIWYG-Modus zu sehen, den Button *Show/Hide Editor* betätigen.

6. Mit einem Klick auf den Button *Save Page* speichern.

8.1.6.4 Eine Variable einfügen

Über Variablen lassen sich zahlreiche vordefinierte (und bei Bedarf auch selbst angelegte) Elemente in Seiteninhalte einfügen, ohne diese hartcodiert zu hinterlegen. Damit werden zentral durchgeführte Änderungen an diesen Werten (etwa die Shop-URL oder eine Kontaktadresse) über die Variablen automatisch in den entsprechenden Seiteninhalten berücksichtigt und müssen später nicht von Hand geändert werden. Es ist daher unbedingt zu empfehlen, in CMS-Seiten von Beginn an konsequent überall dort mit Variablen zu arbeiten, wo es möglich ist.

1. Falls erforderlich, über den Button *Show/Hide Editor* in die Code-Ansicht wechseln.

2. Den Cursor an der Stelle platzieren, an der die Variable eingefügt werden soll und den Button *Insert Variable* betätigen.

3. Aus der Liste verfügbarer Variablen per Klick die gewünschte wählen.

Insert Variable...   ×

Store Contact Information
Base Unsecure URL
Base Secure URL
General Contact Name
General Contact Email
Sales Representative Contact Name
Sales Representative Contact Email
Custom1 Contact Name
Custom1 Contact Email
Custom2 Contact Name
Custom2 Contact Email
Store Name
Store Phone Number
Store Hours
Country
Region/State
Zip/Postal Code
City
Street Address 1
Street Address 2

Base Unsecure URL
Unsichere Basis-URL des Shops (HTTP)

Base Secure URL
Sichere Basis-URL des Shops (HTTPS)

General Contact Name
Allgemeiner Ansprechpartner

General Contact Email
Allgemeine Ansprechpartner E-Mail

Sales Representative Contact Name
Ansprechpartner Vertrieb

Sales Representative Contact Email
Ansprechpartner Vertrieb E-Mail

8. Wie funktionieren die CMS-Elemente in Magento 2?

Custom1 Contact Name
Eigener Ansprechpartner 1

Custom1 Contact Email
Eigener Ansprechpartner 1 E-Mail

Custom2 Contact Name
Eigener Ansprechpartner 2

Custom2 Contact Email
Eigener Ansprechpartner 2 E-Mail

Store Name
Shop Name

Store Phone Number
Shop Telefonnummer

Store Hours
Öffnungszeiten

Country
Land

Region/State
Bundesland

Zip/Postal Code
Postleitzahl

City
Stadt

Street Address 1
Anschrift 1

Street Address 2
Anschrift 2

1. Mit einem Klick auf den Button *Save Page* speichern.

8.2 Block-Elemente in Magento 2

Ein statischer Block oder CMS-Block ist ein modulares Inhaltselement, mit dessen Hilfe sich in Magento 2 Inhalte (Texte, Bilder, eingebettete Videos sowie dynamische Informationen aus Widgets) in Seiten positionieren lassen. Blöcke ermöglichen die unkomplizierte Organisation von Inhalten, die an unterschiedlichen Stellen neben- oder übereinander angezeigt werden sollen.

Ein wichtiger Vorteil von Block-Elementen ist, dass Änderungen an einem Block sich zugleich überall dort auswirken, wo er eingebunden worden ist. Blöcke können in CMS-Seiten verwendet oder durch Layout-Änderungen im XML-Code definiert und positioniert werden.

8.2.1 Einen neuen Block anlegen

Ein statischer Block kann zu einer oder mehreren CMS-Seiten oder auch zu einem anderen Block hinzugefügt werden. Zum Beispiel lässt sich der Code für einen Slider mit Bildern in einem Block ablegen und dann als solcher auf der Startseite einbinden. Die Arbeitsumgebung für CMS-Blöcke ähnelt grundsätzlich derjenigen für CMS-Seiten.

Für das Anlegen eines Blocks müssen unter *Content > Elements > Blocks* nach einem Klick auf den Button *Add New Block* die folgenden Schritte ausgeführt werden:

1. Einen Block-Titel für die interne Verwendung festlegen.

2. Einen einmaligen Identifikator für den Block festlegen, wobei nur Kleinbuchstaben (a-z) und Unterstriche anstelle von Leerzeichen erlaubt sind.

3. Den oder die Store Views auswählen, in dem oder in denen der Block verfügbar sein soll.

4. Den Inhalt des Blocks eingeben (Text, Links, Tabellen, Bilder, Video und Audio). Mit dem Button *Show/Hide Editor* kann zwischen Code-Ansicht und WYSIWYG-Editor hin und her gewechselt werden.

5. Schließlich kann mit einem Klick auf den Button *Save Block* gespeichert werden.

8.2.2 Einen Block positionieren

Für das Positionieren werden hier zwei Möglichkeiten erklärt. Die erste verwendet Widgets, die zweite funktioniert über das Anpassen von XML-Layouts.

8.2.2.1 Einen Block mithilfe von Widgets positionieren

Um einen statischen Block in einer Seite oder einem Bereich von Seiten mithilfe von Widgets zu positionieren, müssen die folgenden Schritte ausgeführt werden:

1. Unter *Content* > *Elements* > *Widgets* oben rechts auf den Button Add Widget klicken.

8. Wie funktionieren die CMS-Elemente in Magento 2?

1. Als Typ "CMS Static Block" wählen und auf *Continue* klicken.

2. Sicherstellen, dass das aktuelle Theme unter *Design Theme* ausgewählt ist und auf *Continue* klicken.

3. Im Bereich *Storefront Properties* einen Widget-Titel für die interne Verwendung vergeben.

4. Den oder die Store Views auswählen, in denen der Widget verfügbar sein soll.

5. Im Feld *Sort Order* einen Wert für die Anordnung unter anderen, möglicherweise im selben Bereich erscheinenden Inhaltselementen vergeben, wobei der obersten Position der Wert "0" entspricht.

6. Im Bereich *Layout Updates* auf *Add Layout Update* klicken und die Seiten auswählen, auf denen der Widget mit dem statischen Block erscheinen soll. Er kann auf allen oder bestimmten Kategorie-, Produkt- oder CMS-Seiten angezeigt werden. Soll eine Kombination der zur Verfügung stehenden Möglichkeiten eingestellt werden, kann wiederholt auf *Add Layout Update* geklickt werden, um zusätzliche Auswahlbereiche zu öffnen.

7. Im Feld *Container* (jeweils) festlegen, an welcher Stelle im Seitenlayout der Block auf den definierten Seiten angezeigt werden soll. Dabei stehen die folgenden Möglichkeiten zur Auswahl:

Kategorie- und CMS-Seiten

Breadcrumbs
Die Navigationshilfe oben auf den meisten Seiten, die die aktuelle Position im Seitenbaum als Link anzeigt. Zusätzliche Inhalte im Breadcrumb-Bereich werden rechtsbündig angezeigt.

Left Column
Inhalt wird der linken Spalte hinzugefügt.

Main Content Area
Inhalt wird dem Haupt-Inhaltsbereich hinzugefügt.

My Cart Extra Actions
Inhalt erscheint unter der Warenkorbzwischensumme.

Navigation Bar
Inhalt erscheint unterhalb der Hauptnavigationsleiste.

Page Bottom
Inhalt erscheint am Ende der Seite.

Page Footer
Inhalt erscheint oberhalb des Footers der Seite.

Page Header
Inhalt erscheint unterhalb des Headers der Seite.

Page Top
Inhalt erscheint am Anfang der Seite.

Right Column
Inhalt wird der rechten Spalte hinzugefügt.

Store Language
Inhalt erscheint in der linken oberen Ecke des Headers.

Produktseiten

Alert URLs
Inhalt erscheint unterhalb des Produkttitels auf der Produktdetailseite.

Bottom Block Options Wrapper
Inhalt erscheint unterhalb des "In den Warenkorb"-Buttons

Breadcrumbs
Die Navigationshilfe oben auf den meisten Seiten, die die aktuelle Position im Seitenbaum als Link anzeigt. Zusätzliche Inhalte im Breadcrumb-Bereich werden rechtsbündig angezeigt.

Info Column Options Wrapper
Inhalt wird im rechten Bereich angezeigt.

Left Column
Inhalt wird der linken Spalte hinzugefügt (unter den anderen Blöcken).

Main Content Area
Inhalt wird unterhalb des Haupt-Inhaltsbereichs hinzugefügt.

My Cart Extra Actions
Inhalt erscheint unter der Warenkorbzwischensumme.

Navigation Bar
Inhalt erscheint unterhalb der Hauptnavigationsleiste.

Page Bottom
Inhalt erscheint am Ende der Seite.

Page Footer
Inhalt erscheint oberhalb des Footers der Seite.

Page Header
Inhalt erscheint unterhalb des Headers der Seite.

Page Top
Inhalt erscheint am Anfang der Seite.

PayPal Express Checkout (Payflow Edition) Shortcut Wrapper
Wenn diese PayPal Bezahlmethode aktiviert ist, erscheint der Inhalt unterhalb des PayPal Kaufen-Buttons.

PayPal Express Checkout Shortcut Wrapper
Wenn diese PayPal Bezahlmethode aktiviert ist, erscheint der Inhalt unterhalb des PayPal Kaufen-Buttons.

Product Tags List
Inhalt erscheint unter der Leiste mit Produkt-Schlagwörtern.

Product View Extra Hint
Inhalt erscheint unter dem Preis des Produkts.

Right Column
Inhalt wird der rechten Spalte hinzugefügt (unter den anderen Blöcken).

Store Language
Inhalt erscheint rechts von der Sprachauswahl.

Tags List Before
Inhalt erscheint über dem "Add Your Tags"-Feld.

Dann oben rechts auf den Button Save klicken und auf der linken Seite in den Bereich Widget Options wechseln.

1. Auf *Select Block* klicken und den gewünschten Block aus der Liste wählen.

2. Schließlich kann mit einem weiteren Klick auf den Button *Save* gespeichert werden.

3. Falls im oberen Bildschirmbereich eine entsprechende Aufforderung erscheint, Index und Seiten-Cache leeren.

4. In der Shopoberfläche kann nun durch das Aufrufen einer der für die Anzeige des Widgets mit dem Block ausgewählten Seiten die korrekte Positionierung überprüft werden. Sollte noch Verbesserungsbedarf bestehen, kann der Widget wieder zur Bearbeitung geöffnet werden.

8.2.2.1.1 Beispiel: Ein Social Plugin hinzufügen

Ein mögliches Szenario für die Verwendung eines statischen Blocks in einem Magento 2 Shops ist das Einbinden eines Social Plugins. Am Beispiel von Facebook soll hier knapp erläutert werden, wie die Integration mithilfe eines CMS-Blocks funktioniert:

1. Den Button-Code besorgen

   1. Auf der Facebook Website auf die <u>Button-Setup-Seite</u> gehen.

   2. Im URL-Feld die URL derjenigen Seite im Shop eingeben, die Facebook Mitglieder liken oer empfehlen können sollen – beispielsweise die Startseite des Shops.

   3. Button-Layout wählen.

   4. Die Breite in Pixeln für Button und Textmeldungen festlegen.

   5. Als *Action Type* entweder "like" ("Gefällt mir") oder "recommend" ("Empfehlen") auswählen.

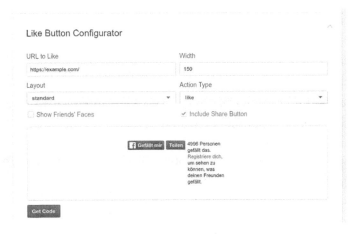

   6. Mit einem Klick auf *Get Code* den generierten Code in die Zwischenablage kopieren.

2. Einen Content-Block erstellen

   1. Unter *Content > Elements > Blocks* auf den Button *Add New Block* klicken.

2. Als Block-Titel zum Beispiel "Facebook Like Button" eingeben.

3. Einen einmaligen Identifikator für den Block festlegen, für den nur Kleinbuchstaben (a-z) und Unterstriche anstelle von Leerzeichen verwendet

4. Wenn die Magento 2 Installation mehrere Stores oder Store Views beinhaltet, müssen darunter diejenigen ausgewählt werden, in denen der Block verfügbar sein soll.

5. Den Status auf "Enabled" setzen.

6. Den von der Facebook Website kopierten Code-Schnipsel in die Content-Box einfügen.

7. Schließlich kann mit einem Klick auf den Button *Save Block* gespeichert werden.

3. Den Block in der Shopoberfläche platzieren

1. Unter *Content > Elements > Widgets* oben rechts auf den Button *Add Widget* klicken.

2. Als Typ "CMS Static Block" wählen und auf *Continue* klicken.

3. Sicherstellen, dass das aktuelle Theme unter *Design Theme* ausgewählt ist und auf *Continue* klicken.

4. Im Bereich *Storefront Properties* einen Widget-Titel für die interne Verwendung vergeben.

5. Den oder die Store Views auswählen, in denen der Widget verfügbar sein soll.

6. Im Feld *Sort Order* einen Wert für die Anordnung unter anderen, möglicherweise im selben Bereich erscheinenden

Inhaltselementen vergeben, wobei der obersten Position der Wert "0" entspricht.

7. Im Bereich *Layout Updates* auf *Add Layout Update* klicken und die Seiten auswählen, auf denen der Widget mit dem statischen Block erscheinen soll. Er kann auf allen oder bestimmten Kategorie-, Produkt- oder CMS-Seiten angezeigt werden. Soll eine Kombination der zur Verfügung stehenden Möglichkeiten eingestellt werden, kann wiederholt auf *Add Layout Update* geklickt werden, um zusätzliche Auswahlbereiche zu öffnen.

8. Im Feld Container (jeweils) festlegen, an welcher Stelle im Seitenlayout der Block auf den definierten Seiten angezeigt werden soll. Dabei stehen die oben aufgeführten Möglichkeiten zur Auswahl.

9. Dann oben rechts auf den Button *Save* klicken und auf der linken Seite in den Bereich *Widget Options* wechseln.

10. Auf *Select Block* klicken und den gewünschten Block aus der Liste wählen.

11. Schließlich kann mit einem weiteren Klick auf den Button *Save* gespeichert werden.

12. Falls im oberen Bildschirmbereich eine entsprechende Aufforderung erscheint, Index und Seiten-Cache leeren.

4. Die Anzeige im Shop überprüfen In der Shopoberfläche kann nun durch das Aufrufen einer der für die Anzeige des Widgets mit dem Block ausgewählten Seiten die korrekte Positionierung überprüft werden. Sollte noch Verbesserungsbedarf bestehen, kann der Widget wieder zur Bearbeitung geöffnet werden.

8.2.2.1.2 Beispiel: Eine Lightbox oder einen Slider hinzufügen

Um in Magento 2 eine Lightbox oder einen Slider in eine oder mehrere Seiten des Shops einfügen zu können, muss zunächst eine der zahlreichen auf jQuery basierenden und über Magento Connect verfügbaren Erweiterungen installiert werden. Nach der Integration der Extension muss der entsprechende Code entsprechend den Anweisungen des Entwicklers mithilfe eines statischen Blocks in die Shopoberfläche eingebunden werden.

8.2.2.2 Blöcke mithilfe von XML-Layouts positionieren

In der rechten oder linken Sidebar einer bestimmten Seite (mit 2- oder 3-spaltigem Layout) können statische Blöcke auch mithilfe von XML-Layouts positioniert werden. Mit einigen einfachen Änderungen am Code kann der Block in einer der Sidebars untergebracht und im Verhältnis zu anderen Blöcken angeordnet werden.

Um einen statischen Block in einer Seite per XML-Layout zu positionieren müssen folgende Schritte ausgeführt werden:

1. Unter *Content > Elements > Blocks* muss in der Auflistung der zur Verfügung stehenden Blöcke der Identifikator des Blocks, der positioniert werden soll, herausgesucht werden – dabei ist auf die exakte Schreibweise zu achten.

2. Unter *Content > Elements > Pages* muss dann die Seite, in die der Block eingefügt werden soll, im Bearbeitungsmodus geöffnet werden.

3. Auf der linken Seite *Design* wählen und in die Box *Layout Update XML* den Code für die rechte oder linke Sidebar einfügen:

```
<reference name="right">
  <block type="cms/block"
name="right.permanent.callout">
    <action method="setBlockId"><block_id>your-block-
```

```
id</block_id></action>
   </block>
</reference>
```

Dabei kann über den Referenz-Namen in der ersten Zeile bestimmt werden, in welcher Sidebar der Block erscheinen soll ("right" oder "left").

1. Anstelle von "your_block_id" muss der Identifikator des Blocks, der positioniert werden soll, eingetragen werden.

2. Mit einem Klick auf den Button *Save Page* oben rechts kann die bearbeitete Seite gespeichert werden.

8.3 Widget-Elemente in Magento 2

Ein Widget ist ein Codeschnipsel, der es ermöglicht, ganz unterschiedliche Inhalte an bestimmten Stellen im Shop anzeigen zu lassen. Viele davon zeigen in Echtzeit dynamische Daten an und schaffen Möglichkeiten für die Besucher, mit dem Shop zu interagieren.

Widgets können eingesetzt werden, um Landingpages für Marketing-Kampagnen zu erstellen oder um an bestimmten Stellen im Shop Content zu Promotion-Zwecken zu platzieren. Weitere Möglichkeiten für die Verwendung von Widgets als interaktive Elemente und Action-Blöcke sind Bewertungssysteme, Video-Chats, Umfragen, Abo-Formulare, Tag-Clouds und Image-Slider.

8.3.1 Arten von Widgets

In Magento 2 stehen zahlreiche Arten von Widgets zur Verfügung. Hier eine knappe Übersicht der unterschiedlichen Widget-Typen:

CMS Page Link

Zeigt einen Link zu einer bestimmten CMS-Seite an. Erlaubt es, den Linktext und -Titel anzupassen. Der Link kann in Content-Seiten und Blöcken verwendet werden.

CMS Static Block

Zeigt einen Block mit statischem Inhalt an einer bestimmten Stelle einer Seite an.

Catalog Category Link

Zeigt einen Link zu einer bestimmten Kategorie des Katalogs an (als Inline- oder Block- Element). Der Link kann in Content-Seiten und Blöcken verwendet werden.

Catalog New Products List

Zeigt einen Block mit für eine bestimmte Dauer als "neu" gekennzeichneten Produkten an.

Catalog Product Link

Zeigt einen Link zu einem bestimmten Produkt an (als Inline- oder Block- Element). Der Link kann in Content-Seiten und Blöcken verwendet werden.

Catalog Products List

Zeigt eine Liste von Produkten aus dem Katalog an.

Orders and Returns

Gibt Kunden die Möglichkeit, sich per Formulareingabe ihre Bestellungen und Rücksendungen anzeigen zu lassen.

Recently Compared Products

Zeigt einen Block mit den zuletzt verglichenen Produkten an. Die Zahl der anzuzeigenden Produkte kann festgelegt und entweder das Listen- oder das Grid-Layout gewählt werden.

Recently Viewed Products

Zeigt einen Block mit den kürzlich angesehenen Produkten an. Die Zahl der anzuzeigenden Produkte kann festgelegt und entweder das Listen- oder das Grid-Layout gewählt werden.

8.3.2 Einen neuen Widget anlegen

Der Ablauf beim Erstellen eines Widgets ist für die unterschiedlichen Typen nahezu identisch.

1. Unter *Content > Elements > Widgets* werden nach einem Klick auf den Button *Add Widget* zunächst der Typ und das aktuelle Theme ausgewählt. Mit einem Klick auf den Button *Continue* geht es weiter.

2. Im Bereicht *Storefront Properties* wird ein beschreibender Widget-Titel für die interne Verwendung vergeben, es wird festgelegt, in welchem oder in welchen Storeviews der Widget angezeigt werden soll und es kann eine Zahl im *Sort Order* Feld eingegeben werden, die bestimmt, wo der Block im Verhältnis zu möglicherweise im selben Bereich angezeigten Elementen erscheinen soll. Die oberste Position wird durch den Wert "0" angegeben.

3. Im Bereich *Layout Update* kann nach einem Klick auf den Button *Add Layout Update* im Feld *Display On* festgelegt werden, auf welchem Seitentyp der Widget angezeigt werden soll, während das Feld Container dazu dient, den genauen Ort für die Anzeige zu bestimmen. Für einige Typen von Widgets steht zudem das Feld *Template* bereit, in dem bestimmt werden kann, ob ein Inline- oder ein Block-Element angezeigt werden soll. Soll eine Kombination der zur Verfügung stehenden Möglichkeiten für die Anzeige des Widgets im Frontend eingestellt werden, kann wiederholt auf *Add Layout Update* geklickt werden, um zusätzliche Auswahlbereiche zu öffnen.

4. Über die Navigation links oben kann der Bereich *Widget Options* geöffnet werden.

Hier werden – je nach gewähltem Widget-Typ – weitere Optionen festgelegt. Nach einem Klick auf *Select Block* beziehungsweise *Select Page* kann ein Block oder eine CMS-Seite für die Anzeige des Widgets bestimmt werden. Wo ein Feld *Title* zur Verfügung steht, kann der Text eingegeben werden, der als Überschrift des Widgets im Frontend angezeigt werden soll. Soll eine Paginierung (etwa bei Produktlistings) zur Verfügung gestellt werden, muss die Option *Display Page Control* auf "Yes" gestellt werden. Weitere Einstellmöglichkeiten können die Zahl der anzuzeigenden Produkte, die Cache-Lebensdauer sowie Bedingungen für die Auswahl der Produkte (Farben, Preisbereiche und anderes) sein.

5. Schließlich kann der neu konfigurierte Widget mit einem Klick auf den Button *Save* oben rechts gespeichert werden.

6. Wenn nötig, muss zudem über den Link in der entsprechenden Einblendung oben im Admin-Panel der betroffene Cache geleert werden.

7. Nun kann im Frontend überprüft werden, ob der Widget angezeigt wird, wie gewünscht. Falls nicht, kann er unter *Content > Elements > Widgets* wieder für die Bearbeitung geöffnet und entsprechend verändert werden.

9. Wie funktionieren Preisregeln in Magento 2?

Mithilfe von Preisregeln können in Magento 2 Preisnachlässe auf einzelne Produkte, Warenkörbe oder Versandkosten realisiert werden. Die out of the box mitgelieferten Funktionalitäten bieten Shopbetreibern ein enorm breites Spektrum für die Konversionsoptimierung und die Kundenbindung.

Ohne dass hierfür eine Extension nötig wäre, können dank den in Magento 2 zur Verfügung stehenden Preisregeln bestimmten Kunden Gutscheine zugesandt, Produkte für einen Aktionszeitraum rabattiert, Versandkosten ab einem bestimmten Bestellwert erlassen und zahlreiche weitere automatisierte Vergünstigungen eingestellt werden.

9.1 Katalogpreisregeln

Katalogpreisregeln ermöglichen Preisnachlässe auf einzelne Produkte, Gruppen von Produkten oder das gesamte Sortiment. Dabei können sie auf bestimmte Kundengruppen zugeschnitten sein oder global gelten – und in jeder Hinsicht auf die Bedürfnisse des Shopbetreibers zugeschnitten werden.

9.1.1 Das Anlegen von Katalogpreisregeln

Das Anlegen von Katalogpreisregeln in Magento 2 ist grundsätzlich sehr einfach. Allerdings stehen dabei derart zahlreiche Möglichkeiten zur Verfügung, dass Shopbetreiber in diesem Bereich ganz besonders umsichtig vorgehen müssen, damit für die Kunden am Ende auch genau der intendierte Rabatt zur Verfügung steht.

1. Unter *Marketing > Promotions > Catalog Price Rules* kann mit einem Klick auf den Button *Add New Rule* oben rechts die Eingabemaske für eine neue Katalogpreisregel geöffnet werden.

2. Im Bereich *Rule Information* werden zunächst für die interne Verwendung ein Name und eine Beschreibung für die Regel festgelegt, damit sie später leicht wiederzuerkennen ist.

3. Damit die Regel und der damit verbundene Rabatt im Shop zur Verfügung steht. muss das Feld *Status* auf "Active" gestellt sein. Unter *Websites* muss zudem noch festgelegt werden, in welchem Scope die

Regel gelten soll. Und im Feld *Customer Groups* wird eingestellt, für welche Kundengruppen die Regel zur Verfügung stehen soll.

4. Über die beiden Datumsfelder kann definiert werden, ab wann die Regel gelten soll (*From*) und bis wann sie in Kraft bleiben soll (*To*). Bleiben die Felder leer, gilt die Regel, sobald sie gespeichert wurde und bleibt in dieser Form in Kraft, bis sie geändert, deaktiviert oder gelöscht wird.

5. Im Feld *Priority* kann bei Bedarf eine Zahl eingegeben werden, um die Priorität dieser Preisregel im Verhältnis zu anderen möglicherweise wirksamen Preisregeln festzulegen.

6. Im über die Navigation auf der linken Seite erreichbaren Bereich *Conditions* können dann die Bedingungen definiert werden, unter denen die Katalogpreisregel gelten soll. Wenn die Regel auf das gesamte Sortiment angewandt werden soll, kann dieser Bereich leer bleiben. Andernfalls können durch Klicken auf die **fetten** Satzteile oder auf das kleine Pluszeichen Vorgaben zur Bearbeitung geöffnet oder neue Regelteile hinzugefügt werden.

7. Mit einem Klick auf *ALL* wird ein Feld geöffnet, mit dem sich bei Bedarf einstellen lässt, dass für den Rabatt nicht alle im Folgenden definierten Regelteile erfüllt sein müssen, sondern nur einer davon ("ANY"). Nach einem Klick auf *TRUE* lässt sich die logische Struktur der Regel umkehren, indem die Option "FALSE" gewählt wird, die nämlich dafür sorgt, dass alle (beziehungsweise einer der) folgenden Regelteile *nicht* erfüllt sein dürfen, damit die Preisregel auf ein Produkt angewandt wird.

8. Nach einem Klick auf das grüne Pluszeichen erscheint ein neuer Regelteil, für den zunächst eines der im Shop zur Verfügung stehenden Produktattribute ausgewählt werden muss – oder aber der Eintrag "Conditions Combination" aus dem Auswahlmenü, durch den auf der nächsten Hierarchieebene der Regellogik noch einmal eine Möglichkeit geschaffen wird, festzulegen, ob alle oder einer der untergeordneten Regelteile erfüllt sein müssen oder nicht erfüllt sein dürfen, damit der Rabatt wirksam wird. Auf diese Weise lassen sich komplex verschachtelte Bedingungsgefüge für das Ausspielen von Rabatten im Shop konstruieren.

9. Nach der Auswahl eines für den Rabatt relevanten Produktattributs als Bezugsgröße können weitere Einstellungen an diesem Regelteil vorgenommen werden, indem über einen Klick auf einen Satzteil der entsprechende Teil der logischen Struktur zur Bearbeitung geöffnet wird. Wurde beispielsweise als Attribut "Color" ausgewählt, kann nach einem Klick auf den Platzhalter "…" einer der zur Verfügung stehenden Werte festgelegt werden – etwa "Red", falls der Rabatt für rote Produkte gelten soll. Um die Logik an dieser Stelle umzukehren, könnte nach einem Klick auf "is" auch die Relation "is not" eingestellt werden, so dass der Rabatt für alle nicht roten Produkte gelten würde.

10. Analog dazu lassen sich noch beliebig viele einander ergänzende oder jeweils hinreichende Bedingungen für einen Rabatt definieren und in einer logischen Struktur organisieren. Soll eine Teilbedingung gelöscht werden, genügt ein Klick auf das X-Symbol in der entsprechenden Zeile.

11. Im – wieder über die Navigatio auf der linken Seite erreichbaren – Bereich *Actions* wird unter *Pricing Structure Rules* im Feld *Apply* zunächst eingestellt, in welcher Form ein Rabatt gewährt werden soll. Dabei stehen vier Optionen zur Auswahl:

- *Apply as percentage of original*
  Rabatt als prozentualen Nachlass auf den ursprünglichen Preis gewähren (z. B. 5 %)

- *Apply as fixed amount*
  Rabatt als festen Betrag vom ursprünglichen Preis abziehen (z.
  B. 5 €)

- *Adjust final price to this percentage*
  Preis auf bestimmten Prozentsatz reduzieren (z. B. 40 %)

- *Adjust final price to discount value*
  Preis auf bestimmten Betrag reduzieren (z. B. 40 €)

12. Im Feld *Discount Amount* wird dann der Wert eingegeben, der für die
    zuvor festgelegte Rabattmethode zugrundegelegt wird – ohne
    Währungs- oder Prozentzeichen.

13. Um den Rabatt auch auf assoziierte Produkte anzuwenden, muss die
    Option *Subproduct Discounts* auf "Yes" gestellt werden und dann noch
    einmal die hierfür gewünschte zweiteilige Einstellung für die
    Preisstruktur der Rabattierung vorgenommen werden.

14. Wenn andere Preisregeln nicht mehr wirksam werden sollen, nachdem
    die gerade konfigurierte Regel angewandt wurde, muss die Option
    Discard Subsequent Rules auf "Yes" gestellt werden.

15. Mit einem Klick auf den Button *Save* oben rechts kann die
    Katalogpreisregel gespeichert werden, um später unter *Marketing >
    Promotions > Catalog Price Rules* mit einem Klick auf *Apply Rules* für die
    Anwendung im Shop freigegeben zu werden. Alternativ kann die Regel

auch durch einen Klick auf *Save and Apply* gleichzeitig gespeichert und für die Anwendung in Shop freigegeben werden.

16. Die Regel unbedingt im Shop auf korrekte Funktion testen! Beim Testen von Preisregeln ist zu beachten, dass es zu Verzögerungen von einer Stunde oder mehr kommen kann, bis eine Regel auch wirklich im Shop verfügbar ist.

9.1.2 Eine Katalogpreisregel auf mehrere SKUs anwenden

Um eine Preisregel ganz gezielt auf eine Reihe ausgewählter Produkte anzuwenden, gibt es ein sehr einfaches Verfahren.

1. Nachdem unter *Marketing > Promotions > Catalog Price Rules* entweder die bereits bestehende Regel zur Bearbeitung geöffnet oder mit ihrem Neuanlegen begonnen wurde, muss nach dem Wechsel in den Bereich *Conditions* über die Navigation auf der linken Seite die erste Zeile für die Bedingungen nach einem Klick auf *ALL* in den "ANY"-Modus geändert werden.

2. Wenn es noch keine Zeile mit dem Attribut SKU gibt, muss nun nach dem Hinzufügen einer neuen Zeile über einen Klick auf das Pluszeichen und der Auswahl des Attributs "SKU" mit einem Klick auf "..." und einem weiteren Klick auf das Auswahllisten-Symbol die Tabelle für die Produktauswahl geöffnet werden.

3. In der Tabelle können nun alle gewünschten Produkte durch das Markieren von Checkboxen ausgewählt werden, so dass ihre SKUs als kommagetrennte Auflistung in das Auswahlfeld geschrieben werden.

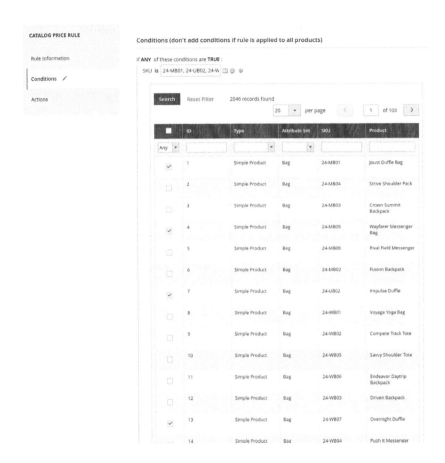

4. Falls noch nicht geschehen, muss die Preisregel danach noch fertig konfiguriert und schließlich gespeichert werden.

9.2 Warenkorbpreisregeln

Warenkorbpreisregeln dienen in Magento 2 dazu, auf der Grundlage von zuvor definierten Bedingungen Preisnachlässe auf Artikel im Warenkorb zu gewähren. Der Preisnachlass kann berücksichtigt werden, sobald bestimmte Bedingungen erfüllt sind, oder nach der Eingabe eines Gutscheincodes durch den Kunden. Bei

Bedarf können Warenkorbpreisregeln für temporäre Aktionen oder gezielte Marketing-Kampagnen eingesetzt werden.

9.2.1 Das Anlegen von Warenkorbpreisregeln

1. Unter *Marketing > Promotions > Cart Price Rules* kann mit einem Klick auf den Button Add New Rule oben rechts die Eingabemaske für eine neue Warenkorbpreisregel geöffnet werden.

2. Im Bereich *Rule Information* werden zunächst für die interne Verwendung ein Name und eine Beschreibung für die Regel festgelegt, damit sie später leicht wiederzuerkennen ist.

New Cart Price Rule

← Back   Reset   Save and Continue Edit   Save

CART PRICE RULE

Rule Information

Conditions

Actions

Labels

General Information

Rule Name *

Description

Status * [Active ▾]

Websites * [Main Website] ❓

Customer Groups * [NOT LOGGED IN
General
Wholesale
Retailer
Premium-Kunden]

Coupon * [No Coupon ▾]

Uses per Customer [   ]
Usage limit enforced for logged in customers only.

From [   ] 📅

To [   ] 📅

Priority [   ]

Public In RSS Feed [Yes ▾]

3. Damit die Regel und der damit verbundene Warenkorbrabatt im Shop zur Verfügung steht. muss das Feld *Status* auf "Active" gestellt sein. Unter *Websites* muss zudem noch festgelegt werden, in welchem Scope die Regel gelten soll. Und im Feld *Customer Groups* wird eingestellt, für welche Kundengruppen die Regel zur Verfügung stehen soll.

215

4. Wenn ein Gutschein mit der Preisregel verknüpft werden soll, muss die Option *Coupon* auf "Specific Coupon" gesetzt werden. Dann kann im Feld *Coupon Code* entweder von Hand ein Gutscheincode eingegeben oder die Checkbox für das automatische Generieren von Gutscheincodes markiert werden. Wichtig sind dann auch die folgenden Einstellungen. Die Option *Uses per Coupon* bestimmt, wie oft der Gutscheincode von Kunden verwendet werden darf. Bleibt das Feld leer, kann der Gutscheincode beliebig oft eingesetzt werden. Die Option *Uses per Customer* regelt, wie oft ein und der selbe registrierte und eingeloggte Kunde den Gutscheincode verwenden kann. Auch hier gilt: für unbegrenzte Benutzbarkeit des Codes muss das Feld leer bleiben.

5. Über die beiden Datumsfelder kann definiert werden, ab wann die Regel gelten soll (*From*) und bis wann sie in Kraft bleiben soll (*To*). Bleiben die Felder leer, gilt die Regel, sobald sie gespeichert wurde und bleibt in dieser Form in Kraft, bis sie geändert, deaktiviert oder gelöscht wird.

6. Im Feld *Priority* kann bei Bedarf eine Zahl eingegeben werden, um die Priorität dieser Preisregel im Verhältnis zu anderen möglicherweise wirksamen Preisregeln festzulegen.

7. Wenn die Warenkorbpreisregel per RSS-Feed publiziert werden soll, muss die Option *Public in RSS-Feed* auf "Yes" stehen.

8. Im über die Navigation oben links erreichbaren Bereich *Conditions* können dann die Bedingungen definiert werden, unter denen die Warenkorbpreisregel gelten soll. Wenn die Regel auf jeden Warenkorb angewandt werden soll, kann dieser Bereich leer bleiben. Andernfalls können durch Klicken auf die **fetten** Satzteile oder auf das kleine Pluszeichen Vorgaben zur Bearbeitung geöffnet oder neue Regelteile hinzugefügt werden.

CART PRICE RULE	Apply the rule only if the following conditions are met (leave blank for all products).
Rule Information	If **ALL** of these conditions are **TRUE** :
	Subtotal **equals or greater than** **50** ⊚
Conditions ✎	If an item is **FOUND** in the cart with **ALL** of these conditions true: ⊚
	Material **contains** **Wool, Leather** ⊚
Actions	
	Color **is** **Yellow** ⊚
Labels	Size **is** **XL** ⊚
	⊚
	⊚

9. Mit einem Klick auf *ALL* wird ein Feld geöffnet, mit dem sich bei Bedarf einstellen lässt, dass für den Rabatt nicht alle im Folgenden definierten Regelteile erfüllt sein müssen, sondern nur einer davon ("ANY"). Nach einem Klick auf *TRUE* lässt sich die logische Struktur der Regel umkehren, indem die Option "FALSE" gewählt wird, die nämlich dafür sorgt, dass alle (beziehungsweise einer der) folgenden Regelteile nicht erfüllt sein dürfen, damit die Preisregel auf einen Warenkorb angewandt wird.

10. Nach einem Klick auf das grüne Pluszeichen erscheint ein neuer Regelteil, der in einer konfigurierbaren Bedingung auf der Grundlage eines Warenkorbattributs (*Cart Attribute* – z. B. Zwischensumme), einer Produktattributkombination (*Product attribute combination* – z. B. bestimmter Hersteller), einer Teilmenge der Produkte im Warenkorb (*Products subselection*) – oder aber der Eintrag "Conditions Combination" aus dem Auswahlmenü, durch den auf der nächsten Hierarchieebene der Regellogik noch einmal eine Möglichkeit geschaffen wird, festzulegen, ob alle oder einer der untergeordneten Regelteile erfüllt sein müssen oder nicht erfüllt sein dürfen, damit der Rabatt wirksam wird. Auf diese Weise lassen sich komplex verschachtelte Bedingungsgefüge für das Ausspielen von Rabatten im Shop konstruieren.

11. Nach der Auswahl einer für den Rabatt relevanten Bezugsgröße können weitere Einstellungen an diesem Regelteil vorgenommen werden, indem über einen Klick auf einen Satzteil der entsprechende Teil der logischen Struktur zur Bearbeitung geöffnet wird. Wurde beispielsweise

als Warenkorbattribut "Subtotal" ausgewählt, kann nach einem Klick auf den Platzhalter "…" ein Betrag festgelegt werden – etwa "50", falls ein Rabatt ab einem Warenkorbwert von 50 € gewährt werden soll. Um die Logik entsprechend anzupassen muss nach einem Klick auf "is" die Relation "equals or greater than" (ist gleich oder größer als) eingestellt werden.

12. Analog dazu lassen sich noch beliebig viele einander ergänzende oder jeweils hinreichende Bedingungen für einen Rabatt definieren und in einer logischen Struktur organisieren. Soll eine Teilbedingung gelöscht werden, genügt ein Klick auf das rote X-Symbol in der entsprechenden Zeile.

13. Im – wieder über die Navigation auf der linken Seite erreichbaren – Bereich *Actions* wird unter *Pricing Structure Rules* im Feld *Apply* zunächst eingestellt, in welcher Form ein Warenkorbrabatt gewährt werden soll. Dabei stehen vier Optionen zur Auswahl:

- *Percent of product price discount*
  Rabatt als prozentualen Nachlass auf den ursprünglichen Produktpreis passender Produkte im Warenkorb gewähren (z. B. 5 %)

- *Fixed amount discount*
  Rabatt als festen Betrag vom ursprünglichen Produktpreis passender Produkte im Warenkorb abziehen (z. B. 5 €)

- *Fixed amount discount for whole cart*
  Rabatt als festen Betrag vom gesamten Warenkorb abziehen (z. B. 10 €)

- *Buy X get Y free*
  Definiert eine Menge X, die bestellt werden muss, um eine zweite Menge Y gratis zu bekommen (z. B. 1)

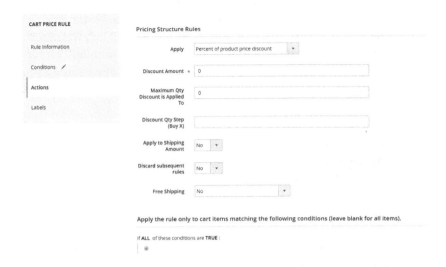

14. Im Feld *Discount Amount* wird dann der Wert eingegeben, der für die zuvor festgelegte Rabattmethode zugrundegelegt wird – ohne Währungs- oder Prozentzeichen. Im Fall *Buy X get Y free* wird an dieser Stelle der Wert für Y eingetragen.

15. Im Feld *Maximum Qty Discount is Applied To* kann festgelegt werden, auf wie viele Produkte in einem Warenkorb der Rabatt maximal angewandt werden kann. Mit einer 0 in diesem Feld besteht keine solche Begrenzung.

16. Das Feld *Discount Qty Step (Buy X)* dient dazu, festzulegen, wie viele Produkte bestellt werden müssen (X), damit der Kunde Y gratis erhält.

17. Wenn der Warenkorbrabatt auch auf die Versandkosten angewandt werden soll, muss die Option *Apply to Shipping Amount* auf "Yes" stehen.

18. Wenn andere Preisregeln nicht mehr wirksam werden sollen, nachdem die gerade konfigurierte Regel angewandt wurde, muss die Option Discard Subsequent Rules auf "Yes" gestellt werden.

19. Wenn kostenloser Versand für Bestellungen, die bestimmte Bedingungen erfüllen, als Warenkorbrabatt gewährt werden soll, kann dies über die Option *Free Shipping* entweder ausschließlich für passende Artikel zugelassen werden (*For matching items only*) oder für gesamte Sendungen, die passende Artikel beinhalten (*For shipment with matching items*).

20. Unten findet sich dann noch ein mit "Apply the rule only to cart items matching the following conditions (leave blank for all items)" überschriebener Bereich. Darin können Bedingungen für die Anwendung der in der Warenkorbpreisregel zuvor definierten Rabatte in der bekannten Form formuliert werden (wenn beispielsweise Bücher aus dem Warenkorbrabatt ausgeschlossen werden sollen). Bleibt der Bereich für die Bedingungslogik unverändert, wird der Rabatt auf alle Artikel angewandt.

21. Im letzten über die Navigation auf der linken Seite erreichbaren Bereich – Labels – kann schließlich noch der Bezeichner für den Rabatt, der unterhalb der Zwischensumme angezeigt wird, festgelegt werden. Dies geschieht im Feld *Default Rule Label for All Store Views* zunächst für alle Store Views. Sollen zudem abweichende Fassungen für einzelne Store Views (etwa für Fremdsprachen) definiert werden, kann dies in den entsprechenden Feldern weiter unten getan werden.

22. Schließlich kann die fertig konfigurierte Warenkorbpreisregel über einen Klick auf den Button *Save* oben rechts gespeichert werden.

23. Die Regel unbedingt im Shop auf korrekte Funktion testen! Beim Testen von Preisregeln ist zu beachten, dass es zu Verzögerungen von einer Stunde oder mehr kommen kann, bis eine Regel auch wirklich im Shop verfügbar ist.

9.2.2 Typische Praxisbeispiele für Warenkorbpreisregeln

So umfangreich und komplex die Möglichkeiten für Warenkorbpreisregeln in Magento 2 auch sind – die meisten Anwendungsfälle in der Praxis sind vergleichsweise einfach. Zudem ähneln sich die Anforderungen vieler Shopbetreiber erfahrungsgemäß in zahlreichen Fällen. Daher sind an dieser Stelle vier besonders häufig umgesetzte Beispiele für Warenkorbpreisregeln kurz zusammengefasst: die Arbeit mit Gutschein-Codes für die Eingabe im Warenkorb, eine Rabattregel für kostenlosen Versand in Abhängigkeit von einer Bedingung, ein "X kaufen, Y gratis bekommen"-Szenario und die Gewährung eines Rabattes ab einem bestimmten Mindestbestellwert.

9.2.3.1 Gutschein-Codes erzeugen

Gutschein-Codes werden mit Warenkorbpreisregeln eingesetzt, um Preisnachlässe zu gewähren, wenn bestimmte Bedingungen erfüllt sind. Zum Beispiel kann ein Gutschein-Code für eine bestimmte Kundengruppe oder für alle, deren Warenkorb einen festgelegten Betrag überschreitet, erzeugt werden. Um einen Gutschein auf einen Kauf anzuwenden, kann der Kunde den Gutschein-Code im Warenkorb eingeben – oder möglicherweise an der Kasse eines stationären Geschäfts. Gutschein-Codes können per E-Mail, in gedruckter Form oder als In-Store-Coupons für mobile Nutzer verbreitet werden.

Ob gezielte in einer E-Mail oder im Newsletter, im Print-Katalog oder in einer Werbeanzeige, ob als klassischer Code zum Eingeben oder als QR-Code zum Scannen: Gutschein-Codes eröffnen eine Vielzahl von Möglichkeiten für attraktives Marketing – in der Kundenbindung wie bei Werben von Neukunden.

9.2.3.1.1 Einen speziellen Gutschein-Code anlegen

1. Der oben in diesem Kapitel ausgeführten Anleitung für das Anlegen einer Warenkorbpreisregel folgen.

2. Im Bereich *General Information* die Option *Coupon* auf "Specific Coupon" setzen.

3. Einen alphanumerischen Gutschein-Code in das Feld *Coupon Code* eingeben.

4. Wenn der Gutschein-Code nur für eine Begrenzte Zahl von Nutzungen zur Verfügung gestellt werden soll, kann diese Begrenzung in das Feld *Uses per Coupon* eingegeben werden. Und wenn der Gutschein-Code pro Kunde nur für eine bestimmte Zahl von Benutzungen verfügbar sein soll, kann diese Begrenzung im Feld *Uses per Customer* eingegeben werden. Für unbegrenzte Nutzbarkeit, können diese Felder leer gelassen werden.

5. Wenn der Gutschein nur für einen bestimmten Zeitraum gültig sein soll, kann dieser über die Felder für das Anfangs- (*From*) und das Enddatum (*To*) definiert werden. Wenn die Datumsfelder leer bleiben, gilt der Gutschein-Code ab sofort und verfällt nicht - bis er deaktiviert oder gelöscht wird.

6. Die Warenkorbpreisregel fertig konfigurieren und schließlich mit einem Klick auf den Button *Save* oben rechts speichern.

9.2.3.1.2 Gutschein-Codes stapelweise generieren lassen

1. Der oben in diesem Kapitel ausgeführten Anleitung für das Anlegen einer Warenkorbpreisregel folgen.

2. Im Bereich *General Information* die Checkbox *Use Auto Generation* markieren.

3. Durch einen Klick auf *Save and Continue Edit* oben rechts die bisher gemachten Eingaben speichern, ohne dass die Eingabemaske geschlossen wird.

4. Über die Navigation auf der linken Seite erreichbaren Bereich *Manage Coupon Codes* im Feld *Coupons Qty* die Anzahl der zu generierenden Gutscheine eingeben, im Feld *Code Length* die Länge des Codes festlegen (wobei Präfix, Suffix und Trennzeichen nicht mitgezählt werden) und die Option *Code Format* auf den gewünschten Wert ("Alphanumeric", "Alphabetical" oder "Numeric") stellen.

5. Optional sind die Eingabe von Präfix und Suffix in den dafür bereitgestellten Feldern sowie die Bestimmung der Häufigkeit von Trennzeichen im Feld *Dash Every X Characters*.

6. Nach einem Klick auf *Generate* werden die Gutschein-Codes generiert.

7. Wenn die Warenkorbpreisregel mitsamt generierten Gutschein-Codes fertig konfiguriert ist, kann sie mit einem Klick auf den Button *Save* oben rechts gespeichert werden.

9.2.3.2 Rabattregel für kostenlosen Versand

Kostenloser Versand kann als besonderes Angebot für Kunden in Abhängigkeit vom Warenkorbinhalt oder mithilfe eines Gutschein-Codes angeboten werden. Dazu muss "Free Shipping" als Versandmethode in der Konfiguration aktiviert und möglicherweise in den Einstellungen für das entsprechende Versandunternehmen konfiguriert sein.

9.2.3.2.1 Kostenlosen Versand für alle Bestellungen ermöglichen

1. Der oben in diesem Kapitel ausgeführten Anleitung für das Anlegen einer Warenkorbpreisregel folgen.

2. Wenn kostenloser Versand ohne Gutschein-Code angeboten werden soll, kann die Option *Coupon* im Bereich *General Information* auf "No Coupon" belassen werden. Soll ein Gutschein-Code verwendet werden, muss die Option auf "Specific Coupon" gestellt werden und mit den oben beschriebenen Schritten zum Erstellen eines Gutscheins fortgefahren werden.

3. Über die Navigation auf der Linken Seite zu *Actions* wechseln und im Bereich *Pricing Structure Rules* die Option *Apply* auf "Percent of product type discount", die Option *Apply to Shipping Amount* auf "Yes" und die Option *Free Shipping* auf "For shipment with matching items" stellen.

4. Über die Navigation auf der Linken Seite zu *Labels* wechseln, ein Standard-Label für alle Store Views im Feld *Default Rule Label for All Store Views* festlegen und – falls es unterschiedliche Store Views des Shops gibt – spezifische Labels (etwa für die unterschiedlichen zusätzlichen Sprachen) in das jeweilige Feld eingeben.

5. Wenn die Warenkorbpreisregel fertig konfiguriert ist, kann sie mit einem Klick auf den Button *Save* oben rechts gespeichert werden.

9.2.3.2.2 Kostenlosen Versand ab einem bestimmten Betrag ermöglichen

1. Der oben in diesem Kapitel ausgeführten Anleitung für das Anlegen einer Warenkorbpreisregel folgen.

2. Über die Navigation auf der linken Seite in den Bereich *Conditions* wechseln und auf das grüne Plus-Symbol klicken, um eine Bedingung hinzuzufügen.

3. In der Auswahlliste "Subtotal" (Zwischensumme) als Warenkorb-Attribut wählen.

4. Auf das verlinkte Wort *is* klicken und die Option "equals or greater than" wählen.

5. Auf den Link "..." klicken und den Betrag, von dem an ein Warenkorb versandkostenfrei sein soll, eingeben.

6. Über die Navigation auf der Linken Seite zu *Actions* wechseln und im Bereich *Pricing Structure Rules* die Option *Apply* auf "Percent of product type discount", die Option *Apply to Shipping Amount* auf "Yes" und die Option *Free Shipping* auf "For shipment with matching items" stellen.

7. Über die Navigation auf der Linken Seite zu *Labels* wechseln, ein Standard-Label für alle Store Views im Feld *Default Rule Label for All Store Views* festlegen und – falls es unterschiedliche Store Views des

Shops gibt – spezifische Labels (etwa für die unterschiedlichen zusätzlichen Sprachen) in das jeweilige Feld eingeben.

8. Wenn die Warenkorbpreisregel fertig konfiguriert ist, kann sie mit einem Klick auf den Button *Save* oben rechts gespeichert werden.

9.2.3.3 X kaufen, Y gratis bekommen

1. Der oben in diesem Kapitel ausgeführten Anleitung für das Anlegen einer Warenkorbpreisregel folgen.

2. Über die Navigation auf der linken Seite in den Bereich *Actions* wechseln und die Option *Apply* auf "Buy X get Y free (discount amount is Y)" setzen.

3. Die Option *Discount Amount* auf "1" setzen. Diese Menge werden Kunden dann kostenlos zu ihrer Bestellung dazu erhalten.

4. Um die Zahl der möglichen Anwendung dieser Preisregel auf ein Mal zu begrenzen, muss in das Feld *Maximum Qty Discount is Applied To* ebenfalls der Wert "1" eingetragen werden.

5. In das Feld *Discount Qty Step (Buy X)* wird die Zahl von Artikeln eingegeben, die ein Kunde bestellen muss, um einen Artikel kostenlos dazu zu erhalten.

6. Über die Navigation auf der Linken Seite zu *Labels* wechseln, ein Standard-Label für alle Store Views im Feld *Default Rule Label for All Store Views* festlegen und – falls es unterschiedliche Store Views des Shops gibt – spezifische Labels (etwa für die unterschiedlichen zusätzlichen Sprachen) in das jeweilige Feld eingeben.

7. Wenn die Warenkorbpreisregel fertig konfiguriert ist, kann sie mit einem Klick auf den Button *Save* oben rechts gespeichert werden.

9.2.3.4 Rabatt bei Mindestbestellwert

1. Der oben in diesem Kapitel ausgeführten Anleitung für das Anlegen einer Warenkorbpreisregel folgen.

2. Über die Navigation auf der linken Seite in den Bereich *Conditions* wechseln und durch einen Klick auf das grüne Plus-Symbol eine neue Zeile anlegen und *Product Attribute Combination* auswählen.

3. Durch einen Klick auf das grüne Plus-Symbol eine weitere neue Zeile anlegen und in der Auswahlliste *Category* als Produkt-Attribut auswählen.

4. Auf den Link "..." klicken, um zusätzliche Optionen anzuzeigen und mit einem Klick auf das Symbol für den Auswahlbereich die verfügbaren Kategorien anzeigen lassen, daraus alle diejenigen, für die der Rabatt gelten soll, auswählen und mit einem Klick auf das grüne Hakensymbol bestätigen.

5. Durch einen Klick auf das grüne Plus-Symbol direkt unterhalb der gerade bearbeiteten Zeile eine zusätzliche Zeile anlegen und in der Auswahlliste "Price in cart" als Warenkorb-Attribut auswählen.

6. Auf das verlinkte Wort *is* klicken und die Option "equals or greater than" wählen.

7. Auf den Link "..." klicken und den Betrag eingeben, von dem der Rabatt auf eine Bestellung gewährt werden soll.

8. Mit einem Klick auf *Save and Continue Edit* oben rechts die bisher gemachten Eingaben sichern, ohne die Eingabemaske zu schließen.

9. Über die Navigation auf der linken Seite in den Bereich *Actions* wechseln und die Option *Apply* auf "Percent of product price discount" setzen.

10. Den Rabatt-Betrag eingeben – zum Beispiel "5" für einen Rabatt von 5 % auf einen für den Rabatt qualifizierten Warenkorb.

11. Wenn für einen mit diesem Rabatt vergünstigten Warenkorb keine weiteren Preisnachlässe mehr zur Verfügung stehen sollen, muss die Option *Stop Further Rules Processing* auf "Yes" gestellt werden.

12. Wenn die Warenkorbpreisregel fertig konfiguriert ist, kann sie mit einem Klick auf den Button *Save* oben rechts gespeichert werden.

10. Wie funktionieren Berichte in Magento 2?

In Magento 2 stehen eine Vielzahl unterschiedlicher Berichte zur Verfügung, die detaillierte und aufschlussreiche Einblicke in alle wichtigen Aspekte des Shops liefern. Ob Marketing-Kampagnen, Verkaufszahlen, Kundenstamm oder Produktbewertungen: zu allen relevanten Bereichen in der Arbeit eines Shopbetreibers liefert Magento 2 die relevanten Daten in Form von übersichtlich strukturierten und individuell anpassbaren Berichten.

Zu erreichen sind die in die sechs Gruppen *Marketing, Sales, Products, Reviews* und *Customers* zusammengefassten Berichte über den Eintrag *Reports* im Hauptmenü. Unter *Statistics* findet sich zudem die zentrale Steuerung für das Aktualisieren der Datenbasis der einzelnen Berichte.

10.1 Marketingberichte (*Marketing Reports*)

Marketingberichte liefern Informationen über den Status von Warenkörben, die Verwendung der Suchfunktion im Shop und die Zustellung der E-Mail-Newsletter. In den folgenden vier Abschnitten werden die zur Verfügung stehenden Berichte *Products in Cart, Search Terms, Abandoned Carts* und *Newsletter Problems* kurz vorgestellt.

10.1.1 Produkte im Warenkorb (*Products in Cart*)

Der Bericht über Produkte im Warenkorb listet alle Produkte auf, die sich aktuell in Warenkörben befinden. Dabei werden Name und Preis jedes

Produktes, die Anzahl der Warenkörbe, in denen es sich befindet und die Anzahl der Bestellungen des jeweiligen Produkts angezeigt.

1. Um den Bericht "Produkte im Warenkorb" anzeigen zu lassen, muss über das Hauptmenü *Reports > Marketing > Products in Cart* gewählt werden.

2. Bei Bedarf kann über die Steuerung oben rechts das Format für die Darstellung der Daten angepasst werden.

3. Über den Button *Export* kann der Bericht zudem heruntergeladen werden, nachdem dafür das gewünschte Format (CSV oder XML) gewählt worden ist.

10.1.2 Suchbegriffe (*Search Terms*)

Der Bericht zur Benutzung der Suchfunktion in Shop listet die eingegebenen Suchbegriffe aus den unterschiedlichen Storeviews auf. Dabei werden jeweils die Anzahl der passenden Produkte im Katalog und die Zahl der entsprechenden Suchanfragen angezeigt.

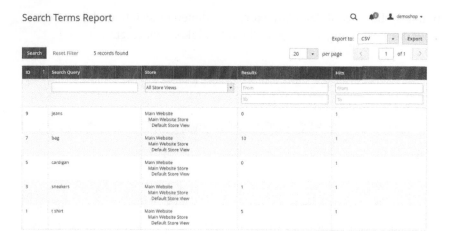

1. Um den Bericht zu den Suchanfragen im Shop anzeigen zu lassen, muss über das Hauptmenü *Reports > Marketing > Search Terms* gewählt werden.

2. Bei Bedarf kann über die Steuerung oben das Format für die Darstellung der Daten angepasst werden und die Daten können auch nach eigenen Kriterien gefiltert werden.

3. Über den Button *Export* kann der Bericht zudem heruntergeladen werden, nachdem dafür das gewünschte Format (CSV oder XML) gewählt worden ist.

10.1.3 Stehengelassene Warenkörbe (*Abandoned Carts*)

Der Bericht zu stehengelassenen Warenkörben führt alle registrierten Kunden auf, die Warenkörbe stehengelassen haben, ohne dass diese bereits abgelaufen wären. Im Bericht werden der Name und die E-Mail-Adresse des Kunden angezeigt, die Anzahl der Produkte im Warenkorb, die Zwischensumme, das Datum der Erstellung des Warenkorbs und das Datum der letzten Aktualisierung.

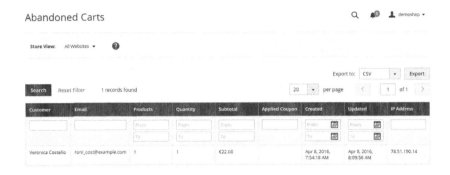

1. Um den Bericht zu stehengelassenen Warenkörben anzeigen zu lassen, muss über das Hauptmenü *Reports > Marketing > Abandoned Carts* gewählt werden.

2. Bei Bedarf kann über die Steuerung oben das Format für die Darstellung der Daten angepasst werden und die Daten können auch nach eigenen Kriterien gefiltert werden.

3. Über den Button *Export* kann der Bericht zudem heruntergeladen werden, nachdem dafür das gewünschte Format (CSV oder XML) gewählt worden ist.

10.1.4 Newsletter-Probleme (*Newsletter Problems*)

Im Bericht zu Problemen beim Newsletter-Versand werden Informationen über alle aufgetretenen Fehler bei der Zustellung zusammengefasst. Neben dem Namen des jeweils betroffenen Empfängers werden das Versand-Datum, der Betreff und detaillierte Informationen über den spezifischen Fehler angezeigt.

1. Um den Bericht zu den Newsletter-Problemen anzeigen zu lassen, muss über das Hauptmenü *Reports > Marketing > Newsletter Problems* gewählt werden.

2. Bei Bedarf kann über die Steuerung oben das Format für die Darstellung der Daten angepasst werden und die Daten können auch nach eigenen Kriterien gefiltert werden.

3. Über den Button *Export* kann der Bericht zudem heruntergeladen werden, nachdem dafür das gewünschte Format (CSV oder XML) gewählt worden ist.

10.2 Bewertungsberichte (*Review Reports*)

Die Berichte über die von Kunden verfassten Produktbewertungen können in zwei unterschiedlichen Modi angezeigt werden: nach Kunden oder nach Produkten sortiert.

10.2.1 Nach Kunden sortierte Bewertungs-Berichte (*By Customers*)

Im nach Kunden sortierten Bericht über die Produktbewertungen werden alle Kunden aufgeführt, die Produktbewertungen abgegeben haben. Der Bericht enthält außerdem die Anzahl der Bewertungen des jeweiligen Kunden und einen Link zu einer Liste der Bewertungen.

1. Um den nach Kunden sortierten Bericht zu den Produktbewertungen anzeigen zu lassen, muss über das Hauptmenü *Reports > Reviews > By Customers* gewählt werden.

2. Bei Bedarf kann über die Steuerung oben das Format für die Darstellung der Daten angepasst werden und die Daten können auch nach eigenen Kriterien gefiltert werden.

3. Über den Button *Export* kann der Bericht zudem heruntergeladen werden, nachdem dafür das gewünschte Format (CSV oder XML) gewählt worden ist.

10.2.2 Nach Produkten sortierte Bewertungs-Berichte (*By Products*)

Im nach Produkten sortierten Bericht über die von Kunden abgegebenen Bewertungen werden alle Produkte aufgeführt, die bewertet worden sind. Der Bericht enthält die Anzahl der jeweils abgegebenen Bewertungen, die durchschnittliche Bewertung, das Datum der jüngsten Bewertung und einen Link zu einer Liste der Bewertungen.

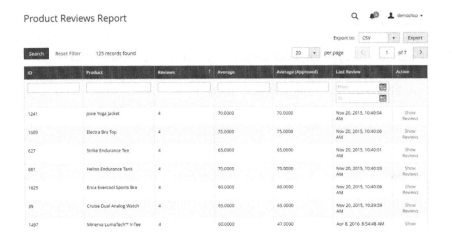

235

1. Um den nach Produkten sortierten Bericht zu den von Kunden abgegebenen Bewertungen anzeigen zu lassen, muss über das Hauptmenü *Reports > Reviews > By Products* gewählt werden.

2. Bei Bedarf kann über die Steuerung oben das Format für die Darstellung der Daten angepasst werden und die Daten können auch nach eigenen Kriterien gefiltert werden.

3. Über den Button *Export* kann der Bericht zudem heruntergeladen werden, nachdem dafür das gewünschte Format (CSV oder XML) gewählt worden ist.

10.3 Verkaufsberichte (*Sales Reports*)

Im Bereich Verkaufsberichte können detaillierte Berichte zu Bestellungen, Steuern, Rechnungen, Versand, Erstattungen, Gutscheinen und PayPal Transaktionen angezeigt werden. Die einzelnen Berichte werden in den folgenden sieben Abschnitten kurz vorgestellt.

10.3.1 Bestellungen (*Orders*)

Der Bericht zu den Bestellungen kann per Filterung für ein bestimmtes Zeitintervall, ein spezielles Datum oder nach Status sortiert angezeigt werden. Der Bericht enthält die Zahl der eingegangenen wie der stornierten Bestellungen und Summen für Verkäufe, Rechnungsbeträge, Erstattungen, Steuern, Versandkosten und Preisnachlässe.

1. Um den Bericht zu den eingegangenen Bestellungen anzeigen zu lassen, muss über das Hauptmenü *Reports > Sales > Orders* gewählt werden.

2. Bei Bedarf können über die Eingabemaske im oberen Bereich der Datenbereich und das Format für die Darstellung angepasst werden:

Verwendetes Datum (*Date Used*)

Als verwendetes Datum kann über die Option *Date Used* entweder das Datum des Eingangs der Bestellung ("Order Created") oder das Datum der letzten Bearbeitung ("Order Updated") gewählt werden.

Intervall (*Period*)

Als Intervall für die Darstellung kann im Feld *Period* entweder ein Tag, ein Monat oder ein Jahr pro Tabellenzeile festgelegt werden.

Zeitraum von/bis (*From/To*)

Über die beiden Datumsfelder können Beginn (*From*) und Ende (*To*) für einen begrenzten Zeitraum festgelegt werden.

Bestellstatus (*Order Status*)

Solange im Feld *Order Status* "Any" eingestellt ist, werden alle Bestellungen unabhängig vom Status angezeigt. Wird hier jedoch *Specified* gewählt, erscheint ein Auswahlfeld, in dem sich ein oder mehrere bestimmte Status auswählen lassen.

Leere Zeilen (*Empty Rows*)

Wird die Option *Empty Rows* auf "Yes" gestellt, werden Intervalle, für die keine Daten bereitstehen, als leere Zeilen angezeigt.

Tatsächliche Werte anzeigen (*Show Actual Values*)

Mit der auf "Yes" gestellten Option *Show Actual Values* werden bei sämtlichen Bestellungen lediglich tatsächliche Einnahmen und nicht wie üblich die erwarteten Werte angezeigt.

3. Über den Button *Export* kann der Bericht zudem heruntergeladen werden, nachdem dafür das gewünschte Format (CSV oder XML) gewählt worden ist.

10.3.2 Steuern (*Tax*)

Der Bericht zu den Steuern kann per Filterung für ein bestimmtes Zeitintervall, ein spezielles Datum oder nach Status sortiert angezeigt werden. Der Bericht enthält jeweils die angewandte Steuerregel, den Steuersatz, die Anzahl der Bestellungen und den Betrag der eingenommenen Steuer.

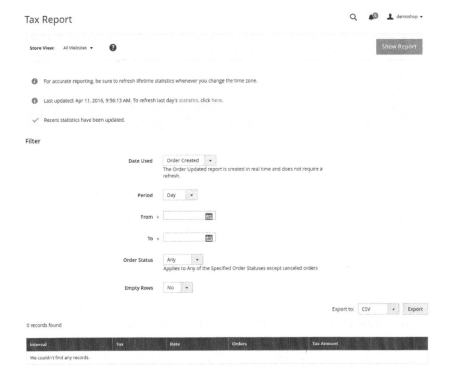

1. Um den Bericht zu den Steuern anzeigen zu lassen, muss über das Hauptmenü *Reports > Sales > Tax* gewählt werden.

2. Bei Bedarf können über die Eingabemaske im oberen Bereich der Datenbereich und das Format für die Darstellung angepasst werden:

   Verwendetes Datum (*Date Used*)

Als verwendetes Datum kann über die Option *Date Used* entweder das Datum des Eingangs der Bestellung ("Order Created") oder das Datum der letzten Bearbeitung ("Order Updated") gewählt werden.

Intervall (*Period*)

Als Intervall für die Darstellung kann im Feld *Period* entweder ein Tag, ein Monat oder ein Jahr pro Tabellenzeile festgelegt werden.

Zeitraum von/bis (*From/To*)

Über die beiden Datumsfelder können Beginn (*From*) und Ende (*To*) für einen begrenzten Zeitraum festgelegt werden.

Bestellstatus (*Order Status*)

Solange im Feld *Order Status* "Any" eingestellt ist, werden alle Bestellungen unabhängig vom Status angezeigt. Wird hier jedoch *Specified* gewählt, erscheint ein Auswahlfeld, in dem sich ein oder mehrere bestimmte Status auswählen lassen.

Leere Zeilen (*Empty Rows*)

Wird die Option *Empty Rows* auf "Yes" gestellt, werden Intervalle, für die keine Daten bereitstehen, als leere Zeilen angezeigt.

Tatsächliche Werte anzeigen (*Show Actual Values*)

Mit der auf "Yes" gestellten Option *Show Actual Values* werden bei sämtlichen Bestellungen lediglich tatsächliche Einnahmen und nicht wie üblich die erwarteten Werte angezeigt.

3. Über den Button *Export* kann der Bericht zudem heruntergeladen werden, nachdem dafür das gewünschte Format (CSV oder XML) gewählt worden ist.

10.3.3 Rechnungen (*Invoiced*)

Der Bericht zu den Rechnungen kann per Filterung für ein bestimmtes Zeitintervall, ein spezielles Datum oder nach Status sortiert angezeigt werden. Der Bericht enthält jeweils die Anzahl der Bestellungen und Rechnungen mit Rechnungssummen, bezahlten und nicht bezahlten Beträgen.

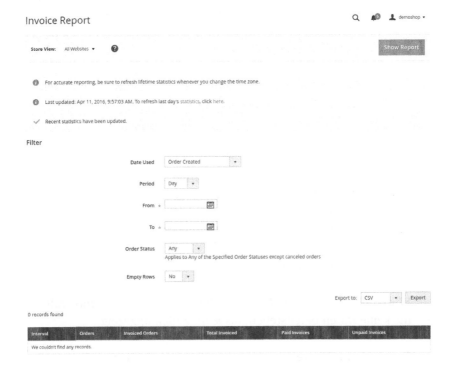

1. Um den Bericht zu den Rechnungen anzeigen zu lassen, muss über das Hauptmenü *Reports > Sales > Invoiced* gewählt werden.

2. Bei Bedarf können über die Eingabemaske im oberen Bereich der Datenbereich und das Format für die Darstellung angepasst werden:

   Verwendetes Datum (*Date Used*)

Als verwendetes Datum kann über die Option *Date Used* entweder das Datum des Eingangs der Bestellung ("Order Created") oder das Datum der letzten Bearbeitung ("Order Updated") gewählt werden.

Intervall (*Period*)

Als Intervall für die Darstellung kann im Feld *Period* entweder ein Tag, ein Monat oder ein Jahr pro Tabellenzeile festgelegt werden.

Zeitraum von/bis (*From/To*)

Über die beiden Datumsfelder können Beginn (*From*) und Ende (*To*) für einen begrenzten Zeitraum festgelegt werden.

Bestellstatus (*Order Status*)

Solange im Feld *Order Status* "Any" eingestellt ist, werden alle Bestellungen unabhängig vom Status angezeigt. Wird hier jedoch *Specified* gewählt, erscheint ein Auswahlfeld, in dem sich ein oder mehrere bestimmte Status auswählen lassen.

Leere Zeilen (*Empty Rows*)

Wird die Option *Empty Rows* auf "Yes" gestellt, werden Intervalle, für die keine Daten bereitstehen, als leere Zeilen angezeigt.

Tatsächliche Werte anzeigen (*Show Actual Values*)

Mit der auf "Yes" gestellten Option *Show Actual Values* werden bei sämtlichen Bestellungen lediglich tatsächliche Einnahmen und nicht wie üblich die erwarteten Werte angezeigt.

3. Über den Button *Export* kann der Bericht zudem heruntergeladen werden, nachdem dafür das gewünschte Format (CSV oder XML) gewählt worden ist.

10.3.4 Versand (*Shipping*)

Der Bericht zum Versand kann per Filterung für ein bestimmtes Zeitintervall, ein spezielles Datum oder nach Status sortiert angezeigt werden. Der Bericht enthält die Zahl der Bestellungen für das jeweilige Versandunternehmen oder die verwendete Versandmethode mit allgemeinen Angaben zum Versand.

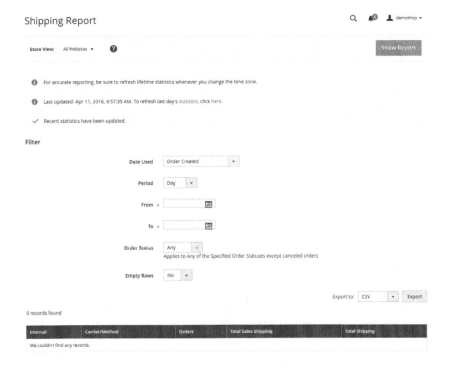

1. Um den Bericht zum Versand anzeigen zu lassen, muss über das Hauptmenü *Reports > Sales > Shipping* gewählt werden.

2. Bei Bedarf können über die Eingabemaske im oberen Bereich der Datenbereich und das Format für die Darstellung angepasst werden:

   Verwendetes Datum (*Date Used*)

Als verwendetes Datum kann über die Option *Date Used* entweder das Datum des Eingangs der Bestellung ("Order Created") oder das Datum der letzten Bearbeitung ("Order Updated") gewählt werden.

Intervall (*Period*)

Als Intervall für die Darstellung kann im Feld *Period* entweder ein Tag, ein Monat oder ein Jahr pro Tabellenzeile festgelegt werden.

Zeitraum von/bis (*From/To*)

Über die beiden Datumsfelder können Beginn (*From*) und Ende (*To*) für einen begrenzten Zeitraum festgelegt werden.

Bestellstatus (*Order Status*)

Solange im Feld *Order Status* "Any" eingestellt ist, werden alle Bestellungen unabhängig vom Status angezeigt. Wird hier jedoch *Specified* gewählt, erscheint ein Auswahlfeld, in dem sich ein oder mehrere bestimmte Status auswählen lassen.

Leere Zeilen (*Empty Rows*)

Wird die Option *Empty Rows* auf "Yes" gestellt, werden Intervalle, für die keine Daten bereitstehen, als leere Zeilen angezeigt.

Tatsächliche Werte anzeigen (*Show Actual Values*)

Mit der auf "Yes" gestellten Option *Show Actual Values* werden bei sämtlichen Bestellungen lediglich tatsächliche Einnahmen und nicht wie üblich die erwarteten Werte angezeigt.

3. Über den Button *Export* kann der Bericht zudem heruntergeladen werden, nachdem dafür das gewünschte Format (CSV oder XML) gewählt worden ist.

10.3.5 Erstattungen (*Refunds*)

Der Bericht zu den Erstattungen kann per Filterung für ein bestimmtes Zeitintervall, ein spezielles Datum oder nach Status sortiert angezeigt werden. Der Bericht enthält die Zahl der erstatteten Bestellungen sowie eine Gesamtsumme für die Erstattungen.

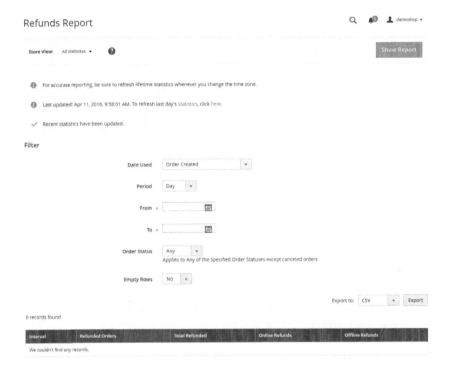

1. Um den Bericht zu den Erstattungen anzeigen zu lassen, muss über das Hauptmenü *Reports > Sales > Refunds* gewählt werden.

2. Bei Bedarf können über die Eingabemaske im oberen Bereich der Datenbereich und das Format für die Darstellung angepasst werden:

Verwendetes Datum (*Date Used*)

Als verwendetes Datum kann über die Option *Date Used* entweder das Datum des Eingangs der Bestellung ("Order Created") oder das Datum der letzten Bearbeitung ("Order Updated") gewählt werden.

Intervall (*Period*)

Als Intervall für die Darstellung kann im Feld *Period* entweder ein Tag, ein Monat oder ein Jahr pro Tabellenzeile festgelegt werden.

Zeitraum von/bis (*From/To*)

Über die beiden Datumsfelder können Beginn (*From*) und Ende (*To*) für einen begrenzten Zeitraum festgelegt werden.

Bestellstatus (*Order Status*)

Solange im Feld *Order Status* "Any" eingestellt ist, werden alle Bestellungen unabhängig vom Status angezeigt. Wird hier jedoch *Specified* gewählt, erscheint ein Auswahlfeld, in dem sich ein oder mehrere bestimmte Status auswählen lassen.

Leere Zeilen (*Empty Rows*)

Wird die Option *Empty Rows* auf "Yes" gestellt, werden Intervalle, für die keine Daten bereitstehen, als leere Zeilen angezeigt.

Tatsächliche Werte anzeigen (*Show Actual Values*)

Mit der auf "Yes" gestellten Option *Show Actual Values* werden bei sämtlichen Bestellungen lediglich tatsächliche Einnahmen und nicht wie üblich die erwarteten Werte angezeigt.

3. Über den Button *Export* kann der Bericht zudem heruntergeladen werden, nachdem dafür das gewünschte Format (CSV oder XML) gewählt worden ist.

10.3.6 Gutscheine (*Coupons*)

Der Bericht zu den Gutscheinen kann per Filterung für ein bestimmtes Zeitintervall, ein spezielles Datum oder nach Status sortiert angezeigt werden. Der Bericht enthält jeden in einem bestimmten Zeitraum verwendeten Gutschein-Code, die dabei engewandte Preisregel und die jeweilige Zahl der Nutzungen mit Summen und Zwischensummen für Verkäufe und Preisnachlässe.

1. Um den Bericht zu den Gutscheinen anzeigen zu lassen, muss über das Hauptmenü *Reports > Sales > Coupons* gewählt werden.

2. Bei Bedarf können über die Eingabemaske im oberen Bereich der Datenbereich und das Format für die Darstellung angepasst werden:

Verwendetes Datum (*Date Used*)

Als verwendetes Datum kann über die Option *Date Used* entweder das Datum des Eingangs der Bestellung ("Order Created") oder das Datum der letzten Bearbeitung ("Order Updated") gewählt werden.

Intervall (*Period*)

Als Intervall für die Darstellung kann im Feld *Period* entweder ein Tag, ein Monat oder ein Jahr pro Tabellenzeile festgelegt werden.

Zeitraum von/bis (*From/To*)

Über die beiden Datumsfelder können Beginn (*From*) und Ende (*To*) für einen begrenzten Zeitraum festgelegt werden.

Bestellstatus (*Order Status*)

Solange im Feld *Order Status* "Any" eingestellt ist, werden alle Bestellungen unabhängig vom Status angezeigt. Wird hier jedoch *Specified* gewählt, erscheint ein Auswahlfeld, in dem sich ein oder mehrere bestimmte Status auswählen lassen.

Leere Zeilen (*Empty Rows*)

Wird die Option *Empty Rows* auf "Yes" gestellt, werden Intervalle, für die keine Daten bereitstehen, als leere Zeilen angezeigt.

Tatsächliche Werte anzeigen (*Show Actual Values*)

Mit der auf "Yes" gestellten Option *Show Actual Values* werden bei sämtlichen Bestellungen lediglich tatsächliche Einnahmen und nicht wie üblich die erwarteten Werte angezeigt.

3. Über den Button *Export* kann der Bericht zudem heruntergeladen werden, nachdem dafür das gewünschte Format (CSV oder XML) gewählt worden ist.

10.3.7 PayPal Transaktionen (*PayPal Settlement*)

Der sogenannte PayPal Settlement Report kann nach Datum, Verkäuferkonto, Transaktions-ID, Rechnungs-ID oder PayPal Referenz-ID gefiltert angezeigt werden. Der Bericht enthält die jeweilige Art des Vorgangs (z. B. "Kreditkartenzahlung"), Anfangs- und Enddatum, den Gesamtbetrag und die jeweiligen Gebühren.

1. Um den Bericht zu den PayPal Transaktionen im Shop anzeigen zu lassen, muss über das Hauptmenü *Reports > Sales > PayPal Settlement* gewählt werden.

2. Bei Bedarf kann über die Steuerung oben das Format für die Darstellung der Daten angepasst werden und die Daten können auch nach eigenen Kriterien gefiltert werden.

3. Mit einem Klick auf den Button *Update* werden die von PayPal gelieferten Daten aktualisiert.

10.4 Kundenberichte (*Customer Reports*)

In den Kundenberichten werden Daten über bestimmte Kundenaktivitäten übersichtlich dargestellt. Es gibt Kundenberichte zu den Bestellsummen, zur Anzahl der Bestellungen und zu neu angelegten Kundenkonten für ein bestimmtes Zeitintervall oder einen definierten Datumsbereich.

10.4.1 Bestellungen – Summen (*Order Total*)

Der Bericht über die Summen der eingegangenen Bestellungen fasst die Daten zu Kundenbestellungen für ein bestimmtes Zeitintervall oder einen definierten Datumsbereich zusammen. Der Bericht enthält die Zahl der Bestellungen pro Kunde, die durchschnittliche Bestellmenge und die Gesamtsumme der Bestellungen.

1. Um den Bericht zu den Summen der eingegangenen Bestellungen anzeigen zu lassen, muss über das Hauptmenü *Reports > Customers > Order Total* gewählt werden.

2. Über die beiden Datumsfelder können Beginn (*From*) und Ende (*To*) für einen begrenzten Zeitraum festgelegt werden. Als Intervall für die Darstellung kann im Feld *Show By* entweder ein Tag, ein Monat oder ein Jahr pro Tabellenzeile festgelegt werden. Mit einem Klick auf den Button *Refresh* wird die Anzeige aktualisiert.

3. Über den Button *Export* kann der Bericht zudem heruntergeladen werden, nachdem dafür das gewünschte Format (CSV oder XML) gewählt worden ist.

10.4.2 Bestellungen – Anzahl (*Order Count*)

Der Bericht über die Anzahl der eingegangenen Bestellungen fasst die Daten zu Kundenbestellungen für ein bestimmtes Zeitintervall oder einen definierten Datumsbereich zusammen. Der Bericht enthält die Zahl der Bestellungen pro Kunde, die durchschnittliche Bestellmenge und die Gesamtsumme der Bestellungen.

1. Um den Bericht zur Anzahl der eingegangenen Bestellungen anzeigen zu lassen, muss über das Hauptmenü *Reports > Customers > Order Count* gewählt werden.

2. Über die beiden Datumsfelder können Beginn (*From*) und Ende (*To*) für einen begrenzten Zeitraum festgelegt werden. Als Intervall für die Darstellung kann im Feld *Show By* entweder ein Tag, ein Monat oder ein Jahr pro Tabellenzeile festgelegt werden. Mit einem Klick auf den Button *Refresh* wird die Anzeige aktualisiert.

3. Über den Button *Export* kann der Bericht zudem heruntergeladen werden, nachdem dafür das gewünschte Format (CSV oder XML) gewählt worden ist.

10.4.3 Neue Kundenkonten (*New*)

Der Bericht über neue Kundenkonten fasst die Daten über neu registrierte Kunden für ein bestimmtes Zeitintervall oder einen definierten Datumsbereich zusammen.

1. Um den Bericht zu den neuen Kundenkonten anzeigen zu lassen, muss über das Hauptmenü *Reports > Customers > New* gewählt werden.

2. Über die beiden Datumsfelder können Beginn (*From*) und Ende (*To*) für einen begrenzten Zeitraum festgelegt werden. Als Intervall für die Darstellung kann im Feld *Show By* entweder ein Tag, ein Monat oder ein Jahr pro Tabellenzeile festgelegt werden. Mit einem Klick auf den Button *Refresh* wird die Anzeige aktualisiert.

3. Über den Button *Export* kann der Bericht zudem heruntergeladen werden, nachdem dafür das gewünschte Format (CSV oder XML) gewählt worden ist.

10.5 Produktberichte (*Product Reports*)

In den Produktberichten werden Daten über bestimmte Produkte übersichtlich dargestellt. Es gibt Berichte zu den angesehenen Produkten, zu den Bestseller-Produkten, zu Produkten mit niedrigem Warenbestand, zu bestellten und zu heruntergeladenen Produkten.

10.5.1 Angesehene Produkte (*Product Views*)

Der Bericht zu den angesehenen Produkten fasst die Daten zu den Produkten, die von Besuchern angesehen worden sind, für ein bestimmtes Zeitintervall oder einen definierten Datumsbereich zusammen. Der Bericht beinhaltet den jeweiligen Produktnamen, den Preis und die Zahl der Zugriffe durch Besucher.

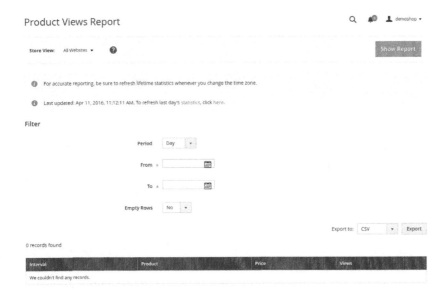

1. Um den Bericht zu den angesehenen Produkten anzeigen zu lassen, muss über das Hauptmenü *Reports > Products > Views* gewählt werden.

2. Bei Bedarf können über die Eingabemaske im oberen Bereich der Datenbereich und das Format für die Darstellung angepasst werden:

Intervall (*Period*)

Als Intervall für die Darstellung kann im Feld Period entweder ein Tag, ein Monat oder ein Jahr pro Tabellenzeile festgelegt werden.

Zeitraum von/bis (*From/To*)

Über die beiden Datumsfelder können Beginn (*From*) und Ende (*To*) für einen begrenzten Zeitraum festgelegt werden.

Leere Zeilen (*Empty Rows*)

Wird die Option Empty Rows auf "Yes" gestellt, werden Intervalle, für die keine Daten bereitstehen, als leere Zeilen angezeigt.

Dann kann mit einem Klick auf den Button *Show Report* der Bericht generiert werden.

3. Über den Button *Export* kann der Bericht zudem heruntergeladen werden, nachdem dafür das gewünschte Format (CSV oder XML) gewählt worden ist.

10.5.2 Bestseller-Produkte (*Bestsellers*)

Der Bericht zu den Bestsellern zeigt die fünf meistverkauften Produkte für ein bestimmtes Zeitintervall oder einen definierten Datumsbereich an. Der Bericht enthält den jeweiligen Produktnamen, den Preis und die bestellte Anzahl.

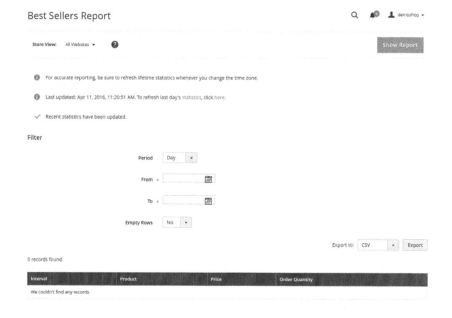

1. Um den Bericht zu den angesehenen Produkten anzeigen zu lassen, muss über das Hauptmenü *Reports > Products > Bestsellers* gewählt werden.

2. Bei Bedarf können über die Eingabemaske im oberen Bereich der Datenbereich und das Format für die Darstellung angepasst werden:

Intervall (*Period*)

Als Intervall für die Darstellung kann im Feld Period entweder ein Tag, ein Monat oder ein Jahr pro Tabellenzeile festgelegt werden.

Zeitraum von/bis (*From/To*)

Über die beiden Datumsfelder können Beginn (From) und Ende (To) für einen begrenzten Zeitraum festgelegt werden.

Leere Zeilen (*Empty Rows*)

Wird die Option Empty Rows auf "Yes" gestellt, werden Intervalle, für die keine Daten bereitstehen, als leere Zeilen angezeigt.

Dann kann mit einem Klick auf den Button *Show Report* der Bericht generiert werden.

3. Über den Button *Export* kann der Bericht zudem heruntergeladen werden, nachdem dafür das gewünschte Format (CSV oder XML) gewählt worden ist.

10.5.3 Produkte mit niedrigem Lagerbestand (*Low Stock*)

Der Bericht zu den Produkten mit niedrigem Lagerbestand zeigt für einen bestimmten Bereich die nahezu ausverkauften Produkte an.

1. Um den Bericht zu den angesehenen Produkten anzeigen zu lassen, muss über das Hauptmenü *Reports > Products > Low Stock* gewählt werden.

2. Bei Bedarf kann über die Suchfunktion oben links sowie Steuerung oben rechts das Format für die Darstellung der Daten angepasst werden.

3. Über den Button *Export* kann der Bericht zudem heruntergeladen werden, nachdem dafür das gewünschte Format (CSV oder XML) gewählt worden ist.

10.5.4 Bestellte Produkte (*Ordered Products*)

Der Bericht zu den bestellten Produkten fasst die Daten zu den Produkten, die innerhalb eines bestimmten Zeitintervalls oder eines definierten Datumsbereichs bestellt worden sind, zusammen. Der Bericht enthält den jeweiligen Produktnamen und die bestellte Anzahl.

1. Um den Bericht zu den bestellten Produkten anzeigen zu lassen, muss über das Hauptmenü *Reports > Products > Ordered* gewählt werden.

2. Über die beiden Datumsfelder können Beginn (*From*) und Ende (*To*) für einen begrenzten Zeitraum festgelegt werden. Als Intervall für die Darstellung kann im Feld *Show By* entweder ein Tag, ein Monat oder ein Jahr pro Tabellenzeile festgelegt werden. Mit einem Klick auf den Button *Refresh* wird die Anzeige aktualisiert.

3. Über den Button *Export* kann der Bericht zudem heruntergeladen werden, nachdem dafür das gewünschte Format (CSV oder XML) gewählt worden ist.

10.5.5 Heruntergeladene Produkte (*Downloads*)

Der Bericht zu den Produkt-Downloads listet alle heruntergeladenen Produkte für ein bestimmtes Zeitintervall oder einen definierten Datumsbereich auf. Der Bericht enthält den jeweiligen Produktnamen, den Download-Link, die SKU sowie die Zahl der Käufe und Downloads.

1. Um den Bericht zu den angesehenen Produkten anzeigen zu lassen, muss über das Hauptmenü *Reports > Products > Downloads* gewählt werden.

2. Bei Bedarf kann über die Suchfunktion oben links sowie Steuerung oben rechts das Format für die Darstellung der Daten angepasst werden.

3. Über den Button *Export* kann der Bericht zudem heruntergeladen werden, nachdem dafür das gewünschte Format (CSV oder XML) gewählt worden ist.

10.6 Statistiken aktualisieren

Um Performance-Einbußen durch das Generieren von Berichten auf ein Mindestmaß zu reduzieren, berechnet und speichert Magento die statistischen Daten für die Berichte, damit sie nicht bei jedem Aufruf eines Berichts im Admin-Panel neu kalkuliert werden müssen. Wenn ein Bericht mit den aktuellsten Daten angezeigt werden soll, muss die entsprechende Datengrundlage aktualisiert werden.

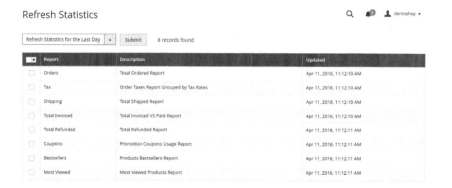

1. Unter *Reports > Statistics > Refresh Statistics* wird die Eingabemaske für das aktualisieren der statistischen Daten geöffnet.

2. Auf der linken Seite können die Checkboxen der zu aktualisierenden Statistiken markiert werden.

3. Im Auswahlfeld oben Links muss dann eine der beiden Aktionen "Refresh Lifetime Statistics" (Statistiken komplett aktualisieren) oder "Refresh Statistics for the Last Day" (Statistiken für den letzten Tag aktualisieren) gewählt werden.

4. Mit einem Klick auf den Button *Submit* wird die Aktualisierung der statistischen Daten gestartet.

11. Wie funktioniert der Import und Export von Daten in Magento 2?

Das Tool für den Import und Export in Magento 2 ermöglicht die gleichzeitige Bearbeitung einer großen Zahl von Datensätzen in einem einzigen Arbeitsschritt. Dabei können beispielsweise neue Artikel importiert oder bestehende Produkte aktualisiert, ersetzt und gelöscht werden.

Besonders wenn mit einem sehr großen Produktkatalog operiert wird, ist es weitaus zeitsparender und übersichtlicher, die Daten für die Bearbeitung in einem Tabellenkalkulationsprogramm zu exportieren und danach wieder in den Shop zu importieren.

Mit dem Import und Export von Daten in und aus Magento ist das Arbeiten auf einer Ebene verbunden, die ein tiefergehendes Verständnis der spezifischen Datenstruktur voraussetzt. Daher beginnt dieses Kapitel zunächst mit einigen etwas ausführlicheren Abschnitten über das für den Datentransfer eingesetzte CSV-Format.

11.1 Mit CSV-Dateien arbeiten

Das CSV-Dateiformat arbeitet mit kommaseparierten Daten (comma-separated-value) und dient – längst nicht nur in Magento – als Basisformat für den Datenaustausch. Es wird von allen Tabellenkalkulations- und Datenbankanwendungen unterstützt.

11.1.1 Unterstützte Dateitypen für den Import und Export

Die folgenden Dateitypen werden in Magento 2 für den Import und Export unterstützt:

Import

CSV und ZIP (eine komprimierte CSV-Datei)

Export

CSV

11.1.1.2 Wichtiger Hinweis für das Bearbeiten von CSV-Dateien

Magento empfiehlt ausdrücklich, für die Bearbeitung von CSV-Dateien zum späteren Import in einen Magento 2 Shop in jedem Fall ein Programm zu verwenden, das den Zeichensatz UTF-8 unterstützt. Also einen Texteditor wie Notepad++ oder ein Tabellenkalkulationsprogramm wie OpenOffice Calc.

Das weit verbreitete Microsoft Excel nämlich fügt beim CSV-Export zusätzliche Zeichen in die Kopfzeilen der Spalten ein, was zur Folge haben kann, dass die Daten nicht in Magento importiert werden können.

Wer Daten für seinen Magento Shop auf einem Mac bearbeitet, kann die Daten im CSV (Windows) Format speichern.

11.1.2 Die Datenstruktur der Magento CSV-Dateien im Detail

CSV-Dateien haben eine spezifische Struktur, die beim Import zum Aufbau der jeweiligen Datenbank passen muss. Der Eintrag in der Kopfzeile einer jeden Spalte korrespondiert mit dem Attribut-Code des Datenbankfeldes, das von der Spalte repräsentiert wird. Um sicherzustellen, dass die Kopfzeilen der Spalten von Magento gelesen werden können, sollten Dateien für den Import möglichst nicht neu angelegt, sondern aus Magento exportiert und dann bearbeitet und später re-importiert werden.

Wenn eine aus Magento exportierte CSV-Datei in einem Texteditor geöffnet ist, wird sichtbar, dass darin die Daten durch Kommas getrennt und mehrteilige Werte durch doppelte Anführungszeichen eingeschlossen sind. Für den Import kann zwar auch ein anderes Trennzeichen festgelegt werden, aber ein Komma ist das Standardzeichen für das Separieren der Werte.

11.1.2.1 Die Produkt CSV-Struktur

Ein kompletter Export der Produkt-Datenbank enthält Informationen über jedes Produkt im Katalog und die Relationen unter ihnen. Jeder Datensatz beinhaltet eine festgelegte Zahl von Spalten, die die Attribute des Katalogs wiederspiegeln, wobei die Reihenfolge der Attribute im Importprozess keine Rolle spielt.

Die erste Zeile der Tabelle enthält die Namen der einzelnen Attribute, die als Kopfzeilen für die einzelnen Spalten fungieren. Die übrigen Zeilen geben die einzelnen Produktdatensätze wieder. Dabei kann ein Produkt mehrere Zeilen umfassen, die Informationen über zusätzliche Bilder oder Produktoptionen enthalten. Jeweils in der nächsten Zeile, in der ein Wert in der SKU-Spalte steht, beginnt der Datensatz für ein weiteres Produkt.

Die Kategorie-Spalte enthält einen Pfad für jede Kategorie, der das Produkt zugewiesen wurde. Ein solcher Kategoriepfad enthält die Root-Kategorie, gefolgt von einem Slash ("/") zwischen dieser und allen weiteren Ebenen. Standardmäßig wird das Pipe-Zeichen ("|") verwendet, um die einzelnen Kategoriepfade voneinander abzugrenzen. Hier ein Beispiel:

```
Default Category/Gear|Default Category/Gear/Bags
```

Um Daten zu importieren, werden lediglich die SKU-Spalte und sämtliche Spalten mit Änderungen benötigt. Spalten ohne Inhalt werden während des Import-Prozesses ignoriert. Es ist nicht möglich, während des Import-Prozesses Attribute hinzuzufügen; es können nur existierende Attribute eingelesen werden.

Eine detaillierte Beschreibung der einzelnen Produktattribute in CSV-Dateien findet sich unten im Abschnitt "Produktattribut-Referenz".

An den Bezeichnern der einzelnen Spalten lässt sich ablesen, um welchen der beiden Spaltentypen es sich handelt.

_<name>

Spalten-Kopfzeilen, die mit einem Unterstrich beginnen, enthalten Service Entity Properties oder komplexe Daten. Solche Service-Spalten sind keine Produktattribute.

<attribute name>

Spalten-Kopfzeilen mit einem Attribut-Code oder Feldnamen bezeichnen Datenspalten. Eine solche Spalte kann ein System-Attribut oder eines, das vom Betreiber des Shops hinzugefügt wurde, enthalten.

11.1.2.2 Die Kunden CSV-Struktur

Die Kunden CSV-Datei enthält die Kundeninformationen aus der Datenbank und hat diese Struktur:

Die erste Zeile der Tabelle enthält die Namen der Attributspalten, die den Attribut-Codes entsprechen. Es gibt zwei Arten von Spaltennamen, die unten noch beschrieben werden. Die übrigen Zeilen enthalten Attribut-Werte, Servicedaten und komplexe Daten. Jeweils in der nächsten Zeile, die Werte in den Spalten "email" und "_website" enthält, beginnt ein weiterer Kundendatensatz. Die Zeilen können Kundendaten mit oder ohne Adressdaten oder nur Adressdaten enthalten. Wenn eine Zeile ausschließlich Adressdaten enthält, werden die Werte in den Spalten, die zum Kundenprofil gehören, ignoriert und können leer bleiben.

Um mehr als eine Adresse zu ersetzen oder zu einem Kundendatensatz hinzuzufügen, muss in der Import-Datei eine Zeile für jede neue Adresse mit leeren Kundendaten und der neuen oder aktualisierten Adresse unterhalb der Zeile mit den Kundendaten angelegt werden.

Eine detaillierte Beschreibung der einzelnen Kundenattribute in CSV-Dateien findet sich unten im Abschnitt "Kundenattribut-Referenz".

1 email,_website,_store,confirmation,created_at,created_in,disable_auto_group_change,dob,firstname,gender,group_id,lastname,middlename,password_hash,prefix,rp_token,rp_token_created_at,store_id,
2 roni_cost@example.com,base,default,,"2015-11-20 10:36:44","Default Store
View",0,,Veronica,0,1,Costello,,42680c80e5f461c9eb4c8b5d92d5aa1b46baabod42eb67d112002e87ca5b3803:mAI6OeZxPIYvvhPfecbltCTwwuLvhvoU:1,,38daFF38Sb0a4a4d7580ed9fa531db,"2015-11-20
10:36:44",1,,,"2015-11-20 10:39:55",1,

An den Bezeichnern der einzelnen Spalten lässt sich ablesen, um welchen der beiden Spaltentypen es sich handelt.

_<name>

Spalten-Kopfzeilen, die mit einem Unterstrich beginnen, enthalten Service Entity Properties oder komplexe Daten. Solche Service-Spalten sind keine Produktattribute.

<attribute name>

Spalten-Kopfzeilen mit einem Attribut-Code oder Feldnamen bezeichnen Datenspalten. Eine solche Spalte kann ein System-Attribut oder eines, das vom Betreiber des Shops hinzugefügt wurde, enthalten.

11.1.3 Daten validieren

Bevor Daten in den Shop importiert werden können, müssen sie die Validierung durchlaufen, damit sichergestellt ist, dass die Datenstruktur zur Systemdatenbank passt. Die Validierung beginnt, wenn auf den *Check Data* Button geklickt wird. Während dieses Vorgangs werden die Elemente in der Importdatei auf Kompatibilität mit diesen Vorgaben überprüft:

- **Attribute**
  Die Spaltenbezeichner werden überprüft, um sicherzustellen, dass sie mit den korrespondierenden Attributen in der Systemdatenbank passen. Jeder Wert jedes Attributs wird daraufhin untersucht, ob er die

Erfordernisse des jeweiligen Datentyps (Dezimalzahl, Ganzzahl, "varchar", Text oder Datum) erfüllt.

- **Komplexe Daten**
  Werte, die aus einem bestimmten Wertebereich wie einem Drop-down-Menü oder einer Multiple-select-Box stammen, werden daraufhin überprüft, ob sie in dieser Form im jeweiligen Wertebereich existieren.

- **Servicedaten**
  Die Werte in Spalten mit Servicedaten werden überprüft, um sicherzustellen, dass die Eigenschaften oder komplexen Datenwerte zu den Definitionen in der Systemdatenbank passen.

- **Erforderliche Werte**
  Für neue Elemente wird untersucht, ob erforderliche Attributwerte vorliegen. Für bereits existierende Elemente muss das Vorhandensein erforderlicher Werte nicht mehr überprüft werden.

- **Trennzeichen**
  Obwohl die Trennzeichen nicht sichtbar sind, wenn eine CSV-Date in der Tabellenkalkulation geöffnet ist, bleiben die Werte in der Datei durch Kommas getrennt, wobei Werte in Textform durch doppelte Anführungszeichen eingeschlossen sind. Während des Validierungsvorgangs werden die Trennzeichen überprüft und jeder Satz Anführungszeichen, der Zeichenstrings einschließt, wird auf die korrekte Formatierung untersucht.

Die Ergebnisse der Validierung erscheinen im Abschnitt *Validation Results* und enthalten die folgenden Informationen:

- Die Anzahl der überprüften Elemente,

- die Zahl der ungültigen Zeilen,

- die Zahl der gefundenen Fehler.

- Wenn die Daten valide sind, erscheint eine "Import Success" Benachrichtigung.

Wenn die Validierung fehlschlägt, kann der Beschreibung der einzelnen Fehler der jeweilige Lösungsansatz für das Korrigieren der Fehler in der CSV-Datei entnommen werden. Wenn beispielsweise eine Zeile eine ungültige SKU enthält, wird der Import-Prozess gestoppt, so dass diese und alle weiteren Zeilen nicht importiert werden. Dann müssen, nachdem das Problem in der Datei behoben wurde, die Daten erneut importiert werden. Wenn mehrere Fehler auftreten, kann es daher nötig sein, mehrere Validierungsanläufe mit zwischenzeitlichen Korrekturen durchzuführen.

Mögliche Benachrichtigungen beim Validieren der Daten

- *Product with specified SKU not found in rows: 1*
  In Zeile 1 wurde kein durch eine SKU identifiziertes Produkt gefunden.

- *URL key for specified store already exists*
  Der URL-Key existiert im angegebenen Store bereits.

- *'7z' file extension is not supported*
  Die Dateiendung '7z' wird nicht unterstützt.

- *'txt' file extension is not supported*
  Die Dateiendung 'txt' wird nicht unterstützt.

Mögliche Fehler beim Validieren der Daten

- *Wrong field type. Type in the imported file %decimal%, expected type is %text%.*
  Falscher Feld-Typ. Typ in der importieren Datei ist %decimal%, erwarteter Typ ist %text%

- *Value is not allowed. Attribute value does not exist in the system.*
  Wert ist nicht zulässig. Attributwert existiert nicht im System.

- *Field %column name% is required.*
  Feld %column name% ist erforderlich.

- *Wrong value separator is used.*
  Falsches Trennzeichen für Werte verwendet.

- *Wrong encoding used. Supported character encoding is UTF-8 and Windows-1252.*
  Falsche Zeichencodierung verwendet. Unterstützte Zeichencodierungen sind UTF-8 und Windows-1252.

- *Imported file does not contain SKU field.*
  Importierte Datei enthält kein SKU-Feld.

- *SKU does not exist in the system.*
  SKU existiert nicht im System

- *Column name %column name% is invalid. Should start with a letter. Alphanumeric.*
  Spaltenname %column name% ist ungultig. Muss mit einem Buchstaben beginnen; alphanumerisch.

- *Imported file does not contain a header.*
  Importierte Datei enthält keine Kopfzeile.

- *%website name% website does not exist in the system.*
  %website name% Website existiert nicht im System.

- *%storeview name% storeview does not exist in the system.*
  %storeview name% Store View existiert nicht im System.

- *Imported attribute %attribute name% does not exist in the system.*
  Importiertes Attribut %attribute name% existiert nicht im System.

- *Imported resource (image) could not be downloaded from external resource due to timeout or access permissions.*
  Importierte Ressource (Bild) konnte von externer Quelle aufgrund von Zugangsbeschränkungen oder eines Timeouts nicht heruntergeladen werden.

- *Imported resource (image) does not exist in the local media storage.*
  Importierte Ressource (Bild) existiert nicht im lokalen Medienspeicher.

- *[Product creation error displayed to the user equal to the one seen during manual product save.]*
  [Fehler bei der Produkterstellung, dessen Anzeige derjenigen beim manuellen Anlegen von Produkten entspricht.]

- *[Advanced Price creation error displayed to the user equal to the one seen during the manual product save.]*
  [Fehler bei der erweiterten Preisgestaltung, dessen Anzeige derjenigen beim manuellen Anlegen von Produkten entspricht.]

- *[Customer creation error displayed to the user equal to the one seen during the manual customer save.]*
  [Fehler beim Erstellen eines Kunden, dessen Anzeige derjenigen beim manuellen Anlegen von Kunden entspricht.]

11.2 Import

Daten für alle Produkttypen können in den Shop importiert werden. Außerdem können Kundendaten, Kundenadressen und Produktbilder importiert werden. Dabei werden für die Verarbeitung der Daten die folgenden Operationen unterstützt:

- Hinzufügen/Aktualisieren (*Add/Update*)

- Existierende komplexe Daten ersetzen (*Replace Existing Complex Data*)

- Elemente löschen (*Delete Entities*)

Die maximal zulässige Größe der Importdatei wird durch die Einstellungen in der php.ini Datei auf dem Server bestimmt. Die Systembenachrichtigung unter *System > Data Transfer > Import* zeigt das aktuelle Limit für die Dateigröße an.

1. Unter *System > Data Transfer > Import* muss im Bereich *Import Settings* die Option *Entity Type* auf eine der folgenden Möglichkeiten gesetzt werden:

   - Erweiterte Preisgestaltung (*Advanced Pricing*)

   - Produkte (*Products*)

   - Kunden und Adressen in einer Datei (*Customers and Addresses - single file*)

   - Kunden Hauptdatei (*Customers Main File*)

   - Kundenadressen (*Customer Addresses*)

2. Nach einem Klick auf den neben dem Auswahlfeld erscheinenden Link *Download Sample File* kann eine Beispieldatei heruntergeladen und dann wie gewohnt über das Kontextmenü des Browsers gespeichert oder geöffnet werden.

3. Die in der Tabellenkalkulation geöffnete Beispieldatei enthält Kopfzeilen für die Datenspalten und weitere Zeilen mit Platzhalter-Daten für Beispiel-Produkte (oder -Kunden).

4. Mit der Beispieldatei als Vorlage kann nun überprüft werden, ob die Kopfzeilen der Spalten in der CSV-Datei, die importiert werden soll, die korrekten Bezeichner enthalten.

5. Zudem muss sichergestellt werden, dass die zu importierende Datei das Limit für die Dateigröße nicht überschreitet.

6. Wenn die Importdatei Pfade zu Produktbildern enthält, muss überprüft werden, ob die Bilddateien tatsächlich am angegebenen Ort bereitliegen. Der Standard-Speicherort in einer Magento Installation ist `pub/media/import`. Sollten die Bilddateien auf einem externen Server liegen, muss sichergestellt werden, dass die absolute URL des Verzeichnisses, in dem die Bilder gespeichert sind, eingegeben wurde.

7. Nachdem im Feld *Entity Type* festgelegt worden ist, welche Art von Datei importiert werden soll (beispielsweise "Products" für den Produktimport), erscheinen zusätzliche Eingabefelder. Im Feld *Import Behaviour* stehen drei Optionen, die in der untenstehenden Übersicht noch genauer beschrieben werden, zur Auswahl:

   • Hinzufügen/Aktualisieren (*Add/Update*)

- Existierende komplexe Daten ersetzen (*Replace Existing Complex Data*)

- Elemente löschen (*Delete Entities*)

8. Im darunterliegenden Feld kann festgelegt werden, ob der Importprozess bei auftretenden Fehlern angehalten werden soll, und im Feld *Allowed Errors Count* kann eingetragen werden, nach wie vielen Fehlern der Prozess angehalten werden soll.

9. Dabei sollten üblicherweise sowohl im Feld *Field separator* als auch im Feld *Multiple value separator* die Standardwerte, also das Komma (",") nicht verändert werden. Nur wenn in der zu importierenden Datei sicher andere Trennzeichen verwendet werden, dürfen diese Einstellungen verändert werden.

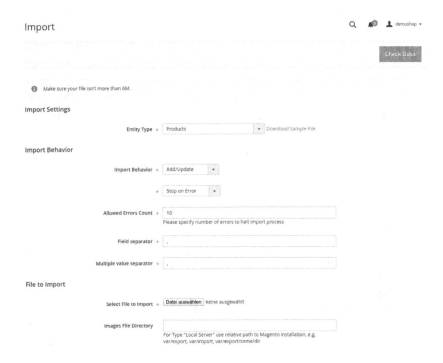

10. Nach einem Klick auf den Button *Choose File/Datei ausgwählen* kann die Datei für den Import ausgewählt und mit einem Klick auf *Open/Öffnen* geöffnet werden.

11. Wenn die zu importierenden Daten Pfade zu Produktbildern enthalten, muss eine dieser möglichen Einträge im Feld *Images File Directory* gemacht werden:

- Der Pfad zu den hochgeladenen Bildern auf dem Magento Server
  Zum Beispiel: `var/import`

- Die vollständige URL der Bilder auf einem anderen Server
  Zum Beispiel: `http://domain.com/images`

12. Der Validierungsprozess wird über einen Klick auf den Button *Check Data* oben rechts gestartet und dauert einige Augenblicke. Wenn die Daten valide sind, erscheint die Mitteilung "File is Valid!" und der Import kann mit einem Klick auf *Import* gestartet werden. Andernfalls müssen die in der Fehlermeldung aufgelisteten Fehler in den Daten behoben und dann der Importprozess noch einmal begonnen werden. Wenn der Import abgeschlossen ist, erscheint eine entsprechende Meldung.

11.2.1 Mögliches Importverhalten

Die drei grundlegenden Möglichkeiten für den Import dienen unterschiedlichen Zwecken und weisen daher deutliche Unterschiede in der Funktionalität auf. Hier findet sich eine knappe Übersicht über die drei möglichen Importmethoden in Magento.

Hinzufügen/Aktualisieren (*Add/Update*)

- Neue Produktdaten werden zu den bestehenden Produktdaten in der Datenbank hinzugefügt. Alle Felder – außer SKU – können aktualisiert werden.

- Neue Steuerklassen, die in den Importdaten bestimmt worden sind, werden automatisch angelegt.

- Neue Produktkategorien, die in den Importdaten bestimmt worden sind, werden automatisch angelegt.

- Neue SKUs, die in den Importdaten bestimmt worden sind, werden automatisch angelegt.

Existierende komplexe Daten ersetzen (*Replace Existing Complex Data*)

- Die bestehenden Produktdaten werden durch neue Daten ersetzt.

- Wichtig: Beim Ersetzen von Daten muss sehr umsichtig vorgegangen werden, da die bestehenden Produktdaten dabei vollständig gelöscht werden und alle Referenzen innerhalb des Systems verlorengehen.

- Wenn eine SKU in den Importdaten der SKU eines bestehenden Eintrags entspricht, werden alle Felder – inklusive SKU – gelöscht und durch einen neuen Datensatz aus der CSV-Datei ersetzt.

- Wenn die CSV-Datei eine SKU auflistet, die in der Datenbank nicht existiert, tritt ein Fehler auf.

Elemente löschen (*Delete Entities*)

- Alle Elemente in den Importdaten, die bereits in der Datenbank bestehen, werden gelöscht.

- Die Löschen-Methode ignoriert alle Spalten in den Importdaten – mit Ausnahme der SKU. Die Werte aller anderen Attribute sind daher irrelevant.

- Wenn die CSV-Datei eine SKU auflistet, die in der Datenbank nicht existiert, tritt ein Fehler auf.

11.2.2 Import-Historie

In der Import-Historie (*Import History*) werden Daten aus zurückliegenden Importvorgängen vorgehalten. Die Historie enthält Informationen zu Startdatum und -zeitpunkt des Importvorgangs, Benutzer sowie zur Ausführungszeit. Die Import-Historie kann unter *System > Data Transfer > Import History* eingesehen werden.

11.2.3 Produktbilder

Es können auch mehrere Produktbilder zu einem bestimmten Produkt hochgeladen werden. Pfad und Dateiname jedes Produktbilds werden in die CSV-Datei eingegeben und die Bilddateien, die importiert werden sollen, müssen am entsprechenden Ort auf den Magento Server oder einen externen Server hochgeladen werden.

Magento legt für Produktbilder eine eigene Verzeichnisstruktur an, die alphabetisch organisiert ist. Wenn Produktdaten von bereits bebilderten Produkten in einer CSV Datei aus Magento exportiert werden, wird der automatisch angelegte Pfad vor dem jeweiligen Dateinamen sichtbar. In jedem

Fall ist es beim Import von Produktbildern nicht nötig, einen Pfad festzulegen, da Magento die Verzeichnisstruktur automatisch erzeugt und verwaltet. Allerdings muss sichergestellt werden, dass der relative Pfad zum Importverzeichnis vor dem Dateinamen der jeweiligen Datei, die importiert werden soll, eingegeben ist.

Um Bilder hochladen zu können, muss ein Magento Benutzer neben gültigen Logindaten auch die korrekten Berechtigungen für den Zugriff auf das Magento Verzeichnis auf dem Server haben. Dann kann der Bilderupload mit einem beliebigen SFTP-Tool durchgeführt werden.

Vor dem Upload einer größeren Zahl von Bildern sollte die Einhaltung der erforderlichen Schritte für die gewählte Importmethode genau überprüft werden. Zudem ist ein vorheriger Testlauf für einen kleinen Teil der Produkte zu empfehlen, um sich mit der Funktionsweise vertraut zu machen. Danach ist auch die Handhabung von großen Datenmengen sicher möglich.

Magento empfiehlt ausdrücklich, für die Bearbeitung von CSV-Dateien zum späteren Import in einen Magento 2 Shop in jedem Fall ein Programm zu verwenden, das den Zeichensatz UTF-8 unterstützt. Das weit verbreitete Microsoft Excel nämlich fügt beim CSV-Export zusätzliche Zeichen in die Kopfzeilen der Spalten ein, was zur Folge haben kann, dass die Daten nicht in Magento importiert werden können.

11.2.3.1 Methode 1: Bilder von lokalem Server importieren

Wenn die Produktbilder, die importiert werden sollen, auf demselben Server gespeichert werden, auf dem sich auch die Magento Installation befindet, ergibt sich für den Importprozess der folgende Ablauf:

1. Auf dem Magento Server können die Produktbilder in das Verzeichnis `pub/media/import` hochgeladen werden. Dies ist das Standardverzeichnis für den Import von Produktbildern. Es kann auch ein anderes Verzeichnis auf dem Magento Server genutzt werden, wenn der entsprechende Pfad während des Importprozesses angegeben wird.

2. In der CSV-Datei muss der Name jeder zu importierenden Bilddatei in der korrekten Zeile (nach SKU) und in der korrekten Spalte (nach Bildtyp: `base_image`, `small_image`, `thumbnail_image` oder `additional_image`) eingetragen werden. Dabei muss sichergestellt werden, dass der relative Pfad zum Importverzeichnis vor jedem Dateinamen angegeben wird. Zum Beispiel `/pub/media/import/image.jpg` In der CSV-Datei müssen ausschließlich die SKU-Spalte und die entsprechenden Bild-Spalten ausgefüllt sein. Wenn mehrere Bilder für eine einzige SKU importiert werden sollen, muss unterhalb der SKU eine leere Zeile eingefügt werden, gefolgt von Zeilen mit je einer Dateiangabe in der richtigen Spalte. Die zusätzlichen Zeilen werden der übergeordneten SKU zugeordnet.

3. Danach funktioniert der Import wie im Abschnitt 11.2 beschrieben. Nach der Auswahl der Datei, die importiert werden soll, muss der Pfad zum Verzeichnis mit den Bilddateien angegeben werden: `/pub/media/import`

11.2.3.2 Methode 2: Bilder von externem Server importieren

Wenn die Produktbilder, die importiert werden sollen, nicht auf demselben Server gespeichert werden, auf dem sich auch die Magento Installation befindet, ergibt sich für den Importprozess der folgende Ablauf:

1. Die zu importierenden Produktbilder müssen in das dafür vorgesehene Verzeichnis auf dem externen Server hochgeladen werden.

2. In der CSV-Datei muss der Name jeder zu importierenden Bilddatei in der korrekten Zeile (nach SKU) und in der korrekten Spalte (nach Bildtyp: `base_image`, `small_image`, `thumbnail_image` oder `additional_image`) eingetragen werden. Dabei muss sichergestellt werden, dass die komplette URL des Importverzeichnisses vor jedem Dateinamen angegeben wird. Zum Beispiel `http://example.com/images/image.jpg`

3. Danach funktioniert der Import wie im Abschnitt 11.2 beschrieben.

11.2.4 Import-Richtlinien

Je nachdem, ob neue Elemente hinzugefügt, bestehende Elemente verändert beziehungsweise gelöscht werden oder komplexe Daten bearbeitet werden sollen, gibt es in Magento bestimmte Richtlinien für den Import. Werden diese nicht eingehalten, werden die entsprechenden Zeilen oder sogar ganze Dateien nicht importiert. Hier eine Übersicht zu den Anforderungen an Dateien für den Import in Magento:

11.2.4.1 Neue Elemente

- Elemente werden mit den Attributwerten, die in der CSV-Datei festgelegt sind, angelegt.

- Wenn kein Wert oder ein ungültiger Wert für ein erforderliches Attribut, zu dem kein Standard-Set von Werten bereitsteht, angegeben ist, kann das Element (die entsprechende Zeile oder die Zeilen) nicht importiert werden.

- Wenn kein Wert oder ein ungültiger Wert für ein erforderliches Attribut, zu dem ein Standard-Set von Werten bereitsteht, angegeben ist, wird das Element (die entsprechende Zeile oder die Zeilen) importiert und das Standard-Set von Werten wird für das Attribut gesetzt.

- Wenn die komplexen Daten nicht gültig sind, kann das Element (die entsprechende Zeile oder die Zeilen) nicht importiert werden.

11.2.4.2 Bestehende Elemente

- Für Attribute, die nicht zu den komplexen Daten zählen, ersetzen die Werte aus der Importdatei (leere Werte für nicht erforderliche Attribute eingeschlossen) die existierenden Werte.

- Wenn kein Wert oder ein ungültiger Wert für ein erforderliches Attribut angegeben ist, wird der existierende Wert nicht ersetzt.

- Wenn die komplexen Daten nicht gültig sind, kann das Element (die entsprechende Zeile oder die Zeilen) nicht importiert werden. Es sei denn, "Delete Entities" wurde im *Import Behaviour* Dropdown-Menü ausgewählt.

11.2.4.3 Komplexe Daten

Wenn ein Attribut, das in der Importdatei angegeben ist, bereits existiert und sein Wert aus einem definierten Set von Werten stammen muss, greifen folgende Regeln:

- Wenn der Wert noch nicht im definierten Set von Werten enthalten ist, kann die Zeile importiert werden, und wenn ein Standardwert definiert ist, wird dieser gesetzt.

- Wenn der Wert bereits im definierten Set enhalten ist, kann die entsprechende Zeile nicht importiert werden.

Wenn ein Attributname in der Importdatei angegeben, aber noch nicht im System definiert ist, wird es nicht angelegt und die Werte werden nicht importiert.

11.2.4.4 Ungültige Dateien

- Eine Datei kann nicht importiert werden, wenn alle Zeilen ungültig sind.

- Eine Datai kann nicht importiert werden, wenn ein nicht-existierender Name für Servicedaten oder komplexe Daten (wie mit einer "`_<non-existing name>`"-Kopfzeile) in der Importdatei angegeben ist.

11.3 Export

Der beste Weg um sich mit der Datenbankstruktur von Magento vertraut zu machen, ist es, eine Datei zu exportieren und in einem Tabellenkalkulationsprogramm zu öffnen. Wenn der Prozess einmal verinnerlicht ist, zeigt sich, dass der Import und Export von Daten eine sehr effiziente Methode für das Verarbeiten größerer Informationsmengen ist.

Für den Export von Daten aus Magento müssen die folgenden Schritte nachvollzogen werden:

1. Unter *System > Data Transfer > Export* muss im Bereich *Export Settings* als *Entitiy Type* eine dieser Optionen gewählt werden:

   - Produkte (*Products*)

   - Kunden Hauptdatei (*Customers Main File*)

   - Kundenadressen (*Customer Addresses*)

2. Das Standardformat "CSV" muss im Feld *Export File Format* ausgewählt sein.

Export Settings

Entity Type	Products ▲
Export File Format	CSV ▼

3. In der alphabetisch sortierten Auflistung aller verfügbaren Attribute für die Elemente, die exportiert werden sollen, kann wie gewohnt nach bestimmten Attributen gesucht oder die Sortierung verändert werden. Der Button *Search* und der Link *Reset Filter* beeinflussen dabei die Anzeige der Liste, haben aber keinen Effekt auf die Auswahl der Attribute, die in der Exportdatei enthalten sein werden.

4. Um die exportierten Daten auf der Grundlage von Attributwerten zu filtern, müssen die gewünschten Werte in die jeweilige Filterspalte eingegeben werden. Im folgenden Beispiel würde nur der Datensatz für eine einzige SKU ausgegeben:

Durch die vielen der Attribute und die zahlreichen Kombinationsmöglichkeiten können die zu exportierenden Datensätze auf diese Weise bei Bedarf sehr genau bestimmt werden. Und auch die Datenspalten, die in der Exportdatei berücksichtigt werden sollen, können definiert werden. Soll ein bestimmtes Attribut vom Export ausgeschlossen werden, kann dies durch das Markieren der *Exclude* Checkbox am Beginn der Zeile eingestellt werden. So ausgeschlossenen Spalten erscheinen zwar in der Exportdatei, bleiben aber leer.

5. Wenn alle Vorgaben für zu exportierende Attribute und dabei zu berücksichtigende Wertebereiche abgeschlossen sind, kann am unteren Ende der Seite über den Button *Continue* die Exportdatei generiert werden. Sobald sie fertiggestellt ist, kann sie wie üblich über die Downloadfunktion des Browsers direkt gespeichert oder direkt in der Tabellenkalkulation geöffnet werden. Die darin enthaltenen Daten können dann bearbeitet und zurück in den Shop importiert werden.

11.4 Produktattribut-Referenz

Die folgende Übersicht listet alle Attribute eines typischen Produktexports auf – und zwar in der Reihenfolge, in der sie standardmäßig erscheinen. Jedes der Attribute wird in der CSV-Datei durch eine der Spalten abgebildet, während Produktdatensätze in Zeilen angelegt werden. Spalten, die mit einem Unterstrich ("_") beginnen, enthalten Servicedaten wie Eigenschaften oder Optionswerte für komplexe Daten.

In der Installation, aus der die Beispieldaten die dieser Tabelle zugrundeliegen, stammen, sind die Beispieldaten (*Sample Data*) installiert, sie hat zwei Websites und mehrere Store Views. Unter den typischerweise exportierten Spalten ist nur eine einzige, die unbedingt erforderliche Werte enthält: die Spalte mit den SKUs. Um Daten zu importieren, genügt es, lediglich die Spalten mit

Änderungen einzuspielen, wobei die SKU als erste Spalte fungieren sollte, während die Reihenfolge der übrigen Spalten keine Rolle spielt.

11.4.1 Einfache Produktattribute

sku (erforderlich)

Die Stock-Keeping-Unit ist ein einmaliger, alphanumerischer Identifikator, der für die Lagerbestandsverwaltung gebraucht wird. Eine SKU kann bis zu 64 Zeichen lang sein.

Zum Beispiel: "sku123"

Eine SKU, die länger als 64 Zeichen ist, wird dazu führen, dass der Import fehlschlägt.

`store_view_code`

Bezeichnet denjenigen oder diejenigen Store Views, in denen das Produkt verfügbar ist. Ist dieses Feld leer, ist das Produkt im Standard-Store View verfügbar.

Zum Beispiel: "storeview1" oder "deutsch,english"

`attribute_set_code`

Ordnet das Produkt in Abhängigkeit vom Produkttyp einem bestimmten Attributset oder Produkt-Template zu. Wenn das Produkt angelegt ist, kann das Attributset nicht mehr verändert werden.

Zum Beispiel: "default"

`product_type`

Gibt den Produkttyp an.

Mögliche Werte:

- "simple" (einfaches, physisches Produkt, das einzeln oder in bestimmten Mengen verkauft wird)

- "grouped" (Gruppenprodukt, also eine Gruppe von Produkten, die als ein Set verkauft werden)

- "configurable" (konfigurierbares Produkt, das Optionen – wie Farben oder Größen anbietet, unter denen der Kunde eine Auswahl treffen muss, bevor der Kauf stattfinden kann)

- "virtual" (virtuelles Produkt, das keinen Versand benötigt und nicht als Lagerbestand verwaltet wird; zum Beispiel Services, Mitgliedschaften oder Abonnements)

- "bundle" (Bündelprodukt, das aus einem anpassbaren Set einfacher Produkte, die zusammen verkauft werden, besteht)

`categories`

Gibt diejenigen Kategorien an, die dem Produkt zugewiesen sind. Kategorien und Unterkategorien werden mit einem Slash ("/") getrennt. Mehrere Kategoriepfade werden durch das Pipe-Symbol ("|") getrennt.

Zum Beispiel: "Default Category/Gear|Default Category/Gear/Bags"

`product_websites`

Der Website-Code der Websites, auf denen das Produkt verfügbar ist. Ein einfaches Produkt kann auf mehreren Websites oder nur auf einer angeboten werden. Wenn mehrere Websites angegeben werden, müssen sie durch ein Komma ohne begleitendes Leerzeichen getrennt werden.

Zum Beispiel: "base" oder "base,website2"

`name`

Der Produktname erscheint in allen Produklistings und ist der Name, über den Kunden das Produkt identifizieren.

`description`

Die Produktbeschreibung enthält detaillierte Informationen über das Produkt und kann einfache HTML-Tags beinhalten.

`short_description`

Die Benutzung der Produktkurzbeschreibung kommt nur in einigen Themes zum Einsatz. Sie kann in Produktlistings angezeigt werden und wird manchmal in RSS-Feed-Listings für Shopping-Sites verwendet.

`weight`

Das Gewicht des individuellen Produkts.

`product_online`

Legt fest, ob das Produkt im Shop zum Verkauf angeboten wird.

Mögliche Werte:

- "1" (Ja, das Produkt wird im Shop zum Verkauf angeboten.)

- "0" oder leer (Nein, das Produkt erscheint in der Shopoberfläche nicht in den Kataloglistings.)

`tax_class_name`

Der Name der Steuerklasse, die dem Produkt zugeordnet ist.

visibility

Bestimmt, ob das Produkt im Katalog sichtbar und in der Suche verfügbar ist.

Mögliche Werte:

- "Not Visible Individually" (Das Produkt ist in den Produktlistings nicht sichtbar, kann aber als Variation eines anderen Produkts verfügbar sein.)

- "Catalog" (Das Produkt taucht in den Kataloglistings auf.)

- "Search" (Das Produkt ist über die Suchfunktion verfügbar.)

- "Catalog, Search" (Das Produkt taucht sowohl in den Listings als auch in den Suchergebnissen auf.)

price

Der Preis, zu dem das Produkt im Shop angeboten wird.

special_price

Der reduzierte Preis des Produkts für einen bestimmten Zeitraum.

special_price_from_date

Das Anfangsdatum des Zeitraums, in dem der Sonderpreis gilt.

special_price_to_date

Das Enddatum des Zeitraums, in dem der Sonderpreis gilt.

url_key

Der Teil der URL, der das Produkt identifiziert. Der Standardwert basiert auf dem Produktnamen.

Zum Beispiel: "product-name"

`meta_title`

Der Meta-Title erscheint in der Titelzeile und im Tab des Browsers sowie in den Suchergebnislisten von Suchmaschinen. Der Title sollte den aktuellen SEO-Best-Practices entsprechen.

`meta_keywords`

Meta-Keywords sind nur in einigen Suchmaschinen sichtbar, während sie von anderen ignoriert werden. Sie werden durch Kommas ohne begleitende Leerzeichen getrennt.

Zum Beispiel: "keyword1,keyword2,keyword3."

`meta_description`

Die Meta-Description fasst die wichtigsten Informationen für Suchergebnislistings zusammen. In das Feld können bis zu 255 Zeichen eingegeben werden, aber die Meta-Description sollte den aktuellen SEO-Best-Practices entsprechen.

`base_image`

Der relative Pfad für das Hauptbild auf der Produktseite.

Magento speichert Dateien intern in einer alphabetischen Verzeichnisstruktur. Der genaue Speicherort eines Bildes kann in den Exportdaten ermittelt werden.

Zum Beispiel: "/sample_data/m/b/mb01-blue-0.jpg"

Um ein Bild hochzuladen oder ein bestehendes Bild zu überschreiben, muss der von einem Slash ("/") angeführte Dateiname angegeben werden.

Zum Beispiel "/image.jpg"

`base_image_label`

Das Label, das dem Basisbild zugeordnet ist.

`small_image`

Der von einem Slash ("/") angeführte Dateiname des kleinen Produktbildes, das auf Katalogseiten eingesetzt wird

Zum Beispiel: "/image-s.jpg"

`small_image_label`

Das Label, das dem kleinen Bild zugeordnet ist.

Zum Beispiel: "Small Image 1"

`thumbnail_image`

Die von einem Slash ("/") angeführte Dateinamen der Thumbnails, die in der Galerie auf der Produktseite erscheinen.

Zum Beispiel: "/image.jpg"

`thumbnail_image_label`

Das Label, das dem Thumbnail zugeordnet ist.

Zum Beispiel: "Thumbnail 1, Thumbnail 2"

`created_at`

Gibt das Datum der Erstellung des Produkts an. Das Datum wird automatisch generiert, wenn das Produkt angelegt wird, kann aber später bearbeitet werden.

`updated_at`

Gibt an, wann das Produkt zuletzt aktualisiert wurde.

`new_from_date`

Legt das "von"-Datum für das Erscheinen in "Neue Produkte"-Listings fest und bestimmt, ob das Produkt als neues Produkt angezeigt wird.

`new_to_date`

Legt das "bis"-Datum für das Erscheinen in "Neue Produkte"-Listings fest und bestimmt, ob das Produkt als neues Produkt angezeigt wird.

`display_product_options_in`

Wenn das Produkt über Auswahloptionen verfügt, gibt dieses Feld an, wo auf der Produktseite diese erscheinen.

Mögliche Werte:

- "Product Info Column" (Produktinfo-Spalte)

- "Block after Info Column" (Block nach Infospalte)

`map_price`

Die Preisuntergrenze (*minimum advertised price*) des Produkts. (Erscheint nur, wenn MAP aktiviert ist.)

`msrp_price`

Die unverbindliche Preisempfehlung (*manufacturer's suggested retail price*) des Herstellers für das Produkt. (Erscheint nur, wenn MAP aktiviert ist.)

`map_enabled`

Bestimmt, ob die Preisuntergrenze (*minimum advertised price*) in der Konfiguration aktiviert ist.

Mögliche Werte:

- "1" (Ja, MAP ist aktiviert.)

- 0 oder leer (Nein, MAP ist nicht aktiviert.)

`gift_message_available`

Bestimmt, ob eine Geschenknachricht beim Produktkauf hinzugefügt werden kann.

Mögliche Werte:

- "1" (Ja, die Möglichkeit, eine Geschenknachricht zu hinterlassen, wird dem Kunden angezeigt.)

- "0" oder leer (Nein, die Möglichkeit, eine Geschenknachricht zu hinterlassen, wird dem Kunden nicht angezeigt.)

`custom_design`

Führt auf, welche verfügbaren Themes auf die Produktseite angewendet werden können.

`custom_design_from`

Bestimmt das Anfangsdatum für die Anwendung des ausgewählten Themes auf die Produktseite.

`custom_design_to`

Bestimmt das Enddatum für die Anwendung des ausgewählten Themes auf die Produktseite.

`custom_layout_update`

Zusätzlicher XML-Code, der als Layout-Update auf die Produktseite angewandt wird.

`page_layout`

Legt das Seitenlayout der Produktseite fest.

Mögliche Werte:

- "No layout updates" (keine Veränderung am Seitenlayout)

- "1 column" (einspaltiges Layout auf die Produktseite anwenden)

- "2 columns with left bar" (zweispaltiges Layout mit Sidebar links auf die Produktseite anwenden)

- "2 columns with right bar" (zweispaltiges Layout mit Sidebar rechts auf die Produktseite anwenden)

- 3 columns (dreispaltiges Layout auf die Produktseite anwenden)

- "empty" (leeres Layout auf die Produktseite anwenden)

`product_options_container`

Gibt an, wo die Auswahlmöglichkeiten angezeigt werden, wenn das Produkt über solche verfügt.

Mögliche Werte:

- "Product Info Column" (Produktinfospalte)

- "Block after Info Column" (Block nach Infospalte)

`msrp_display_actual_price_type`

Legt fest, ob der aktuelle Preis eines Produkts für den Kunden angezeigt wird.

Mögliche Werte:

- "In Cart" (im Warenkorb anzeigen)

- "Before Order Confirmation" (vor Bestellbestätigung anzeigen)

- "On Gesture" (im Popup nach einem Klick auf "Klicken für Preis" oder "Was ist das?" anzeigen).

`country_of_manufacture`

Gibt das Land an, in dem das Produkt hergestellt wurde.

`additional_attributes`

Zusätzliche, für das Produkt angelegte Attribute.

Zum Beispiel: `"has_options=0,required_options=0"` oder `"color=Black,has_options=0,required_options=0,size_general =XS"`

`qty`

Anzahl der auf Lager vorhandenen Einheiten des Produkts.

`out_of_stock_qty`

Der Lagerstand, bei dem das Produkt als "nicht auf Lager" angezeigt werden soll.

`use_config_min_qty`

Legt fest, ob der Standardwert aus der Konfiguration verwendet werden soll und entspricht der Checkbox *Use Config Settings*.

Mögliche Werte:

- "1" (Ja, die Standardkonfiguration wird verwendet.)

- "0" oder leer (Nein, die Standardkonfiguration kann durch den Wert dieses Attributs überschrieben werden.)

`is_qty_decimal`

Bestimmt, ob das `qty` Attribut einen Dezimalwert enthält.

Mögliche Werte:

- "1" (Ja, die vorhandene Menge wird als Dezimalwert angegeben.)

- "0" oder leer (Nein, der Wert des Attributs ist eine Ganzzahl.)

`allow_backorders`

Bestimmt, ob der Shop Lieferrückstände erlaubt und wie sie verwaltet werden.

`use_config_backorders`

Legt fest, ob die Standard-Konfigurationseinstellung für Lieferrückstände verwendet werden soll und entspricht der Checkbox *Use Config Settings*.

Mögliche Werte:

- "1" (Ja, die Standardkonfiguration wird verwendet.)

- "0" oder leer (Nein, die Standardkonfiguration kann durch den Wert dieses Attributs überschrieben werden.)

`min_cart_qty`

Legt die Mindestmenge für das Produkt in einer Bestellung fest.

`use_config_min_sale_qty`

Legt fest, ob die Standard-Konfigurationseinstellung für die Mindestmenge verwendet werden soll und entspricht der Checkbox *Use Config Settings*.

Mögliche Werte:

- "1" (Ja, die Standardkonfiguration wird verwendet.)

- "0" oder leer (Nein, die Standardkonfiguration kann durch den Wert dieses Attributs überschrieben werden.)

`max_cart_qty`

Legt die Höchstmenge für das Produkt in einer Bestellung fest.

`use_config_max_sale_qty`

Legt fest, ob die Standard-Konfigurationseinstellung für die Höchstmenge verwendet werden soll und entspricht der Checkbox *Use Config Settings*.

Mögliche Werte:

- "1" (Ja, die Standardkonfiguration wird verwendet.)

- "0" oder leer (Nein, die Standardkonfiguration kann durch den Wert dieses Attributs überschrieben werden.)

`is_in_stock`

Gibt an, ob das Produkt auf Lager ist.

`notify_on_stock_below`

Legt den Lagerbestand fest, bei dem eine "nicht auf Lager"-Benachrichtigung ausgelöst wird.

`use_config_notify_stock_qty`

Legt fest, ob die Standard-Konfigurationseinstellung für die Lagerbestandsbenachrichtigung verwendet werden soll und entspricht der Checkbox *Use Config Settings*.

Mögliche Werte:

- "1" (Ja, die Standardkonfiguration wird verwendet.)

- "0" oder leer (Nein, die Standardkonfiguration kann durch den Wert dieses Attributs überschrieben werden.)

`manage_stock`

Legt fest, ob die Lagerbestandsverwaltung benutzt werden soll, um das Produkt zu verwalten.

Mögliche Werte:

- "1" (Ja, die Lagerbestandsverwaltung wird aktiviert.)

- "0" (Nein, das System berechnet nicht laufend, in welcher Stückzahl das Produkt noch auf Lager ist.

`use_config_manage_stock`

Legt fest, ob die Standard-Konfigurationseinstellung für die Lagerbestandsverwaltung verwendet werden soll und entspricht der Checkbox *Use Config Settings*.

Mögliche Werte:

- "1" (Ja, die Standardkonfiguration wird verwendet.)

- "0" oder leer (Nein, die Standardkonfiguration kann durch den Wert dieses Attributs überschrieben werden.)

`use_config_qty_increments`

Legt fest, ob die Standard-Konfigurationseinstellung für Mengenschritte verwendet werden soll und entspricht der Checkbox *Use Config Settings*.

Mögliche Werte:

- "1" (Ja, die Standardkonfiguration wird verwendet.)

- "0" oder leer (Nein, die Standardkonfiguration kann durch den Wert dieses Attributs überschrieben werden.)

`qty_increments`

Legt fest, ob das Produkt in Mengenschritten verkauft wird.

Mögliche Werte:

- "1" (Ja)

- "0" (Nein)

`use_config_enable_qty_inc`

Legt fest, ob die Standard-Konfigurationseinstellung für die Aktivierung der Mengenschritte verwendet werden soll und entspricht der Checkbox *Use Config Settings*.

Mögliche Werte:

- "1" (Ja, die Standardkonfiguration wird verwendet.)

- "0" oder leer (Nein, die Standardkonfiguration kann durch den Wert dieses Attributs überschrieben werden.)

`enable_qty_increments`

Legt fest, ob Mengenschritte für das Produkt aktiviert sind.

`is_decimal_divided`

Legt fest, ob Teile des Produkts separat versendet werden können.

Mögliche Werte:

- "1" (Ja)

- "0" (Nein)

`website_id`

Für Installationen mit mehreren Websites, kann hier festgelegt werden, auf welcher spezifischen Website das Produkt angeboten werden soll. Bleibt das Feld leer, wird das Produkt auf allen Websites angezeigt.

`related_skus`

Durch Kommas ohne begleitende Leerzeichen getrennte Auflistung der SKUs derjenigen Produkte, die als verwandte Produkte erkannt wurden.

Zum Beispiel: "24-WG080,24-UG03,24-UG01,24-UG02"

`crosssell_skus`

Auflistung der SKUs derjenigen Produkte, die als Cross-Sell-Produkte Produkte erkannt wurden.

`upsell_skus`

Auflistung der SKUs derjenigen Produkte, die als Up-Sell-Produkte erkannt wurden.

`additional_images`

Die von einem Slash ("/") angeführten Dateinamen von möglichen zusätzlichen Bildern, die mit dem Produkt in Verbindung stehen.

Zum Beispiel: "/image.jpg"

`additional_image_labels`

Die mit zusätzlichen Bildern verbundenen Labels.

Zum Beispiel: "Label 1, Label 2"

`custom_options`

Feld für selbst definierte Optionen.

Zum Beispiel:
```
"name=Color,type=drop_down,required=1,price=,price_type=fi
xed,sku=,option_title=Black|
name=Color,type=drop_down,required=1,price=,price_type=fix
ed,sku=,option_title=White"
```

11.4.2 Servicedaten für Produktvarianten

```
_super_products_sku
```

Die generierte SKU für eine konfigurierbare Produktvariante.

Zum Beispiel: "WB03-XS-Green"

Wird angewandt auf: konfigurierbare Produkte

```
_super_attribute_code
```

Attributcode für eine konfigurierbare Produktvariante.

Zum Beispiel: "color"

Wird angewandt auf: konfigurierbare Produkte

```
_super_attribute_option
```

Der Wert für eine konfigurierbare Produktvariante.

Zum Beispiel: "blau"

Wird angewandt auf: konfigurierbare Produkte

```
_super_attribute_price_corr
```

Eine Preisanpassung, die einer konfigurierbaren Produktvariante zugeordnet ist.

Wird angewandt auf: konfigurierbare Produkte

`_associated_sku`

Die SKU eines Produkts das zu einem Gruppenprodukt gehört.

Wird angewandt auf: Gruppenprodukte, Bündelprodukte

`_associated_default_qty`

Legt die Menge der untergeordneten Produkte fest.

Wird angewandt auf: konfigurierbare Produkte, Gruppenprodukte, Bündelprodukte

`_associated_position`

Legt die Position des untergeordneten Produkts in der Auflistung mit anderen untergeordneten Produkten fest.

Wird angewandt auf: konfigurierbare Produkte, Gruppenprodukte, Bündelprodukte

11.4.3 Komplexe Daten

Der Ausdruck 'komplexe Daten' bezieht sich auf Daten, die mit mehreren Produktoptionen zusammenhängen. Diese Produkttypen verwenden Daten, die aus unterschiedlichen Produkten stammen, um Produktvarianten und Auswahlmöglichkeiten zu erzeugen:

- konfigurierbare Produkte

- Gruppenprodukte

- Bündelprodukte

Wenn ein konfigurierbares Produkt exportiert wird, werden neben den Standardattributen, die ein einfaches Produkt beschreiben, zusätzliche Attribute für die Verwaltung komplexer Daten aufgeführt.

11.4.3.1 Konfigurierbare Produkte

Für konfigurierbare Produkte gibt es die folgenden zusätzlichen, mit komplexen Daten befüllte Attribute:

```
configurable_variation_labels
```

Label, die Produktvarianten angeben.
Zum Beispiel:

- "Choose Color:"
- "Choose Size:"

```
configurable_variations
```

Beschreibt die Werte, die mit einer Produktvariante verbunden sind.
Zum Beispiel: "`sku=sku-red`
`xs,color=red,size=xs,price=10.99,display=1,image=/pub/medi`
`a/import/image1.png|sku=sku-red-`

```
m,color=red,size=m,price=20.88,display=1,image=/pub/media/
import/image2.png"
```

11.4.3.2 Gruppenprodukte

Für Gruppenprodukte gibt es das folgende zusätzliche, mit komplexen Daten befüllte Attribut:

`associated_skus`

Die SKUs der einzelnen Produkte, aus denen die Gruppe besteht.

11.4.3.3 Bündelprodukte

Für Bündelprodukte gibt es die folgenden zusätzlichen, mit komplexen Daten befüllte Attribute:

`bundle_price_type`

Legt fest, ob der Preis eines Bündelprodukts fest oder dynamisch ist.

`bundle_sku_type`

Legt fest, ob den Elementen variable, dynamische SKUs zugewiesen ist oder ob für das Bündelprodukt eine feste SKU verwendet wird.

Mögliche Werte:

- "Fixed"

- "Dynamic"

`bundle_weight_type`

Bestimmt, ob das Gewicht des Bündelprodukts variabel oder fest ist.

`bundle_values`

Beschreibt die mit einer Bündeloption verbundenen Werte.

Zum Beispiel: `"name=Bundle Option One,type=dropdown; required=1, sku=sku-option2,price=10, price_type=fixed"`

11.4.4 Erweiterte Preisgestaltung

Die Import-/Export-Funktion für die erweiterte Preisgestaltung ermöglicht die schnelle und unkomplizierte Anpassung von Preisen für Produktgruppen und gestaffelten Preisen. Der Prozess des Imports und Exports erweiterter Preisdaten ist derselbe wie bei jeder anderen Art von Elementen. Die entsprechende Sample-CSV-Datei enthält gestaffelte Preise und Gruppenpreise für jeden Produkttyp, der erweiterte Preisgestaltung ermöglicht. Das Vornehmen von Änderungen an der erweiterten Preisgestaltung wirkt sich nicht auf die übrigen Felder des Produktdatensatzes aus.

sku	tier_price_website	tier_price_customer_group	tier_price_qty	tier_price	group_price_website	group_price_customer_group	Group_price_price
sku123	website1	General	2	10			
sku124	All Websites [USD]	ALL GROUPS	3	15			
sku123					website1	General	11
sku124					All Websites [USD]	General	12

Hier eine Übersicht der für die erweiterte Preisgestaltung zur Verfügung stehenden Attribute:

sku (erforderlich)

Die Stock-Keeping-Unit ist ein einmaliger, alphanumerischer Identifikator, der für die Lagerbestandsverwaltung gebraucht wird. Eine SKU kann bis zu 64 Zeichen lang sein.

Zum Beispiel: "sku123"

Eine SKU, die länger als 64 Zeichen ist, wird dazu führen, dass der Import fehlschlägt.

`tier_price_website`

Der Website-Code gibt diejenigen Websites an, auf denen die gestaffelten Preise verfügbar sind.

Zum Beispiel: "website1" oder "All Websites [USD]"

`tier_price_customer_group`

Gibt die Kundengruppen an, für die die gestaffelten Preise verfügbar sind.

Zum Beispiel:

- "ALL GROUPS"

- "NOT LOGGED IN"

- "General"

- "Wholesale"

- "Retailer"

`tier_price_qty`

Die Menge, in der das Produkt bestellt werden muss, um den Preisnachlass über die gestaffelten Preise zu erhalten.

`tier_price`

Der reduzierte Staffelpreis des Produkts. Für Bündelprodukte wird der Staffelpreis prozentual berechnet.

`group_price_website`

Der Website Code derjenigen Websites, auf denen der Gruppenpreis verfügbar ist. Wenn mehrere Websites angegeben werden, müssen sie durch Kommas ohne begleitendes Leerzeichen getrennt werden.

Zum Beispiel: "website1" oder "All Websites [USD]"

`group_price_customer_group`

Gibt die Kundengruppen an, für die der Gruppenpreis verfügbar ist.

Zum Beispiel:

- "NOT LOGGED IN"

- "General"

- "Wholesale"

- "Retailer"

`group_price`

Der reduzierte Gruppenpreis des Produkts. Für Bündelprodukte wird der Gruppenpreis prozentual berechnet.

12. Wie funktioniert die Konfiguration für den Versand in Magento 2?

Magento 2 erlaubt neben detaillierten Grundeinstellungen für den Versand, der Konfiguration unterschiedlicher Versandmethoden und gesonderten Einstellungen für die Integration der Services von Versandunternehmen auch die Konfiguration und das Erstellen von Versandetiketten direkt in der Verwaltungsoberfläche des Shops.

Nachdem die notwendigen Einstellungen vorgenommen worden sind, bietet Magento großen Komfort in der Abwicklung des Versands. Die folgenden Abschnitte beschreiben Schritt für Schritt, was für die Konfiguration des Versands in einem Magento 2 Shop zu tun ist und worauf es dabei zu achten gilt.

12.1 Versandeinstellungen

Im Bereich Versandkosteneinstellungen (*Stores > Settings > Configuration > Sales > Shipping Settings/Multishipping Settings*) können der Ursprungsort für den Versand, die Versandbedingungen und der Umgang mit den Versand an mehrere Adressen eingestellt werden.

12.1.1 Ursprungsort

Der Ursprungsort für den Versand in einem Onlineshop ist der Ort, an dem das Geschäft oder Warenlager liegt, von dem aus die Sendungen auf den Weg gehen. Der Ursprungsort wird außerdem für die Bestimmung der Steuerklasse der angebotenen Produkte zurate gezogen.

12. Wie funktioniert die Konfiguration für den Versand in Magento 2?

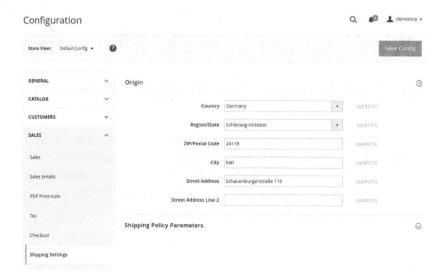

Um den Ursprungsort für den Versand festzulegen, müssen die folgenden Schritte durchgeführt werden:

1. Unter *Stores > Settings > Configuration* muss im Menü auf der linken Seite der Abschnitt *Sales* aufgeklappt, darin der Punkt *Shipping Settings* gewählt und dann der Bereich *Origin* durch einen Klick sichtbar gemacht werden.

2. Nun kann der genaue Ursprungsort für den Versand mithilfe der zur Verfügung stehenden Eingabefelder bestimmt werden. Dazu wird unter *Country* das Land ausgewählt und dann das Bundesland aus der Liste *Region/State* gewählt. Außerdem werden unter *ZIP/Postal Code* die Postleitzahl, im Feld *City* die Stadt und in dem oder den Feldern *Street Adress* die Anschrift eingetragen.

3. Mit einem Klick auf den Button *Save Config* oben rechts werden die Einstellungen schließlich gespeichert.

12.1.2 Versandbedingungen

Bei Bedarf kann im Checkout ein Text zu den Versandbedingungen angezeigt werden. Dazu müssen in der Konfiguration diese Funktion aktiviert und der entsprechende Text hinterlegt werden.

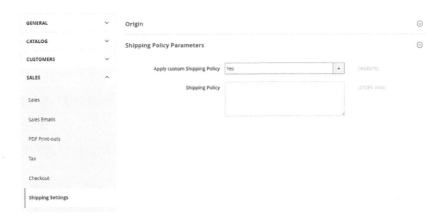

Damit die Versandbedingungen im Checkout angezeigt werden, müssen die folgenden Schritte durchgeführt werden:

1. Unter *Stores > Settings > Configuration* muss im Menü auf der linken Seite der Abschnitt *Sales* aufgeklappt, darin der Punkt *Shipping Settings* gewählt und dann der Bereich *Shipping Policy Parameters* durch einen Klick sichtbar gemacht werden.

2. Die Option *Apply Custom Shipping Policy* muss auf "Yes" gestellt werden.

3. In das dann sichtbare Eingabefeld kann der Text der Versandbedingungen, der im Checkout angezeigt werden soll, hineinkopiert oder eingegeben werden.

4. Mit einem Klick auf den Button *Save Config* oben rechts werden die Einstellungen schließlich gespeichert.

12.1.3 Mehrere Adressen

Durch die Einstellungen für den Versand an mehrere Adressen kann es Kunden ermöglicht werden, ihre Bestellung an mehrere Adressen versenden zu lassen. Zudem kann eingestellt werden, wie viele Adressen für den Versand einer Bestellung maximal angegeben werden können.

Um den Versand an mehrere Adressen zu konfigurieren, müssen die folgenden Schritte durchgeführt werden:

1. Unter *Stores > Settings > Configuration* muss im Menü auf der linken Seite der Abschnitt *Sales* aufgeklappt, darin der Punkt *Multishipping Settings* gewählt und dann der Bereich *Options* durch einen Klick sichtbar gemacht werden.

2. Die Option *Allow Shipping to Multiple Addresses* muss auf "Yes" gestellt werden.

3. Im Feld *Maximum Qty Allowed for Shipping to Multiple Addresses* kann die maximal zulässige Zahl der Adressen für den Versand eingegeben werden.

4. Mit einem Klick auf den Button *Save Config* oben rechts werden die Einstellungen schließlich gespeichert.

12.2 Grundlegende Versandmethoden

Magento 2 unterstützt eine Vielzahl von Versandmethoden und kann mit den Systemen zahlreicher Transportunternehmen verbunden werden. In diesem Abschnitt wird erklärt, wie diejenigen Versandmethoden, die kein Konto bei einem Drittanbieter erfordern, konfiguriert werden.

12.2.1 Kostenloser Versand (*Free Shipping*)

Kostenloser Versand ist eines der wirksamsten Angebote für die Gewinnung von Kunden. Er kann generell für alle Bestellungen oder ab einem Mindestbestellwert beziehungsweise bei der Erfüllung bestimmter Warenkorbregeln gelten. Trifft beides auf eine einzige Bestellung zu, wiegt die Konfigurationseinstellung schwerer als die Warenkorbregel.

> Wichtiger Hinweis: Je nach Transportdienstleister können für kostenlosen Versand noch zusätzliche Einstellungen nötig sein.

12. Wie funktioniert die Konfiguration für den Versand in Magento 2?

Um den kostenlosen Versand zu aktivieren und zu konfigurieren, müssen die folgenden Schritte durchgeführt werden:

1. Unter *Stores > Settings > Configuration* muss im Menü auf der linken Seite der Abschnitt *Sales* aufgeklappt, darin der Punkt *Shipping Methods* gewählt und dann der Bereich *Free Shipping* durch einen Klick sichtbar gemacht werden.

2. Die Option *Enabled* muss auf "Yes" gestellt werden, um den kostenlosen Versand zu aktivieren.

3. Im Feld *Title* wird der Name der Versandmethode in der Form, die im Checkout angezeigt werden soll, hinterlegt (z. B. "Kostenloser Versand").

4. Im Feld *Method Name* kann zusätzlich ein Name vergeben werden, der die Versandmethode beschreibt.

5. In das Feld *Minimum Order Amount* kann der Mindestbestellwert eingetragen werden, von dem an der Versand kostenlos ist. Um kostenlosen Versand in Verbindung mit tabellenbasierten

Versandkosten (*Table Rates*) zu verwenden, sollte der Mindestbestellwert so hoch gewählt werden, dass er niemals erreicht wird. Das verhindert, dass der kostenlose Versand wirksam wird, ohne durch eine Preisregel ausgelöst worden zu sein.

6. Im Eingabefeld *Displayed Error Message* wird die Nachricht, die bei Nichtverfügbarkeit des kostenlosen Versands angezeigt werden soll, eingegeben.

7. Im Feld *Ship to Applicable Countries* stehen zwei mögliche Optionen zur Auswahl:

    • Alle erlaubten Länder ("All Allowed Countries")
      Die Versandmethode soll für Kunden aus allen in der Konfiguration des Shops festgelegten Ländern verfügbar sein.

    • Bestimmte Länder ("Specific Countries")
      Die Versandmethode soll ausschließlich für Kunden aus bestimmten Ländern verfügbar sein. Wird diese Option gewählt, erscheint die Liste *Ship to Specific Countries*, in der die gewünschten Länder ausgewählt werden können.

8. Im Feld *Show Method if Not Applicable* stehen zwei Optionen zur Auswahl:

    • Ja ("Yes")
      Die Versandmethode immer anzeigen – auch wenn sie nicht anwendbar ist.

    • Nein ("No")
      Die Versandmethode nur dann anzeigen, wenn sie auch anwendbar ist.

9. Im Feld *Sort Number* kann eine Zahl für die Einordnung der Versandmethode im Checkout eingegeben werden. ("0" = erste, "1" = zweite, "2" = dritte Position und so weiter).

10.Mit einem Klick auf den Button *Save Config* oben rechts werden die bisher gemachten Einstellungen zum kostenlosen Versand gespeichert.

11.Bevor der kostenlose Versand auch in der Konfiguration für das gewünschte Transportunternehmen aktiviert wird, muss die sonstige Konfiguration für den betreffenden Beförderer bereits abgeschlossen sein. Wenn beispielsweise UPS für den kostenlosen Versand verwendet werden soll, muss weiter unten im Bereich *Shipping Methods* der Bereich *UPS* mit einem Klick erweitert werden.

12.Im Feld *Free Method* muss "Ground" ausgewählt werden.

13.Wenn ein Mindestbestellwert für den kostenlosen Versand vorausgesetzt wird, muss die Option *Free Shipping with Minimum Order Amount* auf "Enable" gesetzt und der gewünschte Mindestbestellwert in das Feld *Minimum Order Amount for Free Shipping* eingetragen werden.

14.Mit einem Klick auf den Button *Save Config* oben rechts werden die Einstellungen schließlich gespeichert.

12.2.2 Versandkostenpauschale (*Flat Rate*)

Eine Versandkostenpauschale (*Flat Rate*) ist ein fester, vordefinierter Preis für den Versand, der wahlweise pro Artikel oder pro Sendung definiert werden kann. Eine sehr unkomplizierte Versandmethode, inbesondere durch spezielle Angebote mancher Transportunternehmen.

Um eine Versandkostenpauschale zu aktivieren und zu konfigurieren, müssen die folgenden Schritte durchgeführt werden:

1. Unter *Stores > Settings > Configuration* muss im Menü auf der linken Seite der Abschnitt *Sales* aufgeklappt, darin der Punkt *Shipping Methods* gewählt und dann der Bereich *Flat Rate* durch einen Klick sichtbar gemacht werden.

2. Die Option *Enabled* muss auf "Yes" gestellt werden, um die Versandkostenpauschale zu aktivieren, so dass sie als Option im Warenkorb und im Checkout angezeigt wird.

3. Im Feld *Title* wird der Name der Versandmethode hinterlegt (z. B. "Versandkostenpauschale").

4. Im Feld *Method Name* kann zusätzlich ein Name vergeben werden, der die Versandmethode beschreibt und neben den berechneten Versandkosten im Warenkorb erscheint.

5. Im Feld *Type* stehen drei mögliche Optionen für die Art der Verwendung der Versandkostenpauschale zur Auswahl:

   - "None"
     Es wird keine Versandkostenpauschale in Rechnung gestellt. als Versandpauschale wird ein Preis von Null angezeigt, was de kostenlosem Versand entspricht.

   - "Per Order"
     Die Versankostenpauschale wird einmal für die gesamte Bestellung berechnet.

   - "Per Item"
     Die Versandkostenpauschale wird für jeden Artikel im Warenkorb erhoben. Die Versandsumme berechnet sich also durch die Multiplikation der Versandkostenpauschale mit der Anzahl der Artikel im Warenkorb – unabhängig davon, ob es sich dabei um mehrere Exemplare desselben oder unterschiedliche Produkte handelt.

6. In das Feld *Price* wird der Preis für den Versand mit einer Kostenpauschale eingegeben.

7. Wenn eine zusätzliche Bearbeitungsgebühr erhoben werden soll, muss im Feld *Calculate Handling Fee* eine der folgenden Optionen gewählt werden:

   - "Fixed" (fester Betrag)
     In diesem Fall muss der Betrag als Dezimalzahl in das Feld *Handling Fee* eingetragen werden.

- "Percent" (prozentual berechnet)
  In diesem Fall muss der Prozentsatz für die Berechnung der
  Bearbeitungsgebühr als Dezimalzahl (z. B. "0.06" für 6 Prozent)
  im Feld *Handling Fee* festgelegt werden.

8. Im Eingabefeld *Displayed Error Message* wird die Nachricht, die bei
   Nichtverfügbarkeit der Versandmethode angezeigt werden soll,
   eingegeben.

9. Im Feld *Ship to Applicable Countries* stehen zwei mögliche Optionen zur
   Auswahl:

   - Alle erlaubten Länder ("All Allowed Countries")
     Die Versandmethode soll für Kunden aus allen in der
     Konfiguration des Shops festgelegten Ländern verfügbar sein.

   - Bestimmte Länder ("Specific Countries")
     Die Versandmethode soll ausschließlich für Kunden aus
     bestimmten Ländern verfügbar sein. Wird diese Option
     gewählt, erscheint die Liste *Ship to Specific Countries*, in der die
     gewünschten Länder ausgewählt werden können.

10. Im Feld *Sort Number* kann eine Zahl für die Einordnung der
    Versandmethode im Checkout eingegeben werden. ("0" = erste, "1" =
    zweite, "2" = dritte Position und so weiter).

11. Mit einem Klick auf den Button *Save Config* oben rechts werden die
    bisher gemachten Einstellungen zur Versandkostenpauschale
    gespeichert.

12.2.3 Tabellenbasierte Versandkosten (*Table Rates*)

Tabellenbasierte Versandkosten ermöglichen die Berechnung von
Transportkosten auf der Grundlage einer Kombination von Bedingungen. Diese
Möglichkeiten stehen dabei für die Berechnungsgrundlage zur Verfügung:

12. Wie funktioniert die Konfiguration für den Versand in Magento 2?

- Gewicht/Ziel

- Zwischensumme/Ziel

- Artikelanzahl/Ziel

Die Daten die für die tabellenbasierte Versandkostenberechnung (*Table Rates*) verwendet werden, müssen in einem Tabellenkalkulationsprogramm vorbereitet und in den Shop importiert werden. Wenn ein Kunde eine Preisanfrage stellt, erscheint das Ergebnis im Abschnitt *Geschätzte Versandkosten (Shipping Estimate)* des Warenkorbs.

Wichtiger Hinweis: Für die tabellenbasierte Berechnung von Versandkosten kann immer nur ein Datensatz zur Zeit aktiv sein.

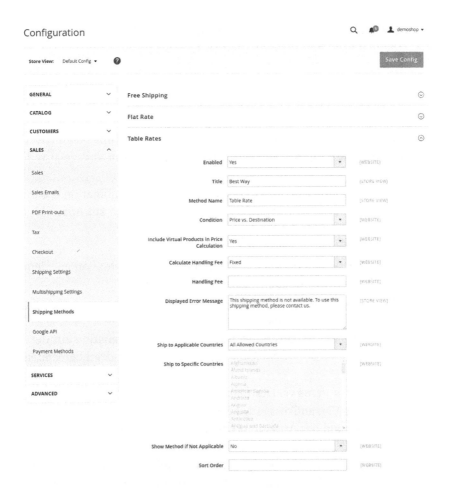

Um die tabellenbasierte Versandkostenberechnung zu aktivieren und zu konfigurieren, müssen die folgenden Schritte durchgeführt werden:

1. Unter *Stores > Settings > Configuration* muss im Menü auf der linken Seite der Abschnitt *Sales* aufgeklappt, darin der Punkt *Shipping Methods* gewählt und dann der Bereich *Table Rates* durch einen Klick sichtbar gemacht werden.

2. Die Option *Enabled* muss auf "Yes" gestellt werden, um die tabellenbasierten Versandkosten zu aktivieren.

3. Im Feld *Title* wird der Name der Versandmethode in der Form, die im Checkout angezeigt werden soll, hinterlegt (Standard: "Best Way").

4. Im Feld *Method Name* kann zusätzlich die Bezeichnung vergeben werden, unter der die Versandmethode im Checkout angezeigt wird.

5. Im Feld *Condition* stehen drei Optionen für die Kombination der Bedingungen für die Berechnung der Versandkosten zur Auswahl:

   - "Weight vs. Destination"
     Die Versandkosten werden über eine Kombination aus dem Gewicht und dem Versandziel berechnet.

   - "Price vs. Destination"
     Die Versandkosten werden über eine Kombination aus der Höhe der Zwischensumme und dem Versandziel berechnet.

   - "# of Items vs. Destination"
     Die Versandkosten werden über eine Kombination aus der Anzahl der Artikel und dem Versandziel berechnet.

6. Für Bestellungen, die virtuelle Produkte enthalten, muss die Option *Include Virtual Products in Price Calculation* auf "Yes" gesetzt werden.

7. Wenn eine zusätzliche Bearbeitungsgebühr erhoben werden soll, muss im Feld *Calculate Handling Fee* eine der folgenden Optionen gewählt werden:

   - "Fixed" (fester Betrag)
     In diesem Fall muss der Betrag als Dezimalzahl in das Feld *Handling Fee* eingetragen werden.

- "Percent" (prozentual berechnet)
  In diesem Fall muss der Prozentsatz für die Berechnung der
  Bearbeitungsgebühr im Feld *Handling Fee* als Ganzzahl ohne
  Prozentzeichen festgelegt werden.

8. Im Eingabefeld *Displayed Error Message* wird die Nachricht, die bei
   Nichtverfügbarkeit der Versandmethode angezeigt werden soll,
   eingegeben.

9. Im Feld *Ship to Applicable Countries* stehen zwei mögliche Optionen zur
   Auswahl:

   - Alle erlaubten Länder ("All Allowed Countries")
     Die Versandmethode soll für Kunden aus allen in der
     Konfiguration des Shops festgelegten Ländern verfügbar sein.

   - Bestimmte Länder ("Specific Countries")
     Die Versandmethode soll ausschließlich für Kunden aus
     bestimmten Ländern verfügbar sein. Wird diese Option
     gewählt, erscheint die Liste *Ship to Specific Countries*, in der die
     gewünschten Länder ausgewählt werden können.

10. Im Feld *Sort Number* kann eine Zahl für die Einordnung der
    Versandmethode im Checkout eingegeben werden. ("0" = erste, "1" =
    zweite, "2" = dritte Position und so weiter).

11. Mit einem Klick auf den Button *Save Config* oben rechts werden die
    bisher gemachten Einstellungen zu den tabellenbasierten
    Versandkosten gespeichert.

12. Oben links muss nun als *Store View* "Main Website" oder diejenige
    Website, für die die Konfiguration gelten soll, ausgewählt werden.
    Danach erscheinen rechts neben den Optionen für Export und Import
    "Use Default"-Checkboxen, die jeweils erst abgewählt werden müssen,
    bevor eine Einstellung verändert werden kann. Um Beispielsweise im
    Feld *Condition* eine andere Option auswählen zu können, muss

12. Wie funktioniert die Konfiguration für den Versand in Magento 2?

zunächst die nebenstehende Checkbox abgewählt und erst dann die gewünschte Einstellung vorgenommen werden.

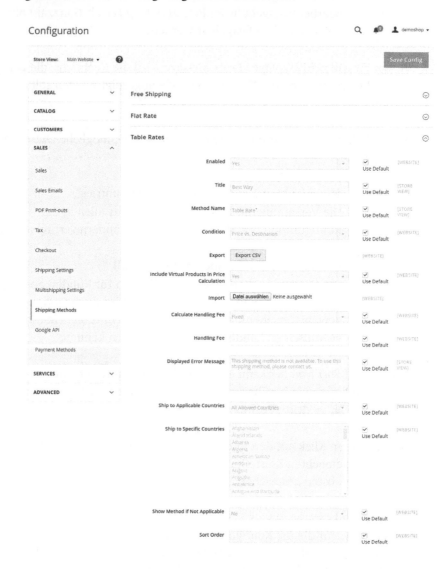

13. Nach einem Klick auf den Button *Export CSV* kann die Datei `tablerates.csv` auf dem Computer gespeichert werden.

14. Die heruntergeladene Datei kann nun in einem Tabellenkalkulationsprogramm geöffnet und mit den gewünschten Werten befüllt werden. Dabei muss in der Spalte *Country* jeweils ein gültiger dreistelliger Ländercode in jeder Zeile stehen. Mithilfe des Stern-Symbols ("*") wird ein Feld mit einer "Wildcard", also für alle möglichen Werte markiert.

	A	B	C	D	E	F
1	Country	Region/State	Zip/Postal Code	Weight (and above)	Shipping Price	
2	DEU	*	*	0	5	
3	DEU	*	*	2000	7	
4	DEU	*	*	5000	10	
5	AUT	*	*	0	8	
6	AUT	*	*	2000	12	
7	AUT	*	*	5000	20	
8						
9						

15. Wenn die Datei `tablerates.csv` fertig bearbeitet ist, muss sie gespeichert werden.

16. Zurück im Abschnitt *Table Rates* der Shop-Konfiguration muss oben links der zu bearbeitende *Store View* ausgewählt sein, bevor im Feld *Import* auf den Button *Datei auswählen/Choose File* geklickt und die Datei `tablerates.csv` für den Import ausgewählt wird.

17. Nach dem Importieren der Versandkostentabelle muss mit einem Klick auf den Button *Save Config* oben rechts die Konfiguration der tabellenbasierten Versandkosten gespeichert werden.

18. Um sicherzugehen, dass alle Versandkosten korrekt berechnet werden, muss nun noch der Bestellprozess mit unterschiedlichen Warenkörben und Adressen durchlaufen werden, um die möglichen Kombinationen zu überprüfen.

12.2.3.1 Beispiel: Zwischensumme/Ziel

In der abgebildeten Beispieltabelle wurde durch eine Kombination aus den Bedingungen Zwischensumme und Ziel die Grundlage für die Berechnung von drei unterschiedlichen Versandstufen geschaffen. Dabei bilden die US-Bundesstaaten Alaska und Hawaii eigene Versandzonen, für die von den restlichen USA abweichende Versandkosten berechnet werden. Mit dem Stern-Symbol ("*") wird ein Feld mit einer "Wildcard", also für alle möglichen Werte markiert.

	A	B	C	D	E	F
1	Country	Region/State	Zip/Postal Code	Order Subtotal (and above)	Shipping Price	
2	USA	*	*	0	15	
3	USA	*	*	50	10	
4	USA	*	*	100	5	
5	USA	AK	*	0	20	
6	USA	AK	*	50	15	
7	USA	AK	*	100	10	
8	USA	HI	*	0	20	
9	USA	HI	*	50	15	
10	USA	HI	*	100	10	
11						
12						

12.2.3.2 Beispiel: Gewicht/Ziel

In der abgebildeten Beispieltabelle wird mithilfe der Kombination aus Gewicht und Ziel ein dreistufiges Versandkostenmodell für ein einziges Zielland realisiert. Weitere Länder könnten mit entsprechenden oder abweichend aufgeteilten Gewichtsklassen durch zusätzliche Zeilen hinzugefügt und mit eigenen Versandkosten versehen werden.

	A	B	C	D	E	F
1	Country	Region/State	Zip/Postal Code	Weight (and above)	Shipping Price	
2	USA	*	*	0	5	
3	USA	*	*	10	10	
4	USA	*	*	20	15	
5						
6						
7						

12.2.3.3 Beispiel: Kostenloser Versand nur für manche Bundesstaaten

1. Eine `tablerates.csv` Datei anlegen, die alle Bundesstaaten enthält, für die kostenloser Versand verfügbar sein soll.

2. In der Konfiguration für die tabellenbasierten Versandkosten (*Table Rates*) diese Einstellungen vornehmen:

   - Im Feld *Condition* die Option "Price vs. Destination" wählen.

   - Im Feld *Method Name* "kostenloser Versand" eingeben.

- Im Feld *Ship to Applicable Countries* die Option "Specific Countries" wählen.

- Im Feld *Ship to Specific Countries* zum Beispiel "Vereinigte Staaten" wählen.

- Die Option *Show method if not applicable* auf "No" stellen.

3. Mit einem Klick auf den Button *Save Config* oben rechts die vorgenommenen Einstellungen speichern.

4. Oben links den *Store View* auf die zu bearbeitende Website stellen und mit einem Klick auf *Import* die ausgewählte `tablerates.csv` Datei hochladen.

12.2.4 Volumengewicht (*Dimensional Weight*)

Das sogenannte Volumengewicht (engl.: *dimensional weight* oder *volume weight*) ist eine weit verbreitete Methode für die Berechnung von Frachtkosten. Vereinfacht ausgedrückt wird das Volumengewicht bestimmt, um den durch eine Sendung eingenommenen Raum zu ermitteln. Typischerweise wird dann auf das Volumengewicht zurückgegriffen, wenn ein Paket im Verhältnis zu seinem Volumen relativ leicht ist. Je nach Transportunternehmen wird das Volumengewicht in unterschiedlicher Weise für die Berechnung von Versandkosten herangezogen.

Zwar empfiehlt Magento Händlern ausdrücklich, sich mit dem Volumengewicht auseinanderzusetzen und diese Methode einzusetzen, um im Laufe eines Geschäftsjahres möglicherweise größere Summen einzusparen. Allerdings wird das Volumengewicht als Versandmethode auch in Magento 2 out of the box noch nicht unterstützt.

12.3 Transportunternehmen

Mit einem Unternehmerkundenkonto bei einem unterstützten Transportunternehmen, kann ein Shopbetreiber seinen Kunden im Checkout die Auswahl dieses Beförderers ermöglichen. Die Preise für die Versand werden automatisch heruntergeladen und müssen nicht eigens nachgesehen werden.

Bevor den Kunden eine Auswahl zwischen mehreren Transportunternehmen angeboten werden kann, müssen zunächst die Versandeinstellungen (siehe oben) vorgenommen werden, damit der Ursprungsort für den Versand festgelegt ist. Danach muss die Konfiguration für alle gewünschten Transportunternehmen vorgenommen werden, wobei jeweils die Eröffnung eines entsprechenden Versandkontos vorausgesetzt wird, dessen Nummer oder Nutzerkennung in Magento eingetragen werden muss. Außerdem wird die Gateway-URL für die Verbindung zum System des jeweiligen Anbieters benötigt.

Um auf diese Weise zusätzliche Versandservices anbieten zu können, müssen diese – sofern verfügbar – über entsprechende Extensions von Magento Marketplace nachinstalliert werden.

12.3.1 UPS

Um UPS (United Parcel Service) als Versanddienstleister in Magento zu aktivieren und zu konfigurieren, müssen die folgenden Schritte durchgeführt werden:

1. Ein Kundenkonto bei UPS eröffnen.

2. Unter *Stores > Settings > Configuration* muss im Menü auf der linken Seite der Abschnitt *Sales* aufgeklappt, darin der Punkt *Shipping Methods* gewählt und dann der Bereich *UPS* durch einen Klick sichtbar gemacht werden.

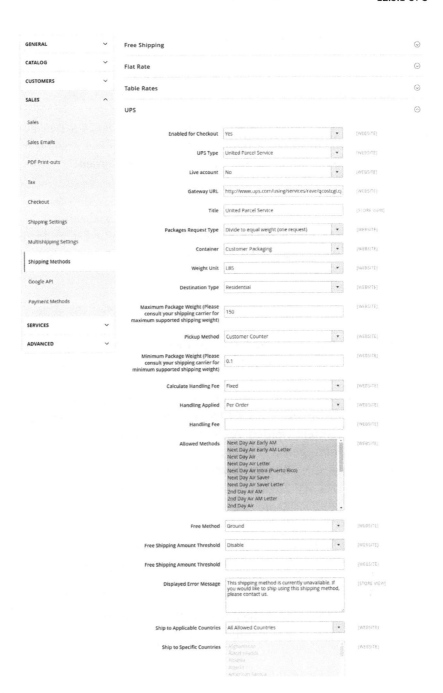

GENERAL ⌄	Free Shipping	⊙
CATALOG ⌄	Flat Rate	⊙
CUSTOMERS ⌄	Table Rates	⊙
SALES ⌃	UPS	⊙
Sales		
Sales Emails	Enabled for Checkout	Yes	[WEBSITE]
PDF Print-outs	UPS Type	United Parcel Service	[WEBSITE]
Tax	Live account	No	[WEBSITE]
Checkout	Gateway URL	http://www.ups.com/using/services/rave/qcostcgi.c	[WEBSITE]
Shipping Settings	Title	United Parcel Service	[STORE VIEW]
Multishipping Settings	Packages Request Type	Divide to equal weight (one request)	[WEBSITE]
Shipping Methods	Container	Customer Packaging	[WEBSITE]
Google API	Weight Unit	LBS	[WEBSITE]
Payment Methods	Destination Type	Residential	[WEBSITE]
SERVICES ⌄	Maximum Package Weight (Please consult your shipping carrier for maximum supported shipping weight)	150	[WEBSITE]
ADVANCED ⌄	Pickup Method	Customer Counter	[WEBSITE]

Minimum Package Weight (Please consult your shipping carrier for minimum supported shipping weight) 0.1 [WEBSITE]

Calculate Handling Fee Fixed [WEBSITE]

Handling Applied Per Order [WEBSITE]

Handling Fee [WEBSITE]

Allowed Methods:
Next Day Air Early AM
Next Day Air Early AM Letter
Next Day Air
Next Day Air Letter
Next Day Air Intra (Puerto Rico)
Next Day Air Saver
Next Day Air Saver Letter
2nd Day Air AM
2nd Day Air AM Letter
2nd Day Air [WEBSITE]

Free Method Ground [WEBSITE]

Free Shipping Amount Threshold Disable [WEBSITE]

Free Shipping Amount Threshold [WEBSITE]

Displayed Error Message This shipping method is currently unavailable. If you would like to ship using this shipping method, please contact us. [STORE VIEW]

Ship to Applicable Countries All Allowed Countries [WEBSITE]

Ship to Specific Countries:
Afghanistan
Åland Islands
Albania
Algeria
American Samoa [WEBSITE]

3. Die Option *Enabled for Checkout* muss auf "Yes" gestellt werden.

4. Je nach Art des UPS Kontos unterscheiden sich die nachfolgenden Schritte:

   1. Für ein normales UPS Kundenkonto muss *UPS Type* auf "United Parcel Service" gestellt werden. Im Feld *Live Account* muss dann eine dieser beiden Optionen gewählt werden:

      - "Yes"
        UPS wird im Produktionsmodus, also unter Realbedingungen eingebunden und steht den Kunden als Versandmethode zur Verfügung.

      - "No"
        UPS wird im Testmodus eingebunden.

      Und in das Feld *Gateway URL* muss die URL für die Berechnung der UPS Versandkosten eingegeben werden.

   2. Für ein UPS XML Konto mit der Möglichkeit, Versandetiketten zu drucken, muss *UPS Type* auf "United Parcel Service XML" gestellt werden. Außerdem müssen diese UPS Zugangsdaten eingegeben werden:
      - Benutzername (*User ID*)
      - Zugangs-Lizenznummer (*Access License Number*)
      - Kennwort (*Password*)

      Im Feld *Mode* muss zudem "Live" ausgewählt sein, wenn die Daten über eine sichere Verbindung an das UPS Versandsystem geschickt werden sollen.

      Zudem muss die *Gateway XML URL* überprüft werden, über die Anfragen per XML gesendet werden.

Im Feld *Origin of the Shipment* muss der Ursprungsort für den Versand angegeben werden ("Shipments Originating in the European Union").
Wenn Sonderkonditionen mit UPS ausgehandelt wurden, muss *Enable Negotiated Rates* auf "Yes" gestellt und die von UPS vergebene sechsstellige *Shipper Number* eingegeben werden.

5. Im *Title* Feld kann die Bezeichnung der Versandmethode UPS, wie sie im Checkout angezeigt werden soll, verändert werden.

6. Im Feld *Packages Request Type* muss eine der folgenden Optionen gewählt werden:

    1. "Use origin weight (few requests)"

    2. "Divide to equal weight (one request)"

7. Im Feld *Container* muss der üblicherweise verwendete Verpackungstyp ausgewählt werden.

8. Um Gewichtsangaben in Kilogramm zu handhaben muss im Feld *Weight Unit* die Option "KGS" gewählt werden.

9. Im Feld *Destination Type* muss eine der folgenden Optionen ausgewählt werden:

    1. "Residential"
       Die meisten Sendungen gehen an Privatkunden (B2C).

    2. "Commercial"
       Die meisten Sendungen gehen an Firmenkunden (B2B).

    3. "Define Automatically"
       UPS bestimmt das Versandziel als entweder privat oder geschäftlich und wendet die entsprechenden Versandkosten aus dem UPS Konto des Händlers an.

10.In das Feld *Maximum Package Weight* muss das maximal zulässige Versandgewicht eingegeben werden.

11.Im Feld *Pickup Method* muss eine der folgenden Optionen für die Abholung durch UPS gewählt werden:

    1. "Regular Daily Pickup"

    2. "On Call Air"

    3. "One Time Pickup"

    4. "Letter Center"

    5. "Customer Counter"

12.In das Feld *Minimum Package Weight* muss das minimal zulässige Versandgewicht eingegeben werden.

13.Wenn eine zusätzliche Bearbeitungsgebühr erhoben werden soll, muss im Feld *Calculate Handling Fee* eine der folgenden Optionen gewählt werden:

    1. "Fixed" (fester Betrag)
    In diesem Fall muss der Betrag als Dezimalzahl in das Feld *Handling Fee* eingetragen werden.

    2. "Percent" (prozentual berechnet)
    In diesem Fall muss der Prozentsatz für die Berechnung der Bearbeitungsgebühr als Dezimalzahl (z. B. "0.25" für 25 Prozent) im Feld *Handling Fee* festgelegt werden.

14.In der Liste *Allowed Methods* müssen die UPS Versandmethoden gewählt werden, die den Kunden im Checkout zu Auswahl angezeigt werden sollen. Um mehrere Listeneinträge auszuwählen, muss die STRG-Taste gedrückt gehalten werden.

15. Wenn kostenloser Versand angeboten werden soll, kann im Feld *Free Method* festgelegt werden, welche Methode hierfür zur Verfügung stehen soll.

16. Danach muss eine dieser beiden Möglichkeiten gewählt werden:

    1. Für kostenlosen Versand ab einem Mindestbestellwert die Option *Free Shipping with Minimum Order Amount* auf "Enable" stellen und den entsprechenden Betrag in das Feld *Minimum Order Amount for Free Shipping* eingeben.

    2. Andernfalls die Option *Free Shipping with Minimum Order Amount* auf "Disable" stellen.

17. Im Eingabefeld *Displayed Error Message* wird die Nachricht, die bei Nichtverfügbarkeit der Versandmethode UPS angezeigt werden soll, eingegeben.

18. Im Feld *Ship to Applicable Countries* stehen zwei mögliche Optionen zur Auswahl:

    1. Alle erlaubten Länder ("All Allowed Countries")
       Die Versandmethode soll für Kunden aus allen in der Konfiguration des Shops festgelegten Ländern verfügbar sein.

    2. Bestimmte Länder ("Specific Countries")
       Die Versandmethode soll ausschließlich für Kunden aus bestimmten Ländern verfügbar sein. Wird diese Option gewählt, erscheint die Liste *Ship to Specific Countries*, in der die gewünschten Länder ausgewählt werden können.

19. Im Feld *Show Method if Not Applicable* stehen zwei Optionen zur Auswahl:

1. Ja ("Yes")
   Die Versandmethode UPS immer anzeigen – auch wenn sie nicht anwendbar ist.

2. Nein ("No")
   Die Versandmethode UPS nur dann anzeigen, wenn sie auch anwendbar ist.

20. Um eine Log-Datei zu erzeugen, in der die Details zu den UPS Sendungen aus dem Shop enthalten sind, muss *Debug* auf "Yes" gestellt werden.

21. Im Feld *Sort Order* kann eine Zahl für die Einordnung der Versandmethode im Checkout eingegeben werden. ("0" = erste, "1" = zweite, "2" = dritte Position und so weiter).

22. Schließlich können die Einstellungen für den Versand mit UPS durch einen Klick auf den Button *Save Config* oben rechts gespeichert werden.

12.3.2 FedEx

Um FedEx als Versanddienstleister in Magento zu aktivieren und zu konfigurieren, müssen die folgenden Schritte durchgeführt werden:

1. Zunächst muss ein FedEx Händlerkonto angelegt und die Registierung für den FedEx Web Services Production Access durchgeführt werden. Dazu muss nach dem Anlegen des Händlerkontos die Informationsseite durchgelesen und dann am Fuß der Seite ein *Production Key* angefordert sowie die Registrierung abgeschlossen werden. Der Key muss kopiert oder aufgeschrieben werden, da er benötigt wird, um FedEx in Magento konfigurieren zu können.

2. Unter *Stores > Settings > Configuration* muss im Menü auf der linken Seite der Abschnitt *Sales* aufgeklappt, darin der Punkt *Shipping Methods*

gewählt und dann der Bereich *FedEx* durch einen Klick sichtbar
gemacht werden.

12. Wie funktioniert die Konfiguration für den Versand in Magento 2?

3. Die Option *Enabled for Checkout* muss auf "Yes" gestellt werden.

4. Im Feld *Title* muss eine passende Bezeichnung für die Anzeige der Versandoption FedEx im Checkout hinterlegt sein.

5. Die folgenden FedEx Kontoinformationen müssen eingegeben werden:

   - ID des Kontos (*Account ID*)

   - Nummer für ausgehandelte Versandkosten (*Meter Number*)

   - Sicherheitsschlüssel (*Key*)

   - Kennwort (*Password*)

6. Wenn eine FedEx Sandbox konfiguriert ist und in einer Testumgebung gearbeitet werden soll, muss die Option *Sandbox Mode* auf "Yes" gesetzt werden. – Dann allerdings muss später daran gedacht werden, diese Option wieder auf "No" zu setzen, wenn FedEx den Kunden als Versandmethode angeboten werden soll.

7. Im Feld *Packages Request Type* muss eine von zwei Optionen für den Umgang mit in mehrere Sendungen aufgeteilten Bestellungen gewählt werden:

   - "Divide to equal weight (one request)"

   - "Use origin weight (few requests)"

8. Im Feld *Packaging* muss der üblicherweise für FedEx Sendungen verwendete Verpackungstyp augewählt werden. Dabei stehen diese Optionen zur Auswahl:

   - "FedEx Envelope"

12. Wie funktioniert die Konfiguration für den Versand in Magento 2?

- "FedEx Pak"

- "FedEx Box"

- "FedEx Tube"

- "FedEx 10kg Box"

- "FedEx 25kg Box"

- "Your Packaging"

9. Im Feld Dropoff muss die bevorzugte Abholmethode gewählt werden. Dabei stehen diese Optionen zur Auswahl:

- "Regular Pickup"
  Bei hohem Frachtaufkommen kann es günstig sein, mit FedEx einen regelmäßigen Abholservice auszuhandeln.

- "Request Courier"
  Es muss eine Anfrage abgeschickt werden, damit FedEx Sendungen abholt.

- "Drop Box"
  Sendungen müssen an einer nahegelegenen FedEx Drop Box (Abgabe-Box) hinterlegt werden.

- "Business Service Center"
  Sendungen müssen in einem nahegelegenen FedEx Business Service Center hinterlegt werden.

- "Station"
  Sendungen müssen an einer nahegelegenen FedEx Station hinterlegt werden.

10. Im Feld *Weight Unit* muss "Kilograms" ausgewählt werden.

11. In das Feld *Maximum Package Weight* muss das maximal zulässige Gewicht für FedEx Sendungen eingetragen werden.

12. Wenn eine zusätzliche Bearbeitungsgebühr erhoben werden soll, muss im Feld *Calculate Handling Fee* eine der folgenden Optionen gewählt werden:

- "Fixed Fee" (fester Betrag)
  In diesem Fall muss der Betrag als Dezimalzahl in das Feld *Handling Fee* eingetragen werden.

- "Percentage" (Prozentsatz)
  In diesem Fall muss der Prozentsatz für die Berechnung der Bearbeitungsgebühr im Feld *Handling Fee* festgelegt werden.

Außerdem muss im Feld *Handling Applied* einer dieser Einträge aus der Liste gewählt werden:

- "Per Order" (Gebühr wird pro Bestellung erhoben)

- "Per Package" (Gebühr wird pro Paket erhoben)

- Je nachdem, ob Privatkunden (Business-to-Consumer – B2C) oder Geschäftskunden (Business-to-Business – B2B) beliefert werden, muss im Feld *Residential Delivery* eine der folgenden Optionen gewählt werden:

  - "Yes" (Lieferung an Privatkunden, B2C)

  - "No" (Lieferung an Geschäftskunden, B2B)

12.3.3 DHL

Um DHL als Versanddienstleister in Magento zu aktivieren und zu konfigurieren, müssen die folgenden Schritte durchgeführt werden:

1. Unter *Stores > Settings > Configuration* muss im Menü auf der linken Seite der Abschnitt *Sales* aufgeklappt, darin der Punkt *Shipping Methods* gewählt und dann der Bereich *DHL* durch einen Klick sichtbar gemacht werden.

GENERAL	∨	
CATALOG	∨	
CUSTOMERS	∨	
SALES	∧	
Sales		
Sales Emails		
PDF Print-outs		
Tax		
Checkout		
Shipping Settings		
Multishipping Settings		
Shipping Methods		
Google API		
Payment Methods		
SERVICES	∨	
ADVANCED	∨	

Free Shipping ⌄

Flat Rate ⌄

Table Rates ⌄

UPS ⌄

USPS ⌄

FedEx ⌄

DHL ⌃

Enabled for Checkout	No	[WEBSITE]
Title	DHL	[STORE VIEW]
Gateway URL	https://xmlpi-ea.dhl.com/XMLShippingServlet	[WEBSITE]
Access ID		[WEBSITE]
Password		[WEBSITE]
Account Number		[WEBSITE]
Content Type	Non documents	[WEBSITE]
Calculate Handling Fee	Fixed	[WEBSITE]
Handling Applied	Per Order	[WEBSITE]

"Per Order" allows a single handling fee for the entire order. "Per Package" allows an individual handling fee for each package.

Handling Fee		[WEBSITE]
Divide Order Weight	Yes	[STORE VIEW]

Select this to allow DHL to optimize shipping charges by splitting the order if it exceeds 70 kg.

Weight Unit	Kilograms	[STORE VIEW]
Size	Regular	[STORE VIEW]
Allowed Methods	Customer services Easy shop Jetline Express easy Express worldwide Medical express Express 9:00 Freight worldwide Economy select Jumbo box	[WEBSITE]
Ready time		[WEBSITE]

Package ready time after order submission (in hours)

Displayed Error Message	This shipping method is currently unavailable. If you would like to ship using this shipping method, please contact us.	[STORE VIEW]
Free Method	None	[WEBSITE]
Free Shipping Amount Threshold	Disable	[WEBSITE]

2. Die Option *Enabled for Checkout* muss auf "Yes" gestellt werden.

3. Im Feld *Title* muss eine passende Bezeichnung für die Anzeige der Versandoption DHL im Checkout hinterlegt sein.

4. Es muss überprüft werden, ob die voreingestellte Gateway-URL korrekt ist. Sollte DHL eine abweichende URL bereitgestellt haben, muss diese in das Feld eingegeben werden.

5. Die folgenden DHL Kontoinformationen müssen eingegeben werden:

   - ID für den Zugriff (*Access ID*)

   - Kennwort (*Password*)

   - DHL Kontonummer (*Account Number*)

6. In der Auswahlliste *Content Type* muss diejenige der zur Verfügung stehenden Optionen ausgewählt werden, die zu den über DHL zu verschickenden Sendungen passt:

   - "Documents" (Dokumente)

   - "Non documents" (keine Dokumente)

7. Wenn eine zusätzliche Bearbeitungsgebühr erhoben werden soll, muss im Feld *Calculate Handling Fee* eine der folgenden Optionen gewählt werden:

   - "Fixed Fee" (fester Betrag)
     In diesem Fall muss der Betrag als Dezimalzahl (z. B. "4.90") in das Feld *Handling Fee* eingetragen werden.

   - "Percentage" (Prozentsatz)
     In diesem Fall muss der Prozentsatz für die Berechnung der

Bearbeitungsgebühr im Feld *Handling Fee* als Dezimalzahl festgelegt (z. B. ".06" für 6 %) werden.

Außerdem muss im Feld *Handling Applied* einer dieser Einträge aus der Liste gewählt werden:

- "Per Order" (Gebühr wird pro Bestellung erhoben)

- "Per Package" (Gebühr wird pro Paket erhoben)

- Das Gesamtgewicht der Bestellung kann aufgeteilt werden, um eine exakte Berechnung der Versandkosten sicherzustellen. Um dies zu ermöglichen, muss *Divide Order Weight* auf "Yes" gestellt werden.

- Im Feld *Weight Unit* muss "Kilograms" ausgewählt werden.

- Die Größe eines typischen Pakets kann im Feld *Size* durch die Auswahl einer der beiden Optionen bestimmt werden:

    - "Regular" – Normales Paket

    - "Specific" – Spezifische Größe; muss bei Auswahl in den zusätzlichen Feldern *Height* (Höhe), *Depth* (Tiefe), *Width* (Breite) in Zentimetern eingegeben werden.

- In der Auswahlliste *Allowed Methods* können alle Versandmethoden ausgewählt werden, die Kunden angeboten werden sollen. (Durch das Gedrückthalten der Taste STRG können mehrere Listeneinträge ausgewählt werden.) Damit in der Liste die richtigen Versandmethoden zur Auswahl stehen, muss in den Magento allgemeinen Versandeinstellungen (siehe oben) zuvor das Ursprungsland festgelegt worden sein.

- Im Feld *Ready Time* muss die Zeitspanne (in Stunden) eingetragen werden, die nach dem Absenden einer Bestellung vergeht, bis die entsprechende Sendung versandfertig ist.

- Im Eingabefeld *Displayed Error Message* wird die Nachricht, die bei Nichtverfügbarkeit der Versandmethode angezeigt werden soll, eingegeben.

- In der Auswahlliste *Free Method* kann die bevorzugte Versandmethode für kostenlosen Versand ausgewählt werden.

- Dann kann im Feld *Free Shipping Amount Threshold* eine der beiden Optionen gewählt werden:

  - "Enable"
    Kostenloser Versand wird ab einem Mindestbestellwert, der in das darunterliegende *Free Shipping Amount Threshold* Eingabefeld eingegeben werden muss, angeboten.

  - "Disable"
    Kostenloser Versand mit DHL wird nicht angeboten.

- Im Feld *Ship to Applicable Countries* stehen zwei mögliche Optionen zur Auswahl:

  - Alle erlaubten Länder ("All Allowed Countries")
    Die Versandmethode soll für Kunden aus allen in der Konfiguration des Shops festgelegten Ländern verfügbar sein.

  - Bestimmte Länder ("Specific Countries")
    Die Versandmethode soll ausschließlich für Kunden aus bestimmten Ländern verfügbar sein. Wird diese Option gewählt, erscheint die Liste *Ship to Specific Countries*, in der die gewünschten Länder ausgewählt werden können.

- Im Feld *Show Method if Not Applicable* stehen zwei Optionen zur Auswahl:

  - Ja ("Yes")
    Die Versandmethode DHL immer anzeigen – auch wenn sie nicht anwendbar ist.

  - Nein ("No")
    Die Versandmethode DHL nur dann anzeigen, wenn sie auch anwendbar ist.

- Um eine Log-Datei zu erzeugen, in der die Details zu den DHL Sendungen aus dem Shop enthalten sind, muss *Debug* auf "Yes" gestellt werden.

- Im Feld *Sort Order* kann eine Zahl für die Einordnung der Versandmethode im Checkout eingegeben werden. ("0" = erste, "1" = zweite, "2" = dritte Position und so weiter).

- Schließlich können die Einstellungen für den Versand mit DHL durch einen Klick auf den Button *Save Config* oben rechts gespeichert werden.

12.4 Versandetiketten

Seit Magento 2.0 können Versandetiketten mancher Transportunternehmen nun out of the box direkt vom Backend aus erzeugt und ausgedruckt werden. Das gilt für normalen Versand sowie für den Versand mit beiliegendem Retoure-Versandetikett. Zusätzlich zu den vom Beförderer bereitgestellten Informationen enthält ein in Magento erzeugtes Versandettikett auch die Magento Bestellnummer, die Nummer des Pakets und bei mehrteiligen Sendungen die Gesamtanzahl der Pakete.

Für Shopbetreiber, die nicht aus den USA versenden, bestehen hinsichtlich des Drucks von Versandetiketten aus Magento aktuell diese Einschränkungen:

UPS Versandetiketten direkt aus Magento drucken

Der Druck von UPS Versandetiketten aus Magento ist derzeit nur für Shops in den USA verfügbar. Shops außerhalb der USA benötigen eine gesonderte Berechtigung.

FedEx Versandetiketten direkt aus Magento drucken

Für Shops außerhalb der USA ist das Drucken von FedEx Versandetiketten aus Magento ausschließlich für den internationalen Versand möglich.

DHL Versandetiketten direkt aus Magento drucken

Der Druck von DHL Versandetiketten aus Magento ist derzeit ausschließlich für Sendungen aus den USA verfügbar.

12.4.1 Versandetiketten Workflow

Versandetiketten können zu dem Zeitpunkt, wenn eine Sendung zu einer Bestellung erzeugt wird, oder später erstellt werden. Sie werden im PDF-Format gespeichert und auf den Computer heruntergeladen. Hier eine kurze Übersicht zum Ablauf der Erstellung von Versandetiketten direkt aus dem Magento Admin-Panel.

1. **Der Betreiber des Shops übermittelt die Anfrage für ein Versandetikett**, indem er die erforderlichen Informationen ausfüllt und die Anfrage absendet.

2. **Die Anfrage wird von Magento an das Transportunternehmen übertragen**, wobei für jedes zu versendende Paket eine Bestellung ausgeführt wird.

3. **Das Transportunternehmen sendet das Versandetikett und die dazugehörige Tracking-Nummer für die Sendungsverfolgung.**

- Für eine Sendung, die aus mehreren Paketen besteht, werden mehrere Etiketten gesendet.

- Wenn dasselbe Versandetikett mehrfach generiert wird, bleiben die ursprünglichen Tracking-Nummern erhalten.

- Für zurückgesendete Produkte mit RMA-Nummern werden die alten Tracking-Nummen durch neue ersetzt.

4. **Der Betreiber des Shops lädt das Etikett herunter und druckt es aus.** Nachdem das Versandetikett generiert worden ist, wird die neue Sendung gespeichert und das Versandetikett kann ausgedruckt werden. Wenn das Versandetikett aufgrund von Verbindungsproblemen oder aus anderen Gründen nicht erzeugt werden kann, wird die neue Sendung nicht angelegt.

In Abhängigkeit von den Einstellungen im Browser kann die PDF-Datei geöffnet und ausgedruckt werden. Jedes Etikett erscheint auf einer eigenen Seite im PDF.

12.4.2 Versandetiketten konfigurieren

Damit Versandetiketten direkt aus dem Magento Admin-Panel erzeugt werden können, müssen zuvor alle erforderlichen Einstellungen vorgenommen worden sein. Dazu zählen neben den Grundeinstellungen mit allen Basisdaten des Shops (Adresse, Kontaktdaten, Bankverbindung, Steuernummer usw.) die allgemeinen Versandeinstellungen (siehe oben) sowie die vollständige Konfiguration des jeweiligen Versanddienstleisters, wie sie im vorangegangenen Abschnitt beschrieben worden ist. Wenn eine Multishopumgebung betrieben wird, müssen diese Einstellungen möglicherweise für manche Stores oder Websites gesondert mit abweichenden Werten vorgenommen werden.

Dringend zu empfehlen ist die Benutzung des zweiten Eingabefelds für die Anschrift (*Street Address Line 2*) unter *Stores > Settings > Configuration > General > General > Store Information*, um für die Transportdienstleister möglichst exakt zu beschreiben, wo die Sendungen abgeholt werden müssen (Angaben zu Stockwerk, Aufgang oder ähnlichem).

12.4.2.1 Produkte für internationalen Versand mit FedEx konfigurieren

Wenn internationaler Versand mit FedEx angeboten werden soll, muss zudem auf Produktebene für alle Produkte das Feld *Country of Manufacture* ausgefüllt sein. Dies lässt sich unter *Products > Inventory > Catalog* kontrollieren beziehungsweise nachholen. Dabei können Produkte gezielt einzeln oder stapelweise bearbeitet werden.

Um das Feld *Country of Manufacture* für einzelne Produkte auszufüllen, müssen folgende Schritte durchgeführt werden:

1. Unter *Products > Inventory > Catalog* muss das jeweilige Produkt herausgesucht und im Bearbeitungsmodus geöffnet werden.

2. Im Auswahlmenü auf der linken Seite kann unter *Advanced Settings > Autosettings* das Feld *Country of Manufacture* bearbeitet werden.

3. Danach kann das bearbeitete Produkt mit einem Klick auf den Button *Save* oben rechts gespeichert werden.

Um das Feld *Country of Manufacture* für mehrere Produkte gleichzeitig auszufüllen, müssen folgende Schritte durchgeführt werden:

1. Unter *Products > Inventory > Catalog* die Checkboxen aller Produkte, die bearbeitet werden sollen (z. B. alle in China hergestellten Produkte), markieren.

2. Im Feld *Actions* den Eintrag "Update Attributes" auswählen und mit *Submit* bestätigen.

3. Im Formular *Update Attributes* das Feld *Country of Manufacture* finden, die *Change* Checkbox darunter markieren und das Land in der nun aktiven Liste auswählen.

4. Dann kann das Attribut für alle zuvor ausgewählten Produkte mit einem Klick auf den Button *Save* oben rechts geändert und gespeichert werden.

12.4.3 Versandetiketten erstellen und drucken

Versandetiketten können direkt aus dem Magento Admin-Panel ausgedruckt werden, wenn:

1. sichergestellt worden ist, dass der mit dem jeweiligen Transportunternehmen Vertrag die Möglichkeit des Drucks von Versandetiketten beinhaltet und

2. die allgemeinen Versandeinstellungen,

3. die Konfiguration für den entsprechenden Transportunternehmer sowie

4. alle weiteren oben beschriebenen, für den Versand und das Drucken von Versandetiketten relevanten Einstellungen vorgenommen worden sind.

12.4.3.1 Versandetiketten erstellen

Um ein Versandetikett für eine neue Sendung zu erstellen müssen die folgenden Schritte durchgeführt werden:

1. Unter *Sales > Operations > Orders* muss die Bestellung herausgesucht und der Datensatz geöffnet werden. Der Status der Bestellung muss entweder "Pending" oder "Processing" sein.

2. Dann kann oben rechts auf *Ship* geklickt und anschließend die Übersicht der Versandinformationen für den Transportdienstleiter bestätigt werden

3. Unten rechts muss noch die Checkbox *Create Shipping Label* markiert und dann auf den Button *Submit Shipment* geklickt werden.

4. Um Produkte aus der Bestellung zum Paket hinzuzufügen, muss auf *Add Products* geklickt werden. Die Spalte *Quantity* zeigt die maximal für das Paket zur Verfügung stehende Anzahl von Produkten.

5. Die Checkbox jedes Produkts, das hinzugefügt werden soll, muss markiert und dann die jeweilige Anzahl in das entsprechende Feld eingetragen werden. Dann kann auf *Add Product(s) to Package* geklickt werden, um die Auswahl dem Paket hinzuzufügen. Um ein zusätzliches Paket zu erzeugen, muss auf *Add Package* geklickt werden; wenn ein Paket gelöscht werden soll, geschieht dies über *Delete Package*.

> Wichtiger Hinweis: Wenn ein vom voreingestellten Standard abweichender Pakettyp verwendet oder eine Unterschrift des Empfängers benötigt wird, können die tatsächlichen Versandkosten

> von den dem Kunden in Rechnung gestellten Versandkosten abweichen. Solche Differenzen werden im Shop nicht angezeigt.

6. Wenn alle Einstellungen abgeschlossen sind, kann mit einem Klick auf *OK* bestätigt werden. Magento verbindet sich dann mit dem System des Beförderungsunternehmens, überträgt die Bestellung und erhält für jedes Paket ein Versandetikett und eine Tracking-Nummer.

   - Wenn das Versandetikett erzeugt werden konnte, wird die Sendung übermittelt, die Tracking-Nummer erscheint im Formular und das Versandetikett kann ausgedruckt werden.

   - Wenn das Transportunternehmen das Versandetikett aufgrund von Verbindungsproblemen oder aus einem anderen Grund nicht erzeugen kann, , wird die neue Sendung nicht angelegt.

Wenn eine Bestellung storniert werden soll, muss auf *Cancel* geklickt werden. Ein Versandetikett wird dann nicht erstellt und die Checkbox *Create Shipping Label* wird abgewählt.

Um ein Versandetikett für eine bestehende Sendung zu erstellen müssen die folgenden Schritte durchgeführt werden:

1. Unter *Sales > Operations > Orders* muss die Bestellung herausgesucht, der Datensatz geöffnet und das Versandformular geöffnet werden.

2. Im Bereich *Shipping and Tracking Information* muss auf *Create Shipping Label* geklickt werden.

3. Danach werden die bestellten Produkte in das oder die entsprechenden Pakete verteilt.

4. Wenn alles korrekt zusammengestellt wurde, kann mit einem Klick auf *OK* bestätigt werden. Magento verbindet sich dann mit dem System des

Beförderungsunternehmens, überträgt die Bestellung und erhält für jedes Paket ein Versandetikett und eine Tracking-Nummer. Wenn für diese Sendung im System bereits ein Versandetikett besteht, wird es durch ein neues ersetzt. Bestehende Tracking-Nummern werden jedoch nicht ersetzt. Neue Tracking-Nummern werden zu den bestehenden hinzugefügt.

5. Um die Paketinformationen noch einmal anzusehen, muss auf *Show Packages* geklickt werden.

12.4.3.2 Versandetiketten drucken

Versandetiketten werden im PDF-Format erzeugt und können aus dem Admin-Panel ausgedruckt werden. Sie enthalten auch die jeweilige Bestellnummer und die Paketnummer. Da für jedes Paket eine eigene Versand-Bestellung angelegt wird, können für eine einzige Sendung mehrere Versandetiketten übermittelt werden. Versandetiketten können entweder gezielt für eine Bestellung oder gleich für mehrere Bestellungen auf einmal ausgedruckt werden.

Um ein Versandetikett gezielt für eine Bestellung auszudrucken, müssen die folgenden Schritte durchgeführt werden:

1. Unter *Sales > Operations > Orders* muss die Bestellung herausgesucht, der Datensatz geöffnet und dann über das Menü auf der linken Seite in den Bereich *Shipments* gewechselt werden. Dort kann der Sendungs-Datensatz geöffnet werden. Alternativ kann auch unter *Sales > Operations > Shipments* die Bestellung herausgesucht und der Datensatz geöffnet werden.

2. Um die PDF-Datei herunterzuladen, muss im Formularabschnitt *Shipping and Tracking* auf den Button *Print Shipping Label* geklickt werden. Je nach Browser-Einstellungen können die Versandetiketten direkt angesehen und ausgedruckt werden. Der Button erscheint erst, wenn das Transportunternehmen das Versandetikett erzeugt hat und es an Magento übertragen worden ist. Sollte dies nicht der Fall sein, muss zunächst auf *Create Shipping Label* geklickt werden, um das

Versandetikett zu erzeugen. Danach wird auch der Button für das Drucken des Etiketts eingeblendet.

Um gleichzeitig Versandetiketten für mehrere Bestellungen auszudrucken, müssen die folgenden Schritte durchgeführt werden:

1. Unter *Sales > Operations > Orders* oder *Sales > Operations > Shipments* müssen alle Checkboxen derjenigen Bestellungen, für die Versandetiketten ausgedruckt werden sollen, ausgewählt werden.

2. Links oberhalb der Tabelle muss im Feld *Actions* die Option "Print Shipping Labels" ausgewählt dann mit *Submit* bestätigt werden. Dann wird ein ganzes Set von Versandetiketten für die Sendungen, die den ausgewählten Bestellungen zugeordnet sind, ausgedruckt.

12.4.3.3 Erforderliche Konfigurationseinstellungen für Transportunternehmen

Damit das automatisierte Erzeugen von Versandetiketten in Magento funktioniert, müssen eine Reihe von Informationen zu den einzelnen Paketen an den jeweiligen Transportdienstleister übermittelt werden. Hier eine Übersicht der relevanten Informationen:

Pakettyp (*Type*)

Pakettypen unterscheiden sich je nach Dienstleister und Versandmethode. Der Standardpakettyp für ein Transportunternehmen wird jeweils voreingestellt.

Zollwert (*Customs Value*)

(Nur für internationalen Versand) Der deklarierte Wert oder Verkaufspreis des Inhalts einer internationalen Sendung.

Gesamtgewicht (*Total Weight*)

Das Gesamtgewicht aller Produkte, die dem Paket hinzugefügt wurden, wird automatisch berechnet, kann aber manuell bearbeitet und in Pfund oder Kilogramm angegeben

Länge, Breite, Höhe (*Length, Width, Height*)

(Optional) Die Maße des Pakets werden nur für den Pakettyp mit frei wählbaren Maßen verwendet. Die Werte können in Zoll oder Zentimetern angegeben werden.

Nicht erforderlich (*Not Required*)

Der Shop erhält keine Auslieferungsbestätigung vom Transportunternehmen.

Keine Unterschrift (*No Signature*)

Eine Auslieferungsbestätigung ohne Unterschrift des Empfängers wird durch das Transportunternehmen an den Shop gesendet.

Unterschrift erforderlich (*Signature Required*)

Das Transportunternehmen holt die Unterschrift des Empfängers ein und stellt dem Shop eine gedruckte Kopie bereit.

Direkt (*Direct*)

(Nur FedEx) FedEx holt an der Auslieferungsadresse die Unterschrift von jemandem ein. Wenn niemand anzutreffen ist, wird ein weiterer Zustellversuch unternommen.

Indirekt (*Indirect*)

(Nur FedEx Inlandsversand) FedEx holt eine Unterschrift auf einem dieser drei Wege ein:

- Von jemandem an der Empfängeradresse.

- Von einem Nachbarn, Hausmeister oder einer Person an einer nahegelegenen Adresse.

- Der Empfänger kann ein unterschriebenes FedEx Türschild an der Tür hinterlassen, um die Abgabe des Pakets in Abwesenheit eines Empfängers zu autorisieren.

Erwachsener erforderlich (*Adult Required*)

Das Transportunternehmen holt die Unterschrift eines volljährigen Empfängers ein und stellt dem Shop eine gedruckte Kopie bereit.

12.4.3.4 Pakete etikettieren

Das Fenster *Create Packages* erscheint, wenn ein Versandetikett erzeugt wird. Die Konfiguration des ersten Pakets kann unmittelbar beginnen.

Um ein Paket zu konfigurieren, müssen die folgenden Schritte durchgeführt werden:

1. Die Eingabefelder ausfüllen. (Unten in diesem Abschnitt finden sich detaillierte Informationen über die einzelnen Felder.)

> Wichtiger Hinweis: Wenn ein vom Standard abweichender Wert im Feld für den Pakettyp (*Type*) gewählt wird oder eine Unterschrift als Empfangsbestätigung erforderlich ist, kann der Preis für eine Sendung von den dem Kunden in Rechnung gestellten Versandkosten abweichen.

2. Um eine Liste der zu versendenden Produkte zu sehen und sie zu dem oder den Paketen hinzuzufügen, muss auf *Add Products* geklickt werden. Die Spalte für die Anzahl (*Qty*) zeigt die maximal für das Paket

zur Verfügung stehende Anzahl von Produkten. Nun können Produkte und Mengen für die einzelnen Pakete zusammengestellt und mit einem Klick auf *Add Selected Product(s) to Package* hinzugefügt werden. Um ein zusätzliches Paket zu erzeugen, muss auf *Add Package* geklickt werden; wenn ein Paket gelöscht werden soll, geschieht dies über *Delete Package*. Nachdem einem Paket Produkte hinzugefügt worden sind, kann die Anzahl nicht direkt bearbeitet werden. Um die Anzahl dennoch nachträglich zu erhöhen, muss nach einem Klick auf *Add Selection* die zusätzliche Anzahl eingegeben werden. Um die Anzahl nachträglich zu verringern, muss das Produkt zunächst aus dem Paket gelöscht und dann nach einem Klick auf *Add Selection* in der gewünschten, geringeren Anzahl hinzugefügt werden.

3. Erst wenn alle zu versendenden Produkte vollständig Paketen zugeordnet und alle notwendigen Informationen eingegeben worden sind, erscheint der *OK* Button. Dann kann mit einem Klick auf *OK* die Erzeugung der Versandetiketten gestartet werden. Soll der Prozess dagegen abgebrochen werden, muss auf *Cancel* geklickt werden. Dann werden die Pakete nicht gespeichert und der Versandetiketten-Prozess wird abgebrochen.

In der untenstehenden Übersicht finden sich detaillierte Informationen zu den einzelnen Feldern für die Konfigurationseinstellungen von Paketen:

Pakettyp (*Type*)

Legt den Typ eines Pakets fest. Es muss einer der vordefinierten Werte ausgewählt werden. Die zur Verfügung stehenden Pakettypen variieren je nach Transportunternehmen.

Wenn sich das *Create Packages* Fenster öffnet, erscheint zunächst der vordefinierte Standard-Pakettyp im *Type* Field. Wenn ein Paket gewählt wird, dessen Maße nicht durch das Transportunternehmen vorgegeben worden sind, müssen die Maße des Pakets von Hand eingegeben werden.

Gesamtgewicht (*Total Weight*)

Das Gesamtgewicht des Pakets. Das Feld ist mit dem Gesamtgewicht der Produkte im Paket vorausgefüllt. Die Maßeinheit kann auf Pfund oder Kilogramm gesetzt werden.

Länge (*Length*)

Die Länge des Pakets als Ganz- oder Fließkommazahl angegeben. Das Feld ist aktiv, wenn der individuell anpassbare Pakettyp ausgewählt ist. Die Maßeinheit kann entweder auf Zoll oder Zentimeter gesetzt werden.

Breite (*Width*)

Die Breite des Pakets als Ganz- oder Fließkommazahl angegeben. Das Feld ist aktiv, wenn der individuell anpassbare Pakettyp ausgewählt ist. Die Maßeinheit kann entweder auf Zoll oder Zentimeter gesetzt werden.

Höhe (*Height*)

Die Höhe des Pakets als Ganz- oder Fließkommazahl angegeben. Das Feld ist aktiv, wenn der individuell anpassbare Pakettyp ausgewählt ist. Die Maßeinheit kann entweder auf Zoll oder Zentimeter gesetzt werden.

Unterschrift (*Signature*)

Gibt an, ob eine Auslieferungsbestätigung benötigt wird – und wenn ja, in welcher Form.

- "Not Required" (Nicht erforderlich)
  Es wird keine Auslieferungsbestätigung an den Shop gesendet.

- "No Signature" (Keine Unterschrift)
  Es wird eine Auslieferungsbestätigung ohne die Unterschrift eines Empfängers an den Shop gesendet.

- "Signature Required" (Unterschrift erforderlich)
  Das Transportunternehmen holt die Unterschrift des Empfängers ein und stellt dem Shop eine gedruckte Kopie bereit.

- "Adult Required" (Erwachsener erforderlich)
  Das Transportunternehmen holt die Unterschrift eines volljährigen Empfängers ein und stellt dem Shop eine gedruckte Kopie bereit.

- "Direct" (Direkt – nur FedEx)
  FedEx holt an der Auslieferungsadresse die Unterschrift von jemandem ein. Wenn niemand anzutreffen ist, wird ein weiterer Zustellversuch unternommen.

- "Indirect" (Indirekt – nur FedEx Inlandsversand)
  FedEx holt eine Unterschrift auf einem dieser drei Wege ein:

  1. Von jemandem an der Empfängeradresse.

  2. Von einem Nachbarn, Hausmeister oder einer Person an einer nahegelegenen Adresse.

  3. Der Empfänger kann ein unterschriebenes FedEx Türschild an der Tür hinterlassen, um die Abgabe des Pakets in Abwesenheit eines Empfängers zu autorisieren.

Die Optionen können für unterschiedliche Versandmethoden leicht abweichen. Für aktuellste Informationen sollte auf Angaben des jeweiligen Transportunternehmens zurückgegriffen werden.

13. Wie funktionieren Steuern und Währungen in Magento 2?

Da Magento 2 eine enorm leistungsfähige, beliebig erweiterbare und unbegrenzt anpassbare E-Commerce-Plattform ist und sowohl für Multishop-Umgebungen als auch für den internationalen Handel sehr gut geeignet ist, hält das System in der Konfiguration umfangreiche Einstellungsmöglichkeiten für die Berechnung von Steuern sowie für akzeptierte Währungen und Umrechnungskurse bereit.

Dieses Kapitel stellt die verschiedenen Bereiche in der Konfiguration von Steuern und Währungen in Magento 2 vor und erklärt Schritt für Schritt, was darin jeweils zu tun ist und worauf dabei geachtet werden muss.

13.1 Steuern

In diesem Abschnitt wird erklärt, wie die Steuerkonfiguration in Magento an die Erfordernisse der steuerrechtlichen Bestimmungen für den Standort eines Onlineshops angepasst wird. Es können Steuerklassen für Produkte und Kundengruppen angelegt und Steuerregeln festgelegt werden, die Produkt- und Kundensteuerklassen, Steuerzonen und -sätze in komplexen Gefügen für die Steuerberechnung kombinieren. Zudem werden fortgeschrittene Fragestellungen wie das Einstellen von Mehrwertsteuersätzen mit Validierung für die Belieferung von Geschäftskunden, die Konfiguration von festen Produktsteuern oder zusammengesetzten Steuern sowie die Anzeige konsistenter Preise über internationale Grenzen hinweg behandelt.

13.1.1 Steuerregeln

Steuerregeln bestehen in einer Kombination aus Produktsteuerklasse, Kundensteuerklasse und Steuersatz. Jeder Kunde wird einer

Kundensteuerklasse zugewiesen und jedes Produkt wird einer Produktsteuerklasse zugeordnet. Magento analysiert den Warenkorb jedes Kunden und berechnet auf der Grundlage der definierten Steuerregeln die entsprechenden Steuern in Abhängigkeit von den Steuerklassen von Kunde und Produkten sowie der Region, wobei die Rechnungs- beziehungsweise Lieferadresse oder der Ursprungsort der Lieferung herangezogen werden kann.

Wenn eine Vielzahl von Steuern eingestellt werden muss, kann der Ablauf durch das Importieren der Steuerdaten vereinfacht und beschleunigt werden.

1. Unter *Stores > Taxes > Tax Rules* kann mit einem Klick auf den Button *Add New Tax Rule* oben rechts eine neue Steuerregel angelegt werden.

2. Im Bereich *Tax Rule Information* kann dann im Feld *Name* ein Name für die Steuerregel festgelegt werden.

3. In der Auswahlliste *Tax Rate* kann einer der zur Verfügung stehenden Steuersätze ausgewählt werden. Wenn ein bestehender Steuersatz bearbeitet werden soll, muss Folgendes getan werden:

   1. Mit der Maus über den Listeneintrag des Steuersatzes fahren und auf den Bearbeitungs-Icon (Bleistift-Symbol) klicken.

2. Die Daten im Formular anpassen.

3. Mit einem Klick auf *Save* speichern.

Um fehlende Steuersätze anzulegen, kann eine der folgenden Methoden angewandt werden:

Methode A: Steuersätze manuell eingeben:

4. Auf *Add New Tax Rate* klicken

5. Das Formular ausfüllen (weiterführende Informationen hierzu unten im Abschnitt "Steuerzonen und -sätze").

6. Durch einen Klick auf *Save* speichern.

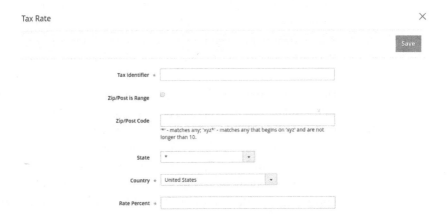

Methode B: Steuersätze importieren

7. Bis zum Abschnitt am Ende der Seite herunterscrollen.

8. Auf *Datei auswählen/Choose File* klicken und zur CSV-Datei mit den zu importierenden Steuersätzen navigieren.

9. Auf *Import Tax Rates* klicken.

10. Um Steuersätze zu exportieren, auf *Export Tax Rates* klicken. Weiterführende Informationen hierzu unten im Abschnitt "Steuersätze importieren/exportieren".

11. Mit einem Klick auf *Additional Settings* den Bereich mit den zusätzlichen Einstellungen für die Bearbeitung öffnen.

12. Die Kundensteuerklasse, auf die die Regel angewandt werden soll, im Feld *Customer Tax Class* auswählen. Um eine Kundensteuerklasse zu bearbeiten, auf den Bearbeitungs-Icon (Bleistift-Symbol) klicken, die gewünschten Änderungen vornehmen und zum Speichern auf *Save* klicken. Um eine neue Steuerklasse anzulegen, auf *Add New Tax Class* klicken, das Formular ausfüllen und mit einem Klick auf *Save* speichern.

13. Die Produktsteuerklasse, auf die die Regel angewandt werden soll, im Feld *Product Tax Class* auswählen. Um eine Produktsteuerklasse zu bearbeiten, auf den Bearbeitungs-Icon (Bleistift-Symbol) klicken, die gewünschten Änderungen vornehmen und zum Speichern auf *Save* klicken. Um eine neue Steuerklasse anzulegen, auf *Add New Tax Class* klicken, das Formular ausfüllen und mit einem Klick auf *Save* speichern.

14. Im Feld *Priority* muss ein Wert für die Priorisierung der Steuerregel eingegeben werden, wenn mehrere Steuerregeln angewandt werden. Wenn zwei Steuern mit derselben Priorität zur Anwendung kommen, werden die Steuern addiert. Wenn zwei Steuern mit unterschiedlichen Prioritätseinstellungen zur Anwendung kommen, werden sie zusammengesetzt.

15. Wenn die Steuerberechnung auf der Zwischensumme der Bestellung basieren soll, muss die *Calculate Off Subtotal* Checkbox markiert werden.

16. Im Feld *Sort Order* kann zusätzlich eine Zahl für die Angabe der Position dieser Steuerregel, wenn sie unter anderen aufgelistet wird, eingegeben werden.

▼ Additional Settings

Customer Tax Class *	✓ Retail Customer
	Add New Tax Class
Product Tax Class *	✓ Taxable Goods
	Add New Tax Class
Priority *	0
	Tax rates at the same priority are added, others are compounded.
Calculate Off Subtotal Only	☐
Sort Order *	0

17. Mit einem Klick auf den Button *Save Rule* oben rechts speichern.

13.1.1.1 Steuerklassen

In Magento können Steuerklassen Kunden, Produkten und Versandkosten zugeordnet werden. Magento analysiert jeden Warenkorb und berechnet die entsprechende Steuer unter Berücksichtigung der jeweiligen Steuerklasse des Kunden, des oder der Produkte und der Region, die durch die Liefer- beziehungsweise Rechnungsadresse des Kunden oder den Ursprungsort der Liefertung bestimmt werden kann. Neue Steuerklassen können angelegt werden, wenn eine Steuerregel definiert wird.

Kunden

Es können beliebig viele Kundensteuerklassen angelegt und Kundengruppen zugeordnet werden. Je nach Rechtslage kann es beispielsweise sein, dass Transaktionen im Großhandel nicht besteuert werden, während im Einzelhandel Steuern anfallen. Um dem zu entsprechen, können die Mitglieder der Kundengruppe "Großhandel" ("Wholesale") der dazu eingerichteten Steuerklasse zugeordnet werden.

Produkte

Produktsteuerklassen werden herangezogen, um die korrekte Berechnung der Steuern für den Warenkorb zu gewährleisten. Wenn beim Anlegen eines Produkts wird es einer bestimmten Steuerklasse zugeordnet. Nahrungsmittel können je nach steuerrechtlichen Bestimmungen gänzlich steuerfrei oder mit einem reduzierten Satz besteuert werden.

Versand

Wenn der Shop eine zusätzliche Steuer auf die Versandkosten abführen muss, sollte eine spezielle Produktsteuerklasse für den Versand angelegt werden, die dann in der Konfiguration als Steuerklasse für die Versandkosten ausgewählt wird.

13.1.1.1.1 Steuerklassen konfigurieren

Die Steuerklasse, die für den Versand verwendet wird und die Standard-Steuerklassen für Produkte und Kunden werden im Abschnitt *Sales* der Konfiguration eingestellt.

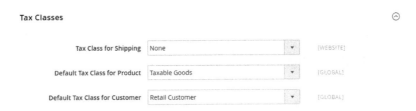

Um die Steuerklassen festzulegen, müssen die folgenden Schritte durchgeführt werden:

1. Unter *Stores > Settings > Configuration* muss im Auswahlmenü auf der linken Seite unter *Sales* der Eintrag *Tax* ausgewählt werden.

2. Nun kann mit einem Klick der Abschnitt *Tax Classes* aufgeklappt werden. Darin können im Feld *Set Tax Class for Shipping* die Steuerklasse für den Versand, im Feld *Default Tax Class for Product* die Standard-Produktsteuerklasse und im Feld *Default Tax Class for Customer* die Standard-Kundensteuerklasse festgelegt werden.

3. Schließlich können die Einstellungen mit einem Klick auf den Button *Save Config* oben rechts gespeichert werden.

13.1.1.1.2 Standardziel für Steuerberechnung

Die Einstellungen für das Standardziel der Steuerberechnung bestimmen das Land, den Bundesstaat und die Postleitzahl, die der Steuerberechnung zugrundegelegt werden.

Default Tax Destination Calculation

Default Country	United States ▾	[STORE VIEW]
Default State	* ▾	[STORE VIEW]
Default Post Code		[STORE VIEW]

Um das Standardziel für die Steuerberechnung festzulegen, müssen die folgenden Schritte durchgeführt werden:

1. Unter *Stores > Settings > Configuration* muss im Auswahlmenü auf der linken Seite unter *Sales* der Eintrag *Tax* ausgewählt werden.

2. Nun kann mit einem Klick der Abschnitt *Default Tax Destination Calculation* ausgeklappt werden. Darin müssen im Feld *Default Country* das Land (z. B. "Germany"), im Feld *Default State* der Bundesstaat (hier kann für das Beispiel Deutschland der Wildcard-Platzhalter "*" verwendet werden) und im Feld *Default Post* die Postleitzahl (auch hier kann für das Beispiel Deutschland das Sternsymbol "*" verwendet werden) eingetragen werden, die die Grundlage für die Steuerberechnung bilden.

3. Schließlich können die Einstellungen mit einem Klick auf den Button *Save Config* oben rechts gespeichert werden.

13.1.1.1.3 Lieferung digitaler Güter in die EU

Händler in der Europäischen Union müssen ihre Verkäufe digitaler Waren und Dienstleistungen quartalsweise an jedes Mitgliedsland melden. Digitale Güter werden auf der Grundlage der Rechnungsadresse des Kunden besteuert. Die Rechtsprechung verpflichtet Shopbetreiber, einen Steuerbericht anzulegen, in dem einzig die relevanten Steuerbeträge für digitale Waren und Dienstleistungen ausgewiesen werden.

Shopbetreiber müssen alle in EU-Mitgliedsstaaten verkauften digitalen Güter vierteljährlich an eine zentrale Steuerverwaltung melden und

Zahlungsverpflichtungen für die im fraglichen Zeitraum eingenommenen Steuern nachkommen. Händler, die die Schwelle von 50.000 beziehungsweise 100.000 € Jahresumsatz noch nicht überschritten haben, müssen zudem alle in EU-Mitgliedsstaaten, in denen sie Umsatzsteuer-Identifikationsnummern haben, verkauften physischen Güter melden.

Händler die auf für digitale Güter bezahlte Steuern überprüft werden, müssen durch zwei Belege den Wohnort des Kunden nachweisen. Die Rechnungsadresse des Kunden und die Daten eines erfolgreichen Bezahlvorgangs können verwendet werden, um den EU-Mitgliedstaat, in dem der Kunde beliefert wurde, zu belegen. Zahlungsbelege werden dabei nur akzeptiert, wenn die Rechnungsadresse mit den im Zusammenhang mit der Zahlung erhobenen Daten übereinstimmt. Die Informationen können direkt aus den in den Magento Datenbanktabellen gespeicherten Daten ausgelesen werden.

Um die Informationen zu digitalen Gütern zusammenzustellen, müssen die folgenden Schritte durchgeführt werden:

1. Steuersätze aller EU-Mitgliedsstaaten laden.

2. Eine Produktsteuerklasse für digitale Güter anlegen.

3. Alle digitalen Waren und Dienstleistungen im Shop der Steuerklasse für digitale Güter zuweisen.

4. Steuerregeln für physische Güter (unter Verwendung von Steuerklassen für physische Güter) anlegen und mit den entsprechenden Steuersätzen verknüpfen.

5. Steuerregeln für digitale Güter (unter Verwendung von Steuerklassen für digitale Güter) anlegen und mit den entsprechenden Steuersätzen für EU-Mitgliedsstaaten verknüpfen.

6. Den Steuerbericht für den gewünschten Zeitraum ausführen und die benötigten Informationen zu digitalen Gütern zusammenstellen.

7. Die Steuerbeträge, die mit den Steuersätzen für die Produktsteuerklasse für digitale Güter zusammenhängen, exportieren.

Weitere Informationen über die Bestimmungen zur Mehrwertsteuer in der EU:

http://ec.europa.eu/taxation_customs/taxation/vat/how_vat_works/index_de.htm

13.1.1.2 Feste Produktsteuern (FPT)

Je nach Steuergesetzgebung kann es eine feste Steuer geben, die für bestimmte Produkttypen ausgewiesen werden muss. Eine feste Produktsteuer (FPT) kann zur Steuerberechnung im Shop nach Maßgabe der geltenden steuerrechtlichen Bestimmungen konfiguriert werden – beispielsweise um eine WEEE-Richtlinie (Waste Electrical and Electronic Equipment Directive) für das Ausweisen von Gebühren für das spätere Recycling von Elektrogeräten. Solche Gebühren können in Form von festen Produktsteuern als Festbetrag (und nicht als Prozentsatz des Produktpreises) in Rechnung gestellt werden.

Feste Produktsteuern werden für einzelne Produkte im Warenkorb berechnet. Je nach gesetzlichem Rahmen kann auch eine solche Steuer (oder Gebühr) zusätzlich mit einem bestimmten prozentualen Steuersatz besteuert werden. Des Weiteren gibt es seitens des Gesetzgebers möglicherweise Vorgaben, ob den Kunden Brutto- oder Nettopreise angezeigt werden müssen. Erst nachdem alle relevanten steuerrechtlichen Fragen geklärt wurden, sollten die entsprechenden Einstellungen für feste Produktsteuern vorgenommen werden.

Zudem empfiehlt Magento ein umsichtiges Vorgehen bei den Anzeigeeinstellungen für feste Produktsteuern. Sollten diese etwa in der Bestellübersicht nicht eigens ausgewiesen werden, wird Kunden, die von der festen Produktsteuer betroffene Produkte bestellen, eine Endsumme angezeigt, die den zusätzlichen Betrag bereits enthält. Das Auftreten solcher Preisdifferenzen führt schnell zu stehengelassenen Warenkörben. Hier eine Übersicht über die Möglichkeiten für die Anzeige von festen Produktsteuern in Magento:

Variante A: Feste Produktsteuern (FPT) werden nicht zusätzlich besteuert.

Excluding FPT

Feste Produktsteuern erscheinen als eigene Zeile im Warenkorb und der Wert wird in der entsprechenden Steuerberechnung berücksichtigt.

Including FPT

Feste Produktsteuern werden zum Basispreis eines Artikels hinzugerechnet, werden aber nicht in die steuerregelbasierten Berechnungen einbezogen.

Excluding FPT, FPT Description, Final Price

Preise erscheinen ohne Beträge und Beschreibung der festen Produktsteuern. Diese werden nicht in die steuerregelbasierten Berechnungen einbezogen.

Variante B: Feste Produktsteuern (FPT) werden zusätzlich besteuert.

Excluding FPT

Feste Produktsteuern erscheinen als eigene Zeile im Warenkorb und der Wert wird in der entsprechenden Steuerberechnung berücksichtigt.

Including FPT

Feste Produktsteuern werden zum Preis eines Artikels hinzugerechnet es sind keine Änderungen an der Steuerberechnung nötig.

Excluding FPT, FPT Description, Final Price

Preise erscheinen ohne Beträge und Beschreibung der festen Produktsteuern. Diese werden jedoch in die steuerregelbasierten Berechnungen einbezogen.

13.1.1.2.1 FPT konfigurieren

In Magento steht ein spezieller Eingabebereich zur Verfügung, in dem sich Felder für die Verwaltung von Steuern für unterschiedliche Regionen befinden.

Die folgende Anleitung zeigt am Beispiel einer "Umwelt-Steuer", wie eine feste Produktsteuer für einen Shop angelegt wird. Je nachdem, welche Währung im Geltungsbereich der Steuer verwendet wird und für welche Länder und Bundesstaaten sie gelten soll, können sich die bereitgestellten Eingabefelder nach Maßgabe der jeweiligen regionalen Erfordernisse verändern.

Fixed Product Taxes

Enable FPT	No	[WEBSITE]
Display Prices In Product Lists	Including FPT and FPT description	[WEBSITE]
Display Prices On Product View Page	Including FPT and FPT description	[WEBSITE]
Display Prices In Sales Modules	Including FPT and FPT description	[WEBSITE]
Display Prices In Emails	Including FPT and FPT description	[WEBSITE]
Apply Tax To FPT	No	[WEBSITE]
Include FPT In Subtotal	No	[WEBSITE]

Um eine feste Produktsteuer anzulegen, müssen die folgenden Schritte durchgeführt werden:

1. Unter *Stores > Settings > Configuration* muss im Auswahlmenü auf der linken Seite unter *Sales* der Eintrag *Tax* ausgewählt werden.

2. Nun kann mit einem Klick der Abschnitt *Fixed Product Taxes* aufgeklappt werden. Darin muss zunächst das Feld *Enable FPT* auf "Yes" gestellt werden.

3. Um festzulegen, wie feste Produktsteuern in der Darstellung von Preisen behandelt werden sollen, muss für jede der vier Stellen im Shop, an denen Produktpreise angezeigt werden, eine Einstellung

vorgenommen werden: im Feld *Display Prices In Product Lists* für die
Produktlistings, im Feld *Display Prices On Product View Page* für die
Produktdetailseiten, im Feld *Display Prices In Sales Modules* für
Warenkorb und Checkout und im Feld *Display Prices In Emails* für den
Inhalt der Transaktions E-Mails. Dabei kann jeweils eine dieser vier
Möglichkeiten für die Preisdarstellung gewählt werden:

- "Including FPT Only"
  Preisanzeige inklusive fester Produktsteuer

- "Including FPT and FPT description"
  Preisanzeige inklusive fester Produktsteuer mit erklärendem
  Texthinweis

- "Excluding FPT. Including FPT description and final price"
  Preisanzeige exklusive fester Produktsteuer aber mit
  erklärendem Texthinweis und Angabe des Endpreises

- "Excluding FPT"
  Preisanzeige exklusive fester Produktsteuer

4. Im Feld *Apply Tax to FPT* muss eingestellt werden, ob die feste
   Produktsteuer zusätzlich mit einem prozentualen Steuersatz besteuert
   werden soll ("Yes") oder nicht ("No").

5. Im Feld *Include FPT in Subtotal* wird festgelegt, ob die feste
   Produktsteuer in die Zwischensumme eingerechnet werden soll ("Yes")
   oder nicht ("No").

6. Die vorgenommenen Änderungen können mit einem Klick auf den
   Button *Save Config* oben rechts gespeichert werden.

7. Nachdem die Grundeinstellungen für feste Produktsteuern
   abgeschlossen sind, kann nun ein Attribut angelegt werden, mit dessen
   Hilfe die feste Produktsteuer auch genau den Produkten zugewiesen
   werden kann, für die die entsprechende Steuer abgeführt werden muss.

Das beginnt unter *Stores > Attributes > Product* mit einem Klick auf den Button *Add New Attribute* oben rechts.

8. Im Feld *Default Label* kann eine Bezeichnung für die Steuer (z. B. "Umwelt-Steuer") eingegeben werden.

9. Im Feld *Catalog Input for Store Owner* muss der Eintrag "Fixed Product Tax" ausgewählt werden.

10. Durch einen Klick kann nun der Bereich *Advanced Attribute Properties* aufgeklappt werden.

11. Darin muss im Feld *Attribute Code* ein einmaliger Bezeichner in Kleinbuchstaben und ohne Leer- oder Sonderzeichen von maximal 30 Zeichen Länge eingegeben werden. Das Feld kann leer gelassen werden, so dass der Attribut-Code aus dem in das Feld *Default Label* eingegebenen Text generiert wird.

12. Wenn das Feld für die feste Produktsteuer als eigene Tabellenspalte in der Produktübersicht im Admin-Panel erscheinen soll, muss im Feld *Add to Column Options* "Yes" ausgewählt werden.

13. Wenn die Produkte in der Übersicht zudem nach dem Wert im Feld für die feste Produktsteuer gefiltert werden können sollen, muss auch die Option *Use in Filter Options* auf "Yes" gestellt werden.

14. Optional kann über das Auswahlmenü auf der linken Seite zudem der Bereich *Manage Labels* geöffnet werden. Darin lassen sich dann bei Bedarf abweichende Bezeichnungen für die Anzeige der festen Produktsteuer in unterschiedlichen Store Views festlegen.

15. Wenn alle Einstellungen vorgenommen worden sind, kann mit einem Klick auf den Button *Save Attribute* oben rechts gespeichert werden.

16. Falls eine entsprechende Systemnachricht dazu auffordert, muss danach noch der Cache geleert werden.

17. Damit das Attribut für die feste Produktsteuer in den Produkteinstellungen erscheint, sollte es dem entsprechenden Attributset zugewiesen werden. Dazu muss zunächst unter *Stores > Attributes > Attribute Set* das Attributset für die betroffenen Produkte mit einem Klick im Bearbeitungsmodus geöffnet werden.

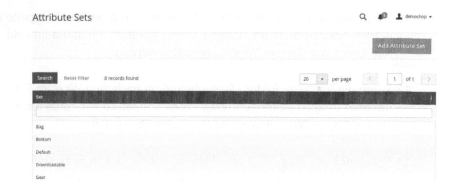

18. Nun muss das Attribut für die feste Produktsteuer aus der Liste der nicht zugewiesenen Attribute auf der rechten Seite in die Liste mit den Attributgruppen für die Anzeige eines Produkts im Bearbeitungsmodus in der Mitte hinübergezogen und dort an der gewünschten Stelle platziert werden.

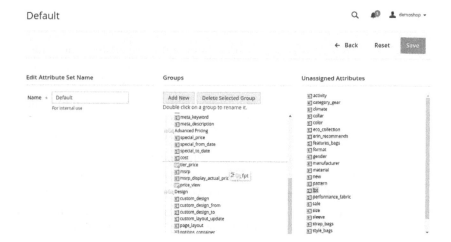

19. Wenn das Attribut an der richtigen Stelle in der richtigen Gruppe des Attributsets platziert ist, kann das Attributset mit einem Klick auf den Button *Save* oben rechts gespeichert werden. Sollte das Attribut für die feste Produktsteuer mehreren Attributsets zugewiesen werden müssen, wiederholt sich der beschriebene Ablauf jeweils entsprechend.

20. Nachdem das Attribut für die feste Produktsteuer dem oder den betroffenen Attributsets zugeordnet worden ist, muss die Steuer noch auf Produktebene konfiguriert werden. Dazu muss unter *Products > Inventory > Catalog* ein Produkt, das eine feste Produktsteuer benötigt, durch einen Klick im Bearbeitungsmodus geöffnet werden.

21. Im zuvor über die Bearbeitung des Attributsets eingerichteten Bereich finden sich nun die Eingabefelder des Attributs für die feste Produktsteuer.

Hier kann mit einem Klick auf den Button *Add Tax* ein neuer Steuersatz angelegt werden.

22. Wenn die Magento Installation mehrere Websites umfasst, wird ein Auswahlfeld *Website* angezeigt, in dem die passende Website und Basiswährung ausgewählt werden muss.

23. Im Feld *Country/State* muss die Region, für die die feste Produktsteuer gelten soll, ausgewählt werden.

24. Der Steuerbetrag wird dann als Dezimalzahl mit einem Punkt als Trennzeichen (z. B. 0.30 für einen Betrag von 30 Cent) in das Feld *Tax* eingetragen.

25. Weitere Steuersätze für andere Websites oder Länder können jeweils nach einem erneuten Klick auf *Add Tax* angelegt werden. Soll eine Zeile mit Eingabefeldern wieder gelöscht werden, steht dafür unter *Action* jeweils ein Button *Delete Tax* zur Verfügung.

26. Wenn alle benötigten festen Produktsteuern für das Produkt angelegt worden sind, kann das bearbeitete Produkt mit einem Klick auf den Button *Save* oben rechts gespeichert werden.

13.1.1.3 Preisanzeigeeinstellungen

Die Preisanzeigeeinstellungen bestimmen, ob Produktpreise und Versandkosten inklusive oder exklusive Steuern angezeigt werden sollen – oder aber beide Varianten des Preises mit und ohne Steuern.

Wenn der Produktpreis Steuern enthält, erscheint die Steuer nur, wenn es eine passende Steuerregel gibt, die über den Standort des Shops oder die Adresse des Kunden zur Anwendung kommt. Events, durch die die Anwendung einer Steuer ausgelöst werden können, sind etwa das Anlegen eines Kontos durch einen Kunden oder das Generieren von geschätzten Steuern und Versandkosten im Warenkorb.

> Wichtiger Hinweis: Das Anzeigen von Preisen, die Steuern mal einschließen und mal nicht, kann bei Kunden leicht zu Verwirrung und Misstrauen führen. Um die Einblendung entsprechender Warnhinweise zu verhindern, müssen die Richtlinien für die jeweilige Region genau befolgt und in Form von entsprechenden Einstellungen umgesetzt werden.

Price Display Settings

Display Product Prices In Catalog	Excluding Tax ▾	[STORE VIEW]
Display Shipping Prices	Excluding Tax ▾	[STORE VIEW]

Um die Einstellungen für die Anzeige von Preisen im Shop vorzunehmen, müssen die folgenden Schritte durchgeführt werden:

1. Unter *Stores > Settings > Configuration* muss im Auswahlmenü auf der linken Seite unter *Sales* der Eintrag *Tax* ausgewählt werden.

2. Nun kann mit einem Klick der Abschnitt *Price Display Settings* aufgeklappt werden. Darin muss zunächst für die unterschiedlichen Bereiche in der Shopoberfläche, in denen Preise sichtbar sind, festgelegt werden, ob diese exklusive Steuern ("Excluding Tax"), inklusive Steuern ("Including Tax") oder sowohl als Brutto- als auch als Netto-Preise ("Including an Excluding Tax") angezeigt werden sollen.

3. Die entsprechende Auswahl muss zunächst im Feld *Display Product Prices in Catalog* für die Preisanzeige im Produktkatalog und dann im Feld *Display Shipping Prices* für die Anzeige der Versandkosten getroffen werden.

4. Damit die Anzeige von Preisen im Warenkorb konfiguriert werden kann, muss mit einem Klick der Bereich *Configure Shopping Cart Display Settings* aufgeklappt werden.

Shopping Cart Display Settings

Display Prices	Excluding Tax ▾	[STORE VIEW]
Display Subtotal	Excluding Tax ▾	[STORE VIEW]
Display Shipping Amount	Excluding Tax ▾	[STORE VIEW]
Include Tax In Order Total	No ▾	[STORE VIEW]
Display Full Tax Summary	No ▾	[STORE VIEW]
Display Zero Tax Subtotal	No ▾	[STORE VIEW]

5. Darin muss der jeweilige Typ der Preisanzeige im Feld *Display Prices* für die Darstellung von Produktpreisen im Warenkorb, im Feld *Display Subtotal* für die Darstellung der Zwischensumme und im Feld *Display Shipping Amount* für die Darstellung der Versandkosten gewählt werden.

6. Wenn im Warenkorb die Gesamtsumme inklusive Steuern angezeigt werden soll, muss die Option *Include Tax in Order Total* auf "Yes" gestellt werden.

7. Wenn im Warenkorb eine ausführliche Zusammenfassung der Steuern im Warenkorb angezeigt werden soll, muss die Option *Display Full Tax Summary* auf "Yes" gestellt werden.

8. Wenn im Warenkorb die Steuerzwischensumme auch dann angezeigt werden soll, wenn sie 0,00 beträgt, muss die Option *Display Zero Tax Subtotal* auf "Yes" gestellt werden.

9. Damit die Anzeige von Preisen in Bestellübersichten, Rechnungen und Gutschriften konfiguriert werden kann, muss mit einem Klick der Bereich *Orders, Invoices, Credit Memos Display Settings* aufgeklappt werden.

Orders, Invoices, Credit Memos Display Settings

Display Prices	Excluding Tax	[STORE VIEW]
Display Subtotal	Excluding Tax	[STORE VIEW]
Display Shipping Amount	Excluding Tax	[STORE VIEW]
Include Tax In Order Total	No	[STORE VIEW]
Display Full Tax Summary	No	[STORE VIEW]
Display Zero Tax Subtotal	No	[STORE VIEW]

10. Darin muss der jeweilige Typ der Preisanzeige im Feld *Display Prices* für die Darstellung von Produktpreisen in Bestellübersichten, Rechnungen und Gutschriften, im Feld *Display Subtotal* für die Darstellung der Zwischensumme und im Feld *Display Shipping Amount* für die Darstellung der Versandkosten gewählt werden.

11. Wenn in Bestellübersichten, Rechnungen und Gutschriften die Gesamtsumme inklusive Steuern angezeigt werden soll, muss die Option Include Tax in Order Total auf "Yes" gestellt werden.

12. Wenn in Bestellübersichten, Rechnungen und Gutschriften eine ausführliche Zusammenfassung der Steuern im Warenkorb angezeigt

werden soll, muss die Option Display Full Tax Summary auf "Yes"
gestellt werden.

13. Wenn in Bestellübersichten, Rechnungen und Gutschriften die
Steuerzwischensumme auch dann angezeigt werden soll, wenn sie 0,00
beträgt, muss die Option Display Zero Tax Subtotal auf "Yes" gestellt
werden.

14. Schließlich können die Einstellungen mit einem Klick auf den Button
Save Config oben rechts gespeichert werden.

13.1.2 Steuerzonen und -sätze

Steuersätze werden grundsätzlich auf Transaktionen innerhalb eines
bestimmten geographischen Gebietes angewandt. Das Magento Tool für die
Konfiguration von Steuerzonen und -sätzen (*Tax Zones and Rates*) ermöglicht
das Festlegen von Steuersätzen für jedes geographische Gebiet, in dem Steuern
in berechnet und abgeführt werden müssen.

Da jede Steuerzone und jeder Steuersatz einen einmaligen Bezeichner hat,
können unterschiedliche Steuersätze für dasselbe geographische Gebiet
definiert werden (etwa wenn in einem Land bestimmte Waren wie Lebensmittel
oder Medikamente von der Besteuerung ausgenommen sind).

Die Steuern in einem Shop werden auf der Grundlage der Postanschrift des
Shops berechnet. Die genaue Steuer für eine Kundenbestellung wird auf der
Grundlage der Steuerkonfiguration des Shops berechnet, nachdem der Kunde
die Bestellinformationen ausgefüllt hat.

13. Wie funktionieren Steuern und Währungen in Magento 2?

13.1.2.1 Einen neuen Steuersatz festlegen

Um einen neuen Steuersatz festzulegen, müssen die folgenden Schritte durchgeführt werden:

1. Unter *Stores > Taxes > Tax Zones and Rates* wird durch einen Klick auf den Button *Add New Tax Rate* oben rechts das Anlegen eines neuen Steuersatzes gestartet.

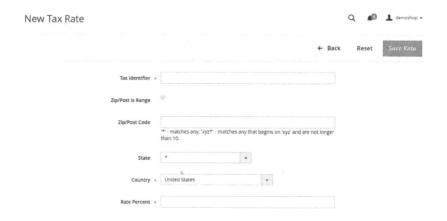

2. Im Feld *Tax Identifier* muss eine Bezeichnung für den neuen Steuersatz eingegeben werden.

3. Wenn der Steuersatz auf eine bestimmte Postleitzahl angewendet werden soll, muss diese in das Feld *Zip/Post Code* eingegeben werden. Dabei kann das Stern-Symbol ("") *verwendet werden, um bis zu zehn mögliche Zeichen in der Postleitzahl abzudecken (z. B. steht 90* für die Postleitzahlen 90000 bis 90999). Soll dagegen ein bestimmter Bereich von Postleitzahlen abgedeckt werden, muss die Checkbox *Zip/Post is Range* markiert und danach die erste Postleitzahl des Bereichs in das Feld *Range From* und die letzte Postleitzahl des Bereichs in das Feld *Range To* eingegeben werden.

4. Im Feld *State* muss der Bundesstaat, in dem die Steuer gelten soll, ausgewählt werden. Das Stern-Symbol ("*") steht dabei für alle Bundesstaaten.

5. Im Feld *Country* muss das Land, in dem die Steuer gelten soll, ausgewählt werden.

6. Im Feld *Rate Percent* muss der zu berechnende Steuersatz eingetragen werden.

7. Wenn alle Einstellungen abgeschlossen sind, muss mit einem Klick auf den Button *Save Rate* oben rechts gespeichert werden.

13.1.2.2 Einen bestehenden Steuersatz bearbeiten

Um einen bestehenden Steuersatz zu bearbeiten, müssen die folgenden Schritte durchgeführt werden:

1. Unter *Stores > Taxes > Tax Zones and Rates* muss der Steuersatz, der bearbeitet werden soll, durch einen Klick geöffnet werden. Sollten sich sehr viele Einträge in der Liste befinden, können die Filterfunktionen verwendet werden, um die angezeigte Auswahl einzuschränken.

2. Danach können die nötigen Änderungen an den Werten des Steuersatzes vorgenommen werden.

3. Wenn alle Einstellungen abgeschlossen sind, muss mit einem Klick auf den Button *Save Rate* oben rechts gespeichert werden.

13.1.2.3 Steuersätze importieren/exportieren

Wenn ein Shopbetreiber in mehreren Staaten geschäftlich tätig ist und große Mengen von Produkten versendet, ist es effizienter, die Steuersätze herunterzuladen und in Magento zu importieren, als sie von Hand im Admin-Panel anzulegen.

Das folgende Beispiel zeigt, wie nach einem Export der aktuell eingestellten Steuersätze aus Magento die Steuersätze für Kalifornien von Avalara (ein Magento Technology Partner, der sämtliche Steuersätze für die Vereinigten Staaten kostenlos zur Verfügung stellt) heruntergeladen und in Magento importiert werden.

1. Unter *System > Data Transfer > Import/Export Tax Rates* wird der Export der Steuersätze mit einem Klick auf den Button *Export Tax Rates* gestartet und erscheint wie gewohnt als Dateidownload im Browser.

2. Die Datei kann dann gespeichert und in einem Tabellenkalkulationsprogramm wie OpenOffice Calc geöffnet werden. Die aus Magento exportierten Daten zu den Steuersätzen enthalten die folgenden Spalten:

   - Code

   - Country

   - State

   - Zip/Post Code

   - Rate

- Range From

- Range To

- Sowie eine Zeile für jeden Store View

	A	B	C	D	E	F	G	H	I
1	Code	Country	State	Zip/Post Code	Rate	Zip/Post is Range	Range From	Range To	default
2	US-CA-*-Rate 1	US	CA	*	8.2500				
3	US-NY-*-Rate 1	US	NY	*	8.3750				
4	US-MI-*-Rate 1	US	MI	*	8.2500				
5									

3. In einem weiteren Fenster der Tabellenkalkulation können dann die Daten für die neuen Steuersätze bearbeitet werden, so dass beide nebeneinander betrachtet werden können. In den neuen Steuersatzdaten können zusätzliche Informationen enthalten sein, für deren Import zunächst noch Einstellungen im Shop vorgenommen werden müssen. Die Daten zu den kalifornischen Steuersätzen beinhalten zum Beispiel auch diese Informationen:

- TaxRegionName

- CombinedRate

- StateRate

- CountyRate

- CityRate

- SpecialRate

Wenn zusätzliche Steuerzonen und -sätze importiert werden müssen, sind diese zunächst im Admin-Panel anzulegen und die Steuerregeln entsprechend anzupassen. Erst dann müssten die Daten wie oben beschrieben exportiert und in der Tabellenkalkulation als Referenz geöffnet werden. Aber um hier kein allzu kompliziertes Beispiel anzuführen, beschränkt sich diese Anleitung auf den Import mit den Standardspalten für die Steuersätze.

4. Um in dem Tabellendokument für die neuen Daten ausreichend Platz zum Arbeiten zu haben, müssen zunächst ganz links so viele leere Spalten, wie zusätzlich benötigt, angelegt werden. Danach können die bereits bestehenden Daten über das Ausschneiden und Einfügen von Spalten in eine Reihenfolge gebracht werden, die derjenigen der Magento Exportdaten entspricht.

5. Die Kopfzeilen der Spalten müssen so umbenannt werden, dass sie den Exportdaten aus Magento entsprechen.

6. Alle Zeilen, die keine Daten enthalten, können nun gelöscht werden. Im Übrigen sollte die Struktur der Importdatei den Magento Exportdaten entsprechen.

7. Vor dem Speichern der Datei muss durch eine Überprüfung der gesamten Steuersatz-Spalten sichergestellt werden, dass diese ausschließlich numerische Daten enthalten. Text in einer Steuersatz-Tabelle wird dazu führen, dass die Daten nicht importiert werden.

8. Nun können die vorbereiteten Daten als CSV-Datei gespeichert werden. Wenn das entsprechende Dialogfeld erscheint, muss sichergestellt weren, dass das Komma (",") als Feld-Trennzeichen und doppelte Anführungszeichen ("") als Text-Trennzeichen ausgewählt ist. Dann kann mit OK bestätigt werden.

9. Um die Datei in Magento zu importieren, muss unter *System > Data Transfer > Import/Export Tax Rates* die Datei aus dem lokalen Dateisystem herausgesucht und mit einem Klick auf den Button *Import Tax Rates* importiert werden.

10. Je nach Datenmenge kann es mehrere Minuten dauern, die Daten zu importieren. Nach dem erfolgreichen Import erscheint die Meldung "The tax rate has been imported". Sollte stattdessen eine Fehlermeldung

erscheinen, muss zunächst das angegebene Problem in den Daten gelöst und dann ein weiterer Importversuch unternommen werden.

11. Unter *Stores > Taxes > Tax Zones and Rates* erscheinen die importierten Steuersätze in der Liste und können mit den üblichen Funktionen gefiltert und angezeigt werden.

12. Um zu überprüfen, ob die Steuersätze tatsächlich funktionieren, wie gewünscht, müssen schließlich mehrere Testkäufe mit Kundenadressen aus unterschiedlichen Steuerzonen durchgeführt werden.

13.1.3 Mehrwertsteuer (Mwst.)

Wenn eine Mehrwertsteuer (Mwst.; englisch: value added tax, kurz VAT) auf Waren und Dienstleistungen erhoben wird, hängt der zu berechnende Steuersatz oftmals davon ab, an welcher Stelle im Produktions-Prozess oder in der Handelskette der Shop angesiedelt ist. Es kann – etwa wenn sowohl Geschäfts- als auch Endkunden beliefert werden – nötig sein, mehr als einen Mehrwertsteuersatz für die Steuerberechnung in Magento festzulegen.

13.1.3.1 Mehrwertsteuer konfigurieren

Die folgende Anleitung führt die Einrichtung des Mehrwertsteuersatzes von 19 % für den Verkauf von nicht-steuerbegünstigten Waren an Endkunden in der

Bundesrepublik Deutschland vor. Für die Einrichtung abweichender Steuersätze ist der Ablauf derselbe, allerdings müssen jeweils ein anderes Land, ein anderer Prozentsatz oder ein anderer Kundentyp definiert werden.

Wenn für den Handel mit Geschäftskunden keine Mehrwertsteuer in Rechnung gestellt werden muss, kann Magento die USt-IdNr. des Kunden validieren und so sicherstellen, dass die Mehrwertsteuer korrekt ausgewiesen beziehungsweise nicht ausgewiesen wird. Mehr dazu im Abschnitt "USt-IdNr. validieren".

1. Zunächst muss unter *Stores > Taxes > Tax Rules* nach einem Klick auf den Button *Add New Tax Rule* im Bereich *Additional Settings* festgestellt werden, ob eine Kundensteuerklasse für Endkunden wie "Retail Customer" besteht oder nicht. Sollte dies nicht der Fall sein, muss über den Button *Add New Tax Class* unter dem Auswahlfeld *Customer Tax Class* eine neue Kundensteuerklasse angelegt werden.

2. Im darunter befindlichen Auswahlfeld *Product Tax Class* müssen dann drei neue Produktsteuerklassen angelegt werden:

   - Mwst. Regelsatz

   - Mwst. reduziert

   - keine Mwst.

3. Unter *Stores > Taxes > Tax Zones and Rates* kann dann nach einem Klick auf den Button *Add New Tax Rate* mit folgenden Einstellungen ein neuer Steuersatz für den Mehrwertsteuer-Regelsatz von 19 % angelegt und schließlich mit einem Klick auf den Button *Save Rate* oben rechts gespeichert werden:

- "Mwst. Regelsatz" im Feld *Tax Identifier*

- "*" im Feld *Zip/Post Code*

- "*" im Feld *State*

- "Germany" im Feld *Country*

- "19.00" im Feld *Rate Percent*

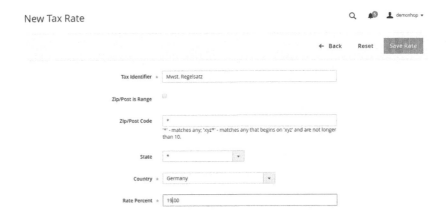

Danach muss mit den folgenden Einstellungen noch ein weiterer Steuersatz für den reduzierten Mehrwertsteuersatz von 7 % angelegt und schließlich mit einem Klick auf den Button *Save Rate* oben rechts gespeichert werden:

- "Mwst. reduziert" im Feld *Tax Identifier*

- "*" im Feld *Zip/Post Code*

- "*" im Feld *State*

- "Germany" im Feld *Country*

- "7.00" im Feld *Rate Percent*

4. Nun kann unter *Stores > Taxes > Tax Rules* nach einem Klick auf den Button *Add New Tax Rule* mit folgenden Einstellungen eine neue Steuerregel – also eine Kombination aus Kundensteuerklasse, Produktsteuerklasse und Steuersatz – für den Mehrwertsteuer-Regelsatz von 19 % angelegt und schließlich mit einem Klick auf den Button *Save Rule* oben rechts gespeichert werden:

- "Mwst. Regelsatz" im Feld *Name*

- "Mwst. Regelsatz" im Feld *Tax Rate*

- "Retail Customer" im Feld *Customer Tax Class*

- "Mwst. Regelsatz" im Feld *Product Tax Class*

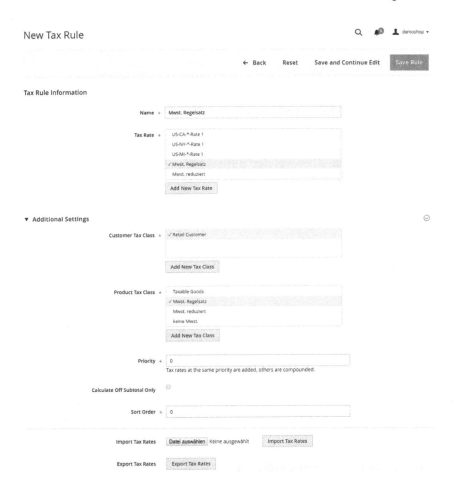

Danach kann mit den folgenden Einstellungen noch eine weitere Steuerregel für den reduzierten Mehrwertsteuersatz von 7 % angelegt und schließlich mit einem Klick auf den Button *Save Rule* oben rechts gespeichert werden:

- "Mwst. reduziert" im Feld *Name*

- "Mwst. reduziert" im Feld *Tax Rate*

- "Retail Customer" im Feld *Customer Tax Class*

- "Mwst. reduziert" im Feld *Product Tax Class*

5. Nun kann unter *Products > Inventory > Catalog* einem im Bearbeitungsmodus geöffneten Produkt im Feld *Tax Class* im Bereich *Product Details* die korrekte Steuerklasse zugewiesen und die Änderung mit einem Klick auf den Button *Save* oben rechts gespeichert werden.

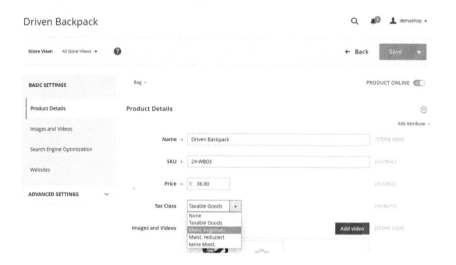

13.1.3.2 MwSt-Nummer Validierung

Mit der MwSt-Nummer Validierung kann der richtige Steuersatz für Transaktionen mit Geschäftskunden (Business-to-Business – B2B) innerhalb der Europäischen Union auf der Grundlage der Standorte von Händler und Kunde berechnet werden. Magento führt die MwSt-Nummer Validierung mithilfe des Web-Services MwSt-Informationsaustauschsystem (MIAS, englisch: VAT Information Exchange System – VIES) der Europäischen Kommission durch.

> Wichtiger Hinweis: Mehrwertsteuerbezogene Steuerregeln beeinflussen andere Steuerregeln nicht und verhindern nicht, dass andere Steuerregeln

angewendet werden. Es kann jeweils nur eine Steuerregeln zur Zeit angewandt werden.

- Eine Mehrwertsteuer wird in Rechnung gestellt, wenn Händler und Kunde im selben EU-Mitgliedsstaat ansässig sind.

- Eine Mehrwertsteuer wird nicht erhoben, wenn Händler und Kunde in unterschiedlichen EU-Mitgliedsstaaten ansässig und beide in der EU registrierte Unternehmen sind.

Der Shopbetreiber erstellt mehr als eine Standard-Kundengruppe, die einem Kunden während des Anlegens eines Kundenkontos, beim Hinzufügen oder Ändern einer Adresse oder im Checkout automatisch zugewiesen werden kann. Im Ergebnis werden unterschiedliche Steuerregeln für Verkäufe im Inland und innerhalb der EU verwendet.

Wichtiger Hinweis: Wenn virtuelle oder Download-Produkte angeboten werden, bei denen ein Versand nicht nötig ist, sollte der Mehrwertsteuersatz für den Standort des Kunden sowohl für Verkäufe innerhalb der EU als auch für Verkäufe im Inland angewendet werden. Hierfür müssen zusätzliche, individuelle Steuerregeln für Produktklassen, die den virtuellen Produkten entsprechen, eingerichtet werden.

MwSt-Nummer Validierung bei der Registrierung

Wenn die MwSt-Validierung aktiviert ist, wird jeder Kunde nach der Registrierung aufgefordert, seine MwSt-Nummer einzugeben. Allerdings ist diese Eingabe nur für diejenigen Kunden, die über eine registrierte MwSt-Nummer verfügen, nötig.

Nachdem ein Kunde seine MwSt-Nummer eingetragen sowie die übrigen relevanten Adressfelder ausgefüllt hat und seine Angaben speichert, sichert das System die Adresse und sendet eine Anfrage zur MwSt-Nummer Validierung an den Server der Europäischen Komission. In Abhängigkeit vom Ergebnis der Prüfung wird dem Kunden dann eine der bereitstehenden Standard-Benutzergruppen zugewiesen. Diese Gruppenzugehörigkeit kann verändert werden, wenn der Kunde oder der Shopbetreiber die MwSt-Nummer der Standard-Adresse des Kunden oder die gesamte Standard-Adresse des Kunden ändert. Die Gruppenzugehörigkeit kann in einigen Fällen während des One-Page-Checkout auch zweitweise geändert (d. h. emuliert) werden.

Ist die MwSt-Validierung aktiviert, kann sie für einzelne Kunden überschrieben werden, wenn die Checkbox *Disable Automatic Group Change Based on VAT ID* im Bereich *Account Information* in der Kundenverwaltung für den betreffenden Kunden markiert wird.

MwSt-Nummer Validierung im Checkout

Wenn die MwSt-Nummer Validierung für einen Kunden im Checkout durchgeführt wird, werden Identifier und Datum der Anfrage im Bereich *Comments History* der Bestellung gespeichert.

Das Verhalten des Systems bei der MwSt-Nummer Validierung und in Bezug auf entsprechende Benutzergruppen-Wechsel im Checkout hängen von den Einstellungen für die Optionen *Validate on Each Transaction* und *Disable Automatic Group Change Based on VAT* ab. Wenn ein Kunde Google Express Checkout, PayPal Express Checkout oder eine andere externe Checkout-Methode verwendet, bei der Checkout vollständig auf Seiten des externen Payment-Gateways stattfindet, kann für eine solche Transaktion die Einstellung *Validate on Each Transaction* nicht berücksichtigt werden. Daher kann die Kundengruppe während des Checkouts in solchen Fällen auch nicht geändert werden.

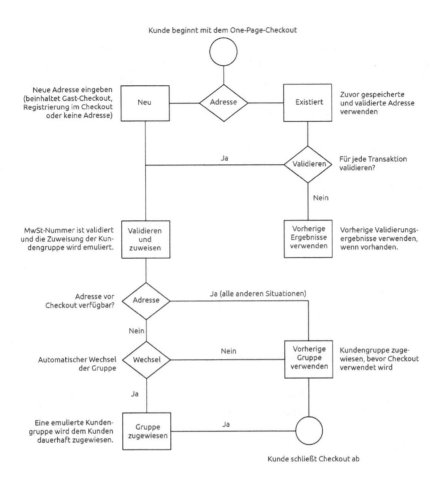

13.1.3.2.1 MwSt-Nummer Validierung konfigurieren

Um die MwSt-Nummer Validierung konfigurieren zu können, müssen zunächst die dafür benötigten Kundengruppen sowie die entsprechenden Steuerklassen, -sätze und -regeln definiert werden. Dann kann die MwSt-Nummer Validierung für den Shop aktiviert und die Konfiguration abgeschlossen werden. Das folgende Beispiel veranschaulicht, wie Steuerklassen und -sätze für die MwSt-Nummer Validierung verwendet werden.

Minimal benötigte Steuerregeln für die MwSt-Nummer Validierung

Damit die MwSt-Nummer Validierung in Magento 2 funktionieren kann, werden mindestens zwei Steuerregeln, vier Kundensteuerklassen, zwei Produktsteuerklassen und je ein Steuersatz für jeden EU-Mitgliedsstaat benötigt. Wenn auch mit virtuellen oder Downloadprodukten gehandelt wird, verdoppelt sich dieser Mindestbedarf an Steuerregeln, -klassen und -sätzen. Hier eine knappe Übersicht über die Anforderungen:

Steuerregel 1

- Benötigte Kundensteuerklassen:

    - Eine Steuerklasse für Inlandskunden

    - Eine Steuerklasse für Kunden mit ungültiger MwSt-Nummer

    - Eine Steuerklasse für Kunden, bei denen die MwSt-Nummer Validierung fehlgeschlagen ist

- Benötigte Produktsteuerklasse:

    Eine Steuerklasse für Produkte aller Typen – mit Ausnahme von Bündelprodukten und virtuellen Produkten

- Benötigter Steuersatz:

    Mehrwertsteuersatz für den Standort des Händlers

Steuerregel 2

- Benötigte Kundensteuerklasse:

    Eine Steuerklasse Kunden aus anderen EU-Mitgliedsstaaten

- Benötigte Produktsteuerklasse:

Eine Steuerklasse für Produkte aller Typen – mit Ausnahme von virtuellen Produkten

- Benötigter Steuersatz:

Mehrwertsteuersätze für alle EU-Mitgliedsstaaten mit Ausnahme des Standorts des Händlers. Dieser Steuersatz steht aktuell bei 0 %.

Steuerregel 3 (für virtuelle und Download-Produkte benötigt)

- Benötigte Kundensteuerklassen:

  - Eine Steuerklasse für Inlandskunden

  - Eine Steuerklasse für Kunden mit ungültiger MwSt-Nummer

  - Eine Steuerklasse für Kunden, bei denen die MwSt-Nummer Validierung fehlgeschlagen ist

- Benötigte Produktsteuerklasse:

  Eine Steuerklasse für virtuelle Produkte

- Benötigter Steuersatz:

  Mehrwertsteuersatz für den Standort des Händlers

Steuerregel 4 (für virtuelle und Download-Produkte benötigt)

- Benötigte Kundensteuerklasse:

  Eine Steuerklasse für EU-Kunden

- Benötigte Produktsteuerklasse:

Eine Steuerklasse für virtuelle Produkte

- Benötigter Steuersatz:

Mehrwertsteuersätze für alle EU-Mitgliedsstaaten mit Ausnahme des Standorts des Händlers. Dieser Steuersatz steht aktuell bei 0 %.

1. Anlegen von mehrwertsteuerbezogenen Kundengruppen

In Abhängigkeit vom Ergebnis der MwSt-Nummer Validierung wird einem Kunden durch Magento automatisch eine der Standard-Kundengruppen zugewiesen:

- Inlandskunden

- EU-Kunden

- Ungültige MwSt-Nummer

- Validierungsfehler

Die Kundengruppen für die MwSt-Nummer Validierung können neu angelegt werden. Es besteht aber auch die Möglichkeit, hierfür bereits bestehende Kundengruppen zu verwenden, wenn deren Zuschnitt dies erlaubt. Bei der Konfiguration der MwSt-Nummer Validierung muss für alle Kunden mit entsprechenden Ergebnissen aus der MwSt-Nummer Validierung die jeweils passende Kundengruppe festgelegt werden.

2. Anlegen von mehrwertsteuerbezogenen Steuerklassen, -sätzen und -regeln

Jede Steuerregel wird durch drei Elemente definiert:

- Kundensteuerklassen

- Produktsteuerklassen

- Steuersätze

Die benötigten Steuerregeln müssen, wie oben im Abschnitt "Steuerregeln" beschrieben, angelegt werden. Im Zuge dieses Prozesses können auch die damit verknüpften Kundensteuerklassen und Produktsteuerklassen angelegt werden. Die Kundensteuerklassen werden dann noch Kundengruppen zugewiesen.

3. MwSt-Nummer Validierung aktivieren und konfigurieren

Unter *Stores > Settings > Configuration* muss zunächst – falls nötig – der gewünschte Store View für die Konfiguration ausgewählt werden. Dann kann über das Auswahlmenü auf der linken Seite unter *Customers* der Bereich *Customer Configuration* geöffnet und darin der Abschnitt *Create New Account Options* ausgeklappt werden.

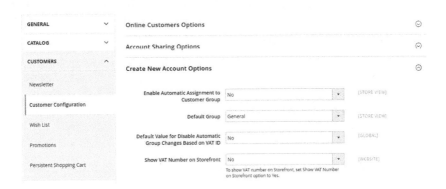

Nachdem die Option *Set Enable Automatic Assignment to Customer Group* auf "Yes" gesetzt wurde, können die folgenden Felder nach Bedarf ausgefüllt werden:

- *Default Group*

Standard-Kundengruppe aus der Liste wählen

- *Default Value for Disable Automatic Group Changes Based on VAT ID*

  Standardwert für die Option *Disable Automatic Group Changes Based on VAT ID* in der Kundenkonfiguration festlegen ("Yes"/"No")

- *Show VAT Number on Frontend*

  MwSt-Nummer im Frontend anzeigen ("Yes"/"No")

Danach kann mit einem Klick auf *Save Config* gespeichert werden.

4. Land für MwSt-Nummer und Standort auswählen

Unter *Stores > Settings > Configuration* muss zunächst – falls nötig – der gewünschte Store View für die Konfiguration ausgewählt werden. Dann kann über das Auswahlmenü auf der linken Seite unter *General* der Bereich *General* geöffnet und darin der Abschnitt *Store Information* ausgeklappt werden.

Store Information   ⊙

Store Name		[STORE VIEW]
Store Phone Number		[STORE VIEW]
Store Hours of Operation		[STORE VIEW]
Country	--Please Select-- ▾	[WEBSITE]
Region/State		[WEBSITE]
ZIP/Postal Code		[WEBSITE]
City		[WEBSITE]
Street Address		[WEBSITE]
Street Address Line 2		[WEBSITE]
VAT Number		[WEBSITE]

Validate VAT Number

Nun kann das Land für den Standort des Shops ausgewählt, die eigene MwSt-Nummer eingetragen und mit einem Klick auf *Validate VAT Number* validiert werden. Danach kann mit einem Klick auf *Save Config* gespeichert werden.

5. Noch im Bereich *General* der Konfiguration muss nun noch im aufgeklappten Bereich *Countries Options* in der Liste der EU-Mitgliedsstaaten sichergestellt werden, dass tatsächlich alle aktuellen Mitgliedsstaaten ausgewählt sind.

| European Union Countries | Eritrea
Estonia
Ethiopia
Falkland Islands
Faroe Islands
Fiji
Finland
France
French Guiana
French Polynesia
French Southern Territories | [GLOBAL] |

Danach kann mit einem Klick auf *Save Config* gespeichert werden.

13.1.4 Steuer-Kurzreferenz

Diese Kurzreferenz zu den Steuereinstellungen in Magento gibt einen kurzen Überblick über die unterschiedlichen Steuerberechnungsmethoden in Magento sowie die Möglichkeiten für die Ausweisung von Steuern für Produktpreise, Versandkosten und in der Kombination unterschiedlicher Steuersätze.

Steuerberechnungsmethoden

Die Methoden zur Steuerberechnung umfassen Stückpreis, Zeilensumme und Gesamtsumme. Die folgende Auflistung erklärt, wie die Rundung (auf zwei Stellen) für je unterschiedliche Einstellungen gehandhabt wird.

- Stückpreis (*Unit Price*) Magento berechnet die Steuer für jeden Artikel und zeigt Preise inklusive Steuern an. Für die Berechnung der Steuersumme rundet Magento die Steuer für jeden Artikel und addiert die Beträge anschließend.

- Zeilensumme (*Row Total*) Magento berechnet die Steuer für jede Zeile. Für die Berechnung der Steuersumme rundet Magento die Steuer für jedes Zeilenelement und addiert die Beträge anschließend.

- Gesamtsumme (*Total*) Magento berechnet die Steuer für jeden Artikel und addiert diese Steuerbeträge und den gesamten, noch nicht gerundeten Steuerbetrag der Bestellung zu kalkulieren. Anschließend wendet Magento die festgelegte Rundungsmethode auf den Gesamtbetrag für die Steuer an, um die Steuer-Endsumme für die Bestellung zu ermitteln.

Katalogpreise mit oder ohne Steuer

Die möglichen Anzeigefelder variieren in Abhängigkeit von der Berechnungsmethode und hängen zusätzlich davon ab, ob die Katalogpreise

Steuern beinhalten oder nicht. Bei normalen Berechnungen zeigen die Felder die Beträge auf zwei Nachkommastellen genau an. In manchen Kombinationen von Preiseinstellungen werden Preise sowohl inklusive als auch exklusive Steuern angezeigt. Wenn beide im selben Zeilenelement erscheinen, kann dies für Kunden verwirrend wirken und löst daher eine Warnung aus.

Exklusive Steuer (*Excluding Tax*)

Bei dieser Einstellung wird der Basispreis des Artikels wie eingeben verwendet und die Steuerberechnungsmethoden werden darauf angewandt.

Inklusive Steuer (*Including Tax*)

Bei dieser Einstellung wird der Basispreis des Artikels exklusive Steuern zunächst berechnet. Dieser Wert wird als Basispreis verwendet und die Steuerberechnungsmethoden werden darauf angewandt.

Wichtiger Hinweis: Im Vergleich zu früheren Magento Versionen haben sich Änderungen für EU-Händler und andere Händler, die eine Mehrwertsteuer ausweisen müssen, Preise inklusive Steuer anzeigen und in mehreren Ländern mit unterschiedlichen Store Views operieren, ergeben. Wenn Preise mit mehr als zwei Nachkommastellen geladen werden, rundet Magento automatisch alle Preise auf zwei Nachkommastellen um sicherzustellen, dass Käufern ein konsistenter Preis angezeigt wird.

Versandkosten mit oder ohne Steuer

Exklusive Steuer (*Excluding Tax*)

Versandkosten werden ohne Steuer angezeigt. Normale Berechnung: Versandkosten werden zur Warenkorb-Summe hinzuaddiert und typischerweise als separater Artikel angezeigt.

Inklusive Steuer (*Including Tax*)

Steuer kann inklusive sein oder separat angezeigt werden. Versand wird als zusätzlicher Artikel im Warenkorb mit Steuern behandelt und wird in den Berechnungen entsprechend gehandhabt.

Mehrere Steuerbeträge als separate Zeilen-Elemente

Um mehrere Steuerbeträge in Form separater Zeilen-Elemente anzeigen zu lassen, müssen unterschiedliche Prioritäten für die entsprechenden Steuerregeln festgelegt werden. Da sich dies aber zunächst nur auf die Reihenfolge der Berechnung der unterschiedlichen Steuern bezieht, die schließlich nach wie vor kombiniert dargestellt würden, muss zudem noch die Checkbox *Calculate off subtotal only* ausgewählt werden. Durch diese zusätzliche Einstellung werden die Steuern nicht nur in der gewünschten Reihenfolge berechnet, sondern auch entsprechend in gesonderten Zeilen dargestellt.

13.1.5 Warnmeldungen

Manche Kombinationen von steuerbezogenen Optionen könnten Kunden verwirren und lösen daher eine Warnmeldung aus. Diese Bedingungen sind etwa dann erfüllt, wenn die Steuerberechnungsmethode auf "Row" (Zeile) oder "Total" (Gesamtsumme) gesetzt ist und der Kunde sowohl Preise inklusive als auch exklusive Steuern oder im Warenkorb eine Steuer auf Artikelbasis angezeigt bekommt. Weil die Steuerberechnung gerundet wird, kann der Betrag, der im Warenkorb angezeigt wird, von dem Betrag abweichen, den der Kunde erwartet. Wenn in Magento die Steuerberechnung auf einer problematischen Konfiguration beruht, erscheinen die folgenden Warnungen:

- *Warning. Tax discount configuration might result in different discounts than a customer might expect for store(s); Europe Website (French), Europe Website (German). Please see source for more details.*

  Warnung. Die Konfiguration für Preisnachlässe und Steuern könnten zu anderen Preisnachlässen führen, als die Kunden des/der Stores Europe Website (French), Europe Website (German) möglicherweise erwarten. Mehr Details siehe Quelle.

- *Warning. Tax configuration can result in rounding errors for store(s): Europe Websites (French), Europe Websites (German).*

  Warnung. Die Steuer-Konfiguration kann zu Rundungsfehlern für den Store/die Stores Europe Websites (French), Europe Websites (German) führen.

Einstellungen für die Berechnung

Die folgenden Tabellen können als Referenz für die Konfiguration der Steuerberechnungseinstellunegn verwendet werden.

Exklusive Steuer (*Excluding Tax*)

Preisanzeige	Stückpreis	Zeilensumme	Summe
Steuerklasse für Versand	Versand (wird besteuert)		
Exklusive Steuer	OK	OK	OK
Inklusive Steuer	OK	OK	OK
Inkl. und exkl. Steuer	OK	OK	Warnung

Inklusive Steuer (*Including Tax*)

13. Wie funktionieren Steuern und Währungen in Magento 2?

Preisanzeige	Stückpreis	Zeilensumme	Summe
Exklusive Steuer	OK	OK	OK
Inklusive Steuer	OK	OK	OK
Inkl. und exkl. Steuer	OK	Warnung	Warnung

Calculation Settings

Tax Calculation Method Based On	Total ▼	[WEBSITE]
Tax Calculation Based On	Shipping Address ▼	[WEBSITE]
Catalog Prices	Excluding Tax ▼	[WEBSITE]

This sets whether catalog prices entered from Magento Admin include tax.

Shipping Prices	Excluding Tax ▼	[WEBSITE]

This sets whether shipping amounts entered from Magento Admin or obtained from gateways include tax.

Apply Customer Tax	After Discount ▼	[WEBSITE]
Apply Discount On Prices	Excluding Tax ▼	[WEBSITE]

Apply discount on price including tax is calculated based on store tax if "Apply Tax after Discount" is selected.

Apply Tax On	Custom price if available ▼	[WEBSITE]
Enable Cross Border Trade	No ▼	[WEBSITE]

When catalog price includes tax, enable this setting to fix the price no matter what the customer's tax rate.

Einstellungen für Preisnachlässe

Magento empfiehlt dringend die folgenden Einstellungen, um Schwierigkeiten bei der Konfiguration von Steuern im Zusammenhang mit Preisnachlässen zu vermeiden.

- Feld *Apply Customer Tax*

  Option *After Discount* (nach Preisnachlass)

- Feld *Apply Discount on Prices*

  Option *Including Tax* (inklusive Steuern) für Händler in der EU

13.2 Währungen

Magento 2 macht es möglich, Währungen aus mehr als zweihundert Ländern weltweit zu akzeptieren. Wenn ein Shop mehrere Währungen unterstützt, erscheint eine Währungsauswahl im Header, nachdem die Umrechnungskurse aktualisiert worden sind.

Wichtiger Hinweis: Wenn Zahlungen in mehreren Währungen akzeptiert werden, muss sichergestellt werden, dass die eingestellten Umrechnungskurse laufend abgeglichen und aktualisiert werden, da jede Fluktuation die Gewinnmarge beeinträchtigen kann.

Währungssymbole erscheinen in Produktpreisen und im Schriftverkehr (etwa in Bestellungen und Rechnungen). Sie können ebenso den eigenen Bedürfnissen angepasst werden wie die Form der Preisdarstellung für die einzelnen Store Views.

13.2.1 Währungskonfiguration

Vor der Konfiguration individueller Umrechnungskurse muss zunächst festgelegt werden, welche Währungen akzeptiert werden sollen und welche Währung im Shop für die Darstellung der Preise verwendet wird. Die folgende Anleitung beschreibt die wichtigsten Einstellungen für die Konfiguration eines Shops mit mehreren Währungen.

1. Unter *Stores > Settings > Configuration* kann über das Auswahlmenü auf der linken Seite unter *General* der Bereich *Currency Setup* geöffnet und darin der Abschnitt *Currency Options* ausgeklappt werden.

2. Im Feld *Base Currency* muss dann die Primärwährung, die für Online-Transaktionen verwendet werden soll, ausgewählt werden.

3. Im Feld *Default Display Currency* muss die Währung für die Anzeige von Preisen im Shop ausgewählt werden.

4. In der Liste *Allowed Currencies* müssen dann noch alle Währungen, die im Shop akzeptiert werden sollen, ausgewählt werden. (Durch Gedrückthalten der STRG-Taste können mehrere Währungen zugleich ausgewählt werden.)

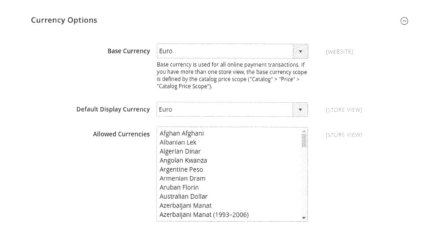

5. Wenn nun im oberen Bereich des Admin-Panels eine Systemnachricht zum Leeren des Caches auffordert, kann diese mit einem Klick auf das Schließen-Symbol in der rechten oberen Ecke geschlossen werden. Der Cache wird später noch geleert.

6. Um den Anwendiungsbereich der Basiswährung zu definieren muss über das Auswahlmenü auf der linken Seite unter *Catalog* der Bereich *Catalog* geöffnet und darin der Abschnitt *Price* aufgeklappt und dann

das Feld *Catalog Price Scope* entweder auf "Global" oder auf "Website"
gestellt werden.

Price   ⊘

Catalog Price Scope   Global   ▾   [GLOBAL]

This defines the base currency scope ("Currency Setup" >
"Currency Options" > "Base Currency").

7. Nun kann wiederum über das Auswahlmenü auf der linken Seite unter
   General der Bereich *Currency Setup* geöffnet und darin der Abschnitt
   WebserviceX aufgeklappt werden, wo in das Feld *Connection Timeout in
   Seconds* eingetragen werden kann, nach wie vielen Sekunden die
   Verbindung wegen Zeitüberschreitung abgebrochen werden soll.

Webservicex   ⊘

Connection Timeout in Seconds   100   [GLOBAL]

8. Weiterhin im Bereich *Currency Setup* muss nun der Abschnitt *Scheduled
   Import Settings* geöffnet und dort die Option *Enabled* auf "Yes" gestellt
   werden, damit die Umrechnungskurse automatisch aktualisiert werden
   können.

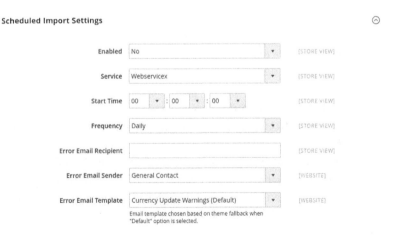

Scheduled Import Settings   ⊘

Enabled   No   ▾   [STORE VIEW]

Service   Webservicex   ▾   [STORE VIEW]

Start Time   00 ▾ : 00 ▾ : 00 ▾   [STORE VIEW]

Frequency   Daily   ▾   [STORE VIEW]

Error Email Recipient   [STORE VIEW]

Error Email Sender   General Contact   ▾   [WEBSITE]

Error Email Template   Currency Update Warnings (Default)   ▾   [WEBSITE]

Email template chosen based on theme fallback when
"Default" option is selected.

9. Im Feld *Service* kann der Anbieter für die Umrechnungskurse ausgewählt werden. Der Standardwert ist "Webservicex".

10. Im Feld *Start Time* kann die Startzeit für den automatischen Abgleich der Umrechnungskurse eingestellt werden.

11. Danach kann im Feld *Frequency* eingestellt werden, wie häufig die Aktualisierung durchgeführt werden soll. Dabei stehen die folgenden Optionen zur Auswahl:

   • "Daily" (täglich)

   • "Weekly" (wöchentlich)

   • "Monthy" (monatlich)

12. Im Feld *Error Email Recipient* wird die E-Mail-Adresse der Person, die bei Auftreten eines Fehlers während des Importvorgangs per E-Mail benachrichtigt werden soll, eingetragen. Um mehrere E-Mail-Adressen einzutragen, müssen diese per Komma getrennt werden.

13. Zudem kann im Feld *Error Email Sender* der Ansprechpartner ausgewählt werden, der als Absender der Fehlermeldung erscheinen soll.

14. Im Feld *Error Email Template* wird dann noch das E-Mail-Template ausgewählt, das für die Fehlerbenachrichtigung verwendet werden soll.

15. Schließlich können die vorgenommenen Einstellungen mit einem Klick auf den Button *Save Config* oben rechts gespeichert werden.

16. Wenn nun durch eine Systemnachricht noch einmal dazu aufgefordert wird, den Cache zu leeren, kann der darin enthaltene Link zur Cache Verwaltung angeklickt und dort der veraltete Cache geleert werden.

17. Die Umrechnungskurse müssen mit den aktuellen Werten auf den neuesten Stand gebracht werden, um wirksam zu werden. Hierzu müssen sie entweder manuell aktualisiert oder automatisch importiert werden, wie unten im Abschnitt "Umrechnungskurse aktualisieren" beschrieben.

13.2.2 Währungssymbole

Die Einstellungen für Währungssymbole erlauben es, das jeweils mit den im Shop für Zahlungen akzeptierten Währungen verknüpfte Symbol anzupassen. Dafür müssen folgende Schritte durchgeführt werden:

1. Unter *Stores > Currency > Currency Symbols* erscheinen alle für den Shop aktivierten Währungen in der Auflistung. Für jede von ihnen kann wahlweise ein Symbol festgelegt oder die *Use Standard* Checkbox markiert werden.

2. Um für eine Währung ein vom Standard abweichendes Symbol zu definieren, muss die entsprechende Checkbox abgewählt und das gewünschte Symbol festgelegt werden.

> Wichtiger Hinweis: Es ist nicht möglich, die Ausrichtung des Währungssymbols von links nach rechts zu ändern.

3. Mit einem Klick auf den Button *Save Currency Symbols* oben rechts können schließlich alle vorgenommenen Änderungen gespeichert werden.

4. Wenn nun durch eine Systemnachricht dazu aufgefordert wird, den Cache zu leeren, kann der darin enthaltene Link zur Cache Verwaltung angeklickt und dort der veraltete Cache geleert werden.

⚠ One or more of the Cache Types are invalidated: Page Cache. Please go to Cache Management and refresh cache types.　　　System Messages: ⚠ 1　⚠ 1

13.2.3 Umrechnungskurse aktualisieren

Umrechnungskurse können manuell eingestellt oder in den Shop importiert werden. Um sicherzustellen, dass der Shop stets die aktuellsten Kurse gespeichert hat, kann eingestellt werden, dass sie zeitgesteuert automatisch abgerufen und aktualisiert werden.

Vor dem Import von Umrechnungskursen müssen die oben im Abschnitt "Währungskonfiguration" beschriebenen Einstellungen vorgenommen worden sein, damit die akzeptierten Währungen sowie die Verbindung und die Frequenz für den Import festgelegt sind.

Umrechnungskurse manuell aktualisieren

1. Unter *Stores > Currency > Currency Rates* den zu bearbeitenden Umrechnungskurs anklicken und den neuen Wert für eine unterstützte Währung eingeben.

2. Wenn alle Umrechnungskurse angepasst worden sind, können sie mit einem Klick auf den Button *Save Currency Rates* oben rechts gespeichert werden.

Umrechnungskurse importieren

1. Unter *Stores* > *Currency* > *Currency Rates* den gewünschten Import-Service auswählen und auf den Button *Import* klicken. Die aktualisierten Kurse erscheinen in der Liste mit den Umrechnungskursen und wo sich Änderungen ergeben haben, erscheinen zusätzlich die alten Kurse zum Vergleich.

2. Die neuen Umrechnungskurse können mit einem Klick auf den Button *Save Currency Rates* oben rechts gespeichert werden.

3. Wenn nun durch eine Systemnachricht dazu aufgefordert wird, den Cache zu leeren, kann der darin enthaltene Link zur Cache Verwaltung angeklickt und dort der veraltete Cache geleert werden.

⚠ One or more of the Cache Types are invalidated: Page Cache. Please go to Cache Management and refresh cache types.   System Messages: ⚠ 1   ⚠ 1

Umrechnungskurse zeitgesteuert automatisch importieren

1. Zunächst muss sichergestellt werden, ob ein Cron Job eingerichtet ist.

2. Um die akzeptierten Währungen und die Verbindung mit dem Service für den automatischen Import der Umrechnungskurse zu konfigurieren, müssen die oben im Abschnitt "Währungskonfiguration" beschriebenen Schritte durchgeführt werden.

3. Um sicherzustellen, dass die Wechselkurse auch tatsächlich zeitgesteuert aktualisiert werden, muss die Auflistung der Wechselkurse ein erstes Mal und nach dem als Frequenz eingestellten Zeitraum ein zweites Mal überprüft werden.

Index